THE
APPROACHES OF
CORPORATE
SOCIAL RESPONSIBILITY
LEGALIZATION

企业社会责任法律化路径研究

华忆昕
著

中国法制出版社
CHINA LEGAL PUBLISHING HOUSE

前 言

我们正处于一个经济膨胀的年代。科学发现、技术创新促进了经济的活力和人类的进步。然而，随着商业经济的突飞猛进，环境污染、资源匮乏、性别歧视、生产安全等环境和社会问题也逐渐暴露出来，为全球经济、社会、环境的可持续发展埋下了隐患。在此背景下，联合国发展计划署提出了包括消除贫困、性别平等、气候行动、可持续的消费和生产行为在内的 17 项全球可持续发展目标，中国共产党十八届五中全会也强调了创新、协调、绿色、开放、共享的新发展理念。聚集了大量资源的企业，作为人类迄今为止最有效的经济组织形式和市场经济最重要的组成部分，被认为是解决社会、环境问题的中坚力量，是构建人类命运共同体的关键角色。为强化企业对于社会的贡献力量，满足社会对于企业行为的期待，企业社会责任的概念应运而生。

善治需用良法。经历了半个世纪的发酵，理论界逐渐明确了企业社会责任概念的开放性和性质的综合性。关于企业社会责任的讨论业已由传统的概念界定、性质界定等教义学论证转向了如今的强制法抑或任意法、自治抑或他治等可操作性探讨。如何利用法律工具改变“一切照旧”的商业模式、促进企业社会责任的全面提升成为可持续发展目标下企业社会责任促进领域讨论的重中之重。由此，企业社会责任法律化的路径研究便具有了理论和实践方面的重要价值。从国际立法实践来看，现已形成了三大企业社会责任法律化的路径类型：一是软法规制或反身法路径，即通过信息披露和市场机制实现企业社会责任的自律；二是强制性企业社会责任立法路径，即通过企业社会责任最低支出标准实现企业社会责任的他律；三是可持续公司法路径，即通过企业社会责任和公司治理的融合促进“外部责任内部化”，实现企业社会责任的综合治理。

本书拟通过对企业社会责任概念、性质的界定，明确现代企业社会责任开放性、多元性的概念属性，并以此为基础探讨企业社会责任法律化的正当性基础和实现机制；通过对目前国际社会成形的强制性企业社会责任立法路径、软法规制路径、反身法路径、可持续公司法路径四种企业社会责任法律化路径的成因、发展及效果的梳理，探讨各路径在中国化过程中的经验与反思，并在此基础上为我国企业社会责任“法治、自治、德治”的法律化路径和体系化构建提供竞争性观点。

目录

CONTENTS

引　言 …… 1
一、研究背景 …… 1
二、研究对象 …… 2
（一）企业社会责任是什么？ …… 2
（二）企业社会责任是否需要法律化？ …… 2
（三）企业社会责任如何法律化？ …… 3
三、内容结构 …… 4
四、研究方法 …… 5
五、创新性与局限性 …… 6

第一章　企业社会责任的界定与法律化 …… 8
第一节　企业社会责任的概念界定 …… 9
一、企业社会责任概念的历史沿革 …… 9
（一）早期企业社会责任概念的形成 …… 10
（二）现代企业社会责任概念的发展 …… 10
二、企业社会责任的发展特点 …… 23
（一）从理论研究到实践落实 …… 23
（二）从外部责任到内部战略 …… 25
（三）从区域化到国际化 …… 26
三、本书关于企业社会责任的概念界定 …… 27
（一）主体界定：企业还是公司？ …… 27
（二）内容界定：社会责任还是综合责任？ …… 28
（三）性质界定：责任还是义务？ …… 29

第二节 企业社会责任的性质界定 …… 29
一、企业社会责任性质认定的传统路径 …… 30
（一）企业社会责任是一种自愿责任 …… 30
（二）企业社会责任是一种法律责任 …… 32
（三）企业社会责任是一种综合性责任 …… 33
二、企业社会责任性质认定的现代模型 …… 34
（一）“金字塔模型”下的综合性企业社会责任 …… 35
（二）“三域模型”下的综合性企业社会责任 …… 38
三、对于企业社会责任的性质界定 …… 39
（一）肯定企业社会责任的综合性属性 …… 40
（二）超越企业社会责任定性的思考 …… 40
第三节 企业社会责任的法律化 …… 40
一、企业社会责任法律化的概念界定 …… 41
（一）企业社会责任法律化的概念 …… 41
（二）企业社会责任法律化的特点 …… 42
（三）企业社会责任法律化下的问题导向 …… 43
二、企业社会责任法律化的正当性基础 …… 44
（一）企业社会责任缺乏引发的危机 …… 44
（二）现代企业的角色与功能 …… 47
（三）经济全球化和舆论网络化的必然要求 …… 49
三、企业社会责任法律化的实现路径 …… 50
（一）企业社会责任法律化的实现路径 …… 50
（二）企业社会责任法律化路径的相互关系 …… 52
第二章 强制性企业社会责任立法路径 …… 55
第一节 强制性企业社会责任的产生与发展 …… 56
一、强制性企业社会责任的典型例证 …… 56
（一）印度强制性企业社会责任立法 …… 56
（二）毛里求斯强制性企业社会责任立法 …… 57
二、强制性企业社会责任的产生原因 …… 59
（一）对国内稳定性的追求 …… 59

（二）对国际市场的妥协及对外商投资的渴望 …… 60
三、强制性企业社会责任的发展过程 …… 61
（一）从企业社会责任到强制性企业社会责任 …… 61
（二）从强制性企业社会责任到妥协的强制性企业社会责任 …… 63
四、强制性企业社会责任的实施效果 …… 64
（一）企业社会责任整体水平有所提升 …… 64
（二）企业间企业社会责任支出水平差距减小 …… 65
（三）企业及股东价值减损 …… 66
第二节 强制性企业社会责任中国化的经验与反思 …… 67
一、强制性企业社会责任中国化的经验 …… 68
（一）国内环境的相似性 …… 68
（二）国际挑战的一致性 …… 69
二、强制性企业社会责任中国化的反思 …… 70
（一）印度式强制性企业社会责任制度的内在性缺陷 …… 70
（二）强制性企业社会责任与我国实践的冲突 …… 71

第三章 企业社会责任的软法规制路径 …… 73
第一节 软法规制路径的理论证成 …… 74
一、软法的内涵与特点 …… 75
（一）软法的内涵 …… 75
（二）软法规制的特点 …… 77
二、软法规制路径的必要性分析 …… 78
（一）软法规制有助于适应市场环境的多变 …… 78
（二）软法规制有利于降低制定和监管的成本 …… 80
（三）软法规制有利于非成熟责任的预规范 …… 81
三、软法规制路径的可行性分析 …… 82
（一）软法规制的理论探索 …… 82
（二）软法规制的国际实践 …… 83
第二节 软法规制的实践探索 …… 83
一、软法规制的类型化区分 …… 84
（一）以规范表述的明确性及效力为依据 …… 84

（二）以制定主体为依据 …… 85
二、联合国软法规制的典型例证 …… 85
（一）联合国全球契约 …… 86
（二）经济合作与发展组织跨国公司指南 …… 89
（三）ISO 26000 社会责任指南 …… 90
（四）联合国商业与环境指导原则 …… 92
（五）典型例证的对比分析 …… 93
第三节 软法规制路径中国化的经验与反思 …… 96
一、软法规制路径的中国经验 …… 96
（一）企业社会责任指南国家标准 …… 96
（二）《关于中央企业履行社会责任的指导意见》 …… 98
（三）企业社会责任行业标准（以 CSC9000T 中国纺织企业社会责任管理体系为例） …… 98
（四）软法规制路径的中国特色 …… 99
二、软法规制路径的中国反思 …… 99
（一）部分企业缺乏社会责任的发展动力 …… 100
（二）我国企业社会责任的成长氛围不浓厚 …… 101

第四章 企业社会责任的反身法路径 …… 103
第一节 反身法的理论证成 …… 104
一、反身法的理论形成 …… 104
（一）现代法律的三种表现形式 …… 104
（二）社会复杂化背景下实质法的适用危机 …… 105
（三）反身法理论的形成 …… 106
二、反身法理论下企业社会责任的范式转变 …… 107
（一）传统范式：企业社会责任 …… 107
（二）发展范式：企业社会回应 …… 108
（三）完善范式：结合软法规制路径的整合性社会契约 …… 109
第二节 反身法路径的发展和实践探索 …… 110
一、企业社会责任反身法路径的产生及发展 …… 110
（一）企业社会责任反身法路径的产生原因 …… 110

(二) 企业社会责任反身法路径的发展历程 …… 112
二、企业社会责任反身法路径的实现机制 …… 113
(一) 企业社会责任报告制度 …… 114
(二) 遵守或解释规则 …… 118
三、反身法路径的实施效果 …… 120
(一) 股东和管理层利用法律漏洞规避社会责任 …… 120
(二) 企业阻碍有利于社会责任发展的技术革新 …… 120
(三) 企业社会责任易沦为“洗绿剂” …… 121
第三节 反身法路径中国化的经验与反思 …… 121
一、反身法路径的中国化经验 …… 122
(一) 我国反身法路径的规范性文件 …… 122
(二) 我国反身法路径的实施效果 …… 123
二、反身法路径的中国化反思 …… 124
(一) 基于我国社会经济特殊性的反思 …… 124
(二) 基于信息披露有效性的反思 …… 126
第五章 企业社会责任的可持续公司法路径 …… 128
第一节 可持续公司法路径的产生及发展 …… 129
一、可持续公司法路径的内涵及特点 …… 129
(一) 企业可持续性和可持续企业 …… 129
(二) 可持续公司法路径的内涵及特点 …… 131
二、可持续公司法路径的产生背景 …… 133
(一) 可持续发展目标与商业发展的融合 …… 133
(二) 社会各界对于可持续企业的期待 …… 135
(三) 公司治理与“外部性”观点阻碍企业可持续发展 …… 137
三、可持续发展的公司法导入 …… 138
(一) 公司法目标的重塑 …… 138
(二) 董事会义务的重塑 …… 140
(三) 股东角色的重塑 …… 141
第二节 可持续公司法路径下的董事会义务重塑 …… 141
一、董事会的角色定位与一般义务 …… 142

(一) 董事会的角色定位 …… 142
(二) 董事会的一般义务 …… 142
(三) 董事会义务讨论的分歧与共识 …… 143
二、企业社会责任语境下的董事会义务界定 …… 145
(一) 企业社会责任语境下的义务内涵 …… 145
(二) 企业社会责任语境下董事会义务的具体界定 …… 146
三、董事会企业社会责任义务的重塑 …… 149
(一) 董事会企业社会责任义务的理论重塑 …… 149
(二) 董事会企业社会责任义务的立法重塑 …… 152
(三) 董事会企业社会责任义务的实现机制重塑 …… 156
第三节 可持续公司法路径下的股东角色重塑 …… 158
一、现有公司法体系中的股东角色 …… 158
(一) 现有公司立法中的股东角色 …… 159
(二) 现有公司立法中的股东会角色 …… 159
二、现有股东角色对可持续企业实现的消极影响 …… 160
(一) 短期主义视角下股东对于企业社会责任价值的否定 …… 160
(二)“股东至上”规范下股东会对于董事会履职的干涉 …… 161
三、股东会促进可持续公司法的试验性路径 …… 165
(一) 股东会促进可持续公司法的试验性路径 …… 165
(二) 通过股东受信义务实现可持续公司法路径 …… 166
(三) 通过股东积极主义实现可持续公司法路径 …… 172

第六章 我国企业社会责任的法律化路径 …… 179
第一节 我国企业社会责任的规范现状与评析 …… 180
一、强制性企业社会责任规范梳理及评析 …… 181
(一) 强制性企业社会责任法律规范梳理 …… 181
(二) 强制性企业社会责任规范性文件及标准性规范梳理 …… 183
(三) 强制性企业社会责任规范评析 …… 186
二、自愿性企业社会责任规范梳理及评析 …… 192
(一) 企业社会责任报告的引导性规范 …… 192
(二) 企业自主加入的自律性规范 …… 192

(三) 自愿性企业社会责任规范评析 …… 194
第二节 我国企业社会责任的法律化路径选择 …… 195
一、企业社会责任的类型化 …… 196
(一) 遵守法律的社会责任和超越法律的社会责任 …… 196
(二) 法律责任、经济责任和狭义社会责任 …… 197
(三) 大型企业的社会责任和中小型企业的社会责任 …… 197
(四) 对于企业社会责任的类型化：三个维度 …… 198
二、遵守法律规则的企业社会责任之内涵、标准及法律化路径 …… 199
(一) 遵守法律规则的企业社会责任之内涵 …… 199
(二) 遵守法律规则的企业社会责任之标准 …… 199
(三) 遵守法律规则的企业社会责任之法律化路径 …… 200
三、遵守法律原则的企业社会责任之内涵、标准及法律化路径 …… 202
(一) 遵守法律原则的企业社会责任之内涵 …… 202
(二) 遵守法律原则的企业社会责任之标准 …… 204
(三) 遵守法律原则的企业社会责任之法律化路径 …… 204
四、超越法律的企业社会责任之内涵、标准及法律化路径 …… 210
(一) 超越法律的企业社会责任之内涵 …… 210
(二) 超越法律的企业社会责任之标准 …… 211
(三) 超越法律的企业社会责任之法律化路径 …… 212
第三节 我国企业社会责任立法的体系化设计 …… 215
一、通过民商事一般性立法确立企业社会责任原则 …… 215
二、通过《公司法》形成企业社会责任的内部治理环境 …… 216
(一) 重塑股东在企业社会责任中的角色定位 …… 216
(二) 重塑董事在企业社会责任中的角色定位 …… 217
(三) 在促进企业社会责任的前提下维持公司法对于企业行为的谦抑性 …… 217
三、通过外部性部门法落实企业社会责任的具体内容 …… 218
(一) 企业社会责任的部门性立法 …… 218
(二) 企业社会责任的部门性标准 …… 218

四、通过国家标准及地方标准促进企业社会责任的自我提升 ········· 219
（一）企业社会责任全面性标准 ·· 219
（二）企业社会责任的专门性标准 ···································· 220
五、通过企业信息公示平台完善企业行为社会回应机制 ················ 220
结　论 ·· 222

引 言

一、研究背景

随着全球范围内市场经济的高速发展，经济危机、产品安全、性别歧视、环境污染、资源匮乏等经济、社会、环境问题也逐渐显露，威胁着人类的生存质量和可持续发展。作为人类历史上最伟大的发明之一，[①] 企业被认为是能够解决上述经济、社会、环境问题的重要贡献者之一。自伯利（Berle）和多德（Dodd）于 20 世纪 30 年代起进行关于“企业应该为谁的利益服务”的论战后，利益相关者理论、整合性社会契约理论不断兴起，现代的企业社会责任的概念应运而生。自 1953 年德国经济学家莱因哈德首次提出企业社会责任的概念以来，企业社会责任的发展已经历经了半个多世纪，并逐渐从一项企业家个人的慈善捐赠活动演变成企业的核心决策、国家的重要战略和全球的贸易要求。在经济全球化的背景下，企业社会责任关乎企业的自身发展、社会的繁荣稳定和国家的长治久安，已成为企业实现可持续发展的必然手段和经济、社会、环境可持续发展的重要基础。

然而，理论上，当西方成熟市场国家已在探讨如何更好地促进企业社会责任水平的提高时，我国学者似乎仍徘徊于“企业社会责任究竟是法律责任还是道德责任”的简单选择中；立法上，当印度、印度尼西亚等新兴市场国家也将企业社会责任作为一项强制性规则纳入公司法的范畴时，我国学者似乎更倾向于将其视

① Rajan, Raghuram G. , and Luigi Zingales. Saving capitalism from the capitalists: Unleashing the power of financial markets to create wealth and spread opportunity. Princeton University Press, 2004.

为企业的“其他事项”而缺乏商事立法下的制度构建；实践中，当成熟市场国家的企业集团、大中型企业或跨国公司已逐渐将企业社会责任视为企业发展的核心战略、企业长期发展的必要手段时，我国企业仍受到“毒奶粉”、矿难等不负责企业行为的困扰。在中国经济已然呈现新常态的时代背景下，以企业社会责任的提高为手段，发展科技创新，促进产业升级，实现企业利益、环境利益和社会利益的共赢发展势在必行。

二、研究对象

本书的核心问题在于解决如何利用法律化工具促进企业社会责任的全面提升，即应采取何种法律化路径规制遵守法律甚至是超越法律的企业社会责任。在此基础上，本书讨论了以下几个分支问题：

（一）企业社会责任是什么？

企业社会责任的概念与性质界定是讨论企业社会责任法律化问题的前提与基础。尽管目前国际社会对于企业社会责任问题的讨论已由教义学下的描述性探讨转为了以实用主义为主导的可操作性探讨，但企业社会责任的历史沿革、内容范围、责任性质等问题仍是我们讨论企业社会责任法律化路径所不可回避的前提。本书旨在于传统的教义学方法和现代的实用主义路径间寻求平衡，以开放式、动态式的定义方法界定企业社会责任的内涵，以综合性、多元性的定性方法界定企业社会责任的性质，以为企业社会责任法律化的标准及类型化讨论奠定夯实基础。

（二）企业社会责任是否需要法律化？

在界定企业社会责任概念与性质的基础上，需要进一步界定企业社会责任是否需要法律化。从狭义的角度而言，企业社会责任的法律化主要探讨道德的法律化，即是否需要借助法律工具规制企业社会责任中超越法律规则的部分（狭义的企业社会责任）；从广义的角度而言，企业社会责任的法律化还应探讨法律的体系化，即是否需要构建《企业社会责任促进法》，是否需要形成体系化的企业社会责任立法框架。

从企业社会责任的社会需求而言，随着20世纪世界经济的爆炸式增长，社会问题和环境问题不断涌现，不仅危及了社会的长治久安，也威胁到了人类共同体的长期生存。促进代际平衡、实现人类社会的可持续发展成为21世纪的人类主题。企业，作为人类资源、财富的聚合地与商业经济的重要形式，被认为是解决上述问题的重要贡献力量。企业应通过科学生产、技术革新、资源风险等负责任的商业行为为人类共同体的可持续发展作出贡献，以满足社会对于企业的期待。而法律工具的介入，能够通过国家强制力干预、社会组织软性约束或市场声誉反馈的方式促进企业将社会责任问题融入其经营战略与风险管理中，促进企业社会责任的自主提升，由此具有紧迫的必要性。

从立法技术发展的角度而言，企业社会责任中所涉及的环境、劳动者保护、产品质量等基础内容已经通过法律化实现了从道德责任到法律义务的移转，而对于法律义务之外的企业社会责任目前仍完全属于自愿责任的范畴，不应由法律对其进行干预。然而，法律的功能不仅在于裁判规则，其同样是一种行为指引。尤其是随着法学理论的发展，促进法、反身法、自治性契约等软法（soft law）性质的半法律框架（Semi-Legal Frameworks）形式极大程度地丰富了法律化的内涵，使法律硬性标准和商业自由裁量之间的平衡成为可能，也解决了长期以来“命令-控制（command-control）”规则模式下股东利益、企业利益、其他利益相关人利益之间的利益冲突。在经济全球化对于企业承担社会责任的殷切期盼下，法律作为调整市场经济的一种重要工具，能够发挥其重要的作用。由此，具有现实的可行性。

（三）企业社会责任如何法律化?

企业社会责任法律化的实现机制是企业社会责任法律化问题的核心。目前，企业社会责任法律化的实现主要依赖以下四条路径：一是强制性企业社会责任路径，即通过企业社会责任最低支出标准的形式将自愿意义上的企业社会责任转化为一种公司法上的强制性义务；二是软法规制路径，即通过国际标准、国际准则或自治契约的方式，将企业社会责任转化为一种私法领域下的倡导性责任；三是反身法路径，即通过市场声誉机制和企业社会回应，将企业社会责任转化为一种声誉追求；四是可持续公司法路径，即通过将企业社会责任和公司治理的融合，将企业社会责任转化为一种公司长期利益的实现方法。

然而，先进的并非是合适的。在关注企业社会责任法律化路径国际经验的同时，我们也应关注各企业社会责任法律化路径的形成背景和现实效果，并对比中国企业和中国社会的现实环境，挖掘其中国化过程中的经验积累，反思其中国化过程中的制度困境，在此基础上形成具有中国特色的企业社会责任法律化路径和体系化规则。

三、内容结构

本书将跳出拘泥于企业社会责任概念和性质讨论的传统范式，以企业社会责任的法律化为问题导向，讨论如何通过法律化的手段促进遵守法律抑或“超越法律”的企业社会责任的提升。本书的内容主要分为以下几个部分：

第一部分是对企业社会责任的界定与对企业社会责任法律化的探讨。在概念上，本书采用动态定义的方式，将企业社会责任定义为“满足利益相关者期待的综合性利益”。在性质上，本书认同卡罗尔的“三域模型”，认为企业社会责任是一种集经济责任、法律责任与道德责任于一体的综合性责任。在法律化问题上，本书认为企业社会责任法律化是现代社会对于企业功能和角色的现实需求，其具有必要性和可行性。

第二部分至第五部分是对现有四种企业社会责任法律化路径的介绍：第二部分介绍了企业社会责任的强制性立法路径，即由公司法统一规定企业社会责任的实施主体和最低标准，并将其作为一项强制性责任要求企业履行。第三部分介绍了企业社会责任的软法规制路径，即国际或国内的政府或非政府组织制定企业社会责任实施的具体准则、指引和标准，企业可自主选择是否加入或适用某一准则、指引或标准，一旦加入，企业就应按照其所加入的准则、指引或标准履行企业社会责任。第四部分介绍了企业社会责任的反身法路径，即从企业社会责任（corporate social responsibility）到企业社会回应（corporate social responsiveness）的范式转变，其认为企业社会责任是一项自愿责任，应通过引导或要求企业发布社会责任报告的方式促进企业自我提升社会责任承担水平。第五部分介绍了企业社会责任的可持续公司法路径，即认为企业社会责任不仅是“超越法律”的自愿责任也是对法律精神的恪守。而传统公司治理中“股东至上”的原则导致“外部性”监管模式下，企业社会责任沦为“洗绿剂（green-washing）”。由此，应以“可持续价值”的理念填补公司法对于企业社会责任追求的制度空白，并在公司治理的框架下重塑公司法的目的、董事的义务和股东的职责，以企业的长期利益出发，实现企业价值和社会价值的统一。

第六部分是对我国企业社会责任法律化路径的讨论。我国企业社会责任的发展仍处于一个“初级阶段”，无论是企业还是利益相关者都缺乏对于企业社会责任的重视，由此，成熟市场国家以自愿为基础的反身法路径和标准化路径并不有益于我国企业社会责任的提高，而新兴市场以强制为基础的强制法路径可能给企业带来过大的负担，而不利于企业、社会的长期发展。相比较而言，可持续公司法的路径正确认识到了企业、社会、环境三者之间的内在统一关系，但其对于长期以来形成的“股东至上”规范的挑战确是公司治理中需要解决的前提问题。当然，在进行具体路径设计时，应认识到以上四条路径是相互补充的。由此，本书认为，在进行路径设计时，应首先对企业社会责任进行类型化区分，探讨不同类型企业社会责任法律化的标准和实现机制，并在此基础上形成以民商事一般性立法为总领，以部门法规则与强制性标准为内容，以推荐性准则或指南为配套的“胡萝卜+大棒”立法体系，实现企业社会责任的“自治、法治、德治”。

四、研究方法

本书主要采取比较研究法。一是横向的空间性比较。在梳理欧盟模式、印度模式、印度尼西亚模式、北欧国家等几个代表性企业社会责任法律化路径的基础上，探寻不同国家和地区经济发展水平、政治体制、国内及国际环境等因素对企业社会责任法律化路径形成的影响，从而进行有针对性的比较和借鉴。二是纵向的历史性比较。在梳理企业社会责任的历史沿革、历史观点的基础上抽象总结对企业社会责任的概念和性质界定，并跳出拘泥于概念和性质的思考，将企业社会责任界定为一种动态概念下的综合性责任。

在具体路径探讨时，本书还借鉴经济学中的断点回归分析法、分组取样分析法、倍差法等分析方法用以说明企业社会责任强制性立法路径的实践效果；采用个案分析法、实证分析法、数据统计法等研究方法说明了企业社会责任反身法路径的实施方法和实施效果；采用社会调查法说明了可持续公司法路径下利益相关方对于企业的期待度等；采用规范分析法探讨了现有《中华人民共和国民法典》（以下简称《民法典》）和《中华人民共和国公司法》（以下简称《公司法》）对于企业社会责任原则性规定的情况下，企业社会责任的发展空间和发展障碍。

五、创新性与局限性

本书的创新主要有以下几点：一是资料上的创新，国内关于企业社会责任的讨论多以欧盟国家、日本等发达国家为参照对象。本书不仅注重对发达国家企业社会责任法律化路径的梳理，也着重关注印度、印度尼西亚等发展中国家具有代表性的企业社会责任法律化路径。二是论证方法上的创新，国内关于比较法的研究多聚焦于法律制度本身，而忽略法律制度形成背后的政治、经济、社会因素，因而形成了传统论证模式下“甲说，乙说，我说”的行文结构。本书不仅着眼于不同立法域下企业社会责任法律化路径，更关注企业社会责任法律化路径的形成过程，并探寻其中可能存在的政治、经济原因，例如是否存在商业集团的对抗、是否存在西方游说集团的干扰、是否存在政府组织的妥协等。三是观点上的创新，除个别学者①外，大多学者将企业社会责任视为企业的“其他事务”，而主张将其放在环境法、劳动法、产品质量法、人权法等部门法领域下进行探讨，并仅在公司法就企业社会责任进行原则性规定。本书提出，企业社会责任与企业行为和企业组织密切相关，公司法作为企业组织法和企业行为法不应缺乏对企业社会责任的调整，应将企业社会责任理念融入公司法规则，重塑公司法目标、股东职责和董事义务，以公司法为框架，以准则、标准、指引等标准化文件为手段，以其他部门法为配合，促进企业社会责任法律化路径的立体化、综合化设计。四是选题上的创新，目前国内关于企业社会责任问题的法学选题主要集中于对企业社会责任性质的探讨、对《公司法》第五条的规范分析等具体内容的分析，而缺乏从宏观上对于企业社会责任法律化路径的探讨，本书以企业社会责任法律化的路径研究为选题，旨在探讨如何以“软法”或“硬法”的介入方式促进企业社会责任水平的提升。

当然，本书的写作依旧存在一些局限，关于企业社会责任法律化路径的探索仍处于一种非常试验性的阶段。即便是国际社会，法律对于企业社会责任的干涉也是谨慎且摇摆的。例如，在欧盟委员会要求欧洲大中型企业自 2018 年起将非

① 例如张辉在《公司社会责任：法律的位置》中提出了应重塑股东会、董事会、职工的角色，从公司治理和公司法的视角促进企业社会责任的提升；范健、王建文在《上市公司高管社会责任及其法律规制初探》中也就企业内部治理与社会责任提升的关系与具体构建进行了讨论。

金融事项报告纳入其年度报告时①，挪威政府却认为关于劳工、环境、人权问题的非金融事项报告给企业带来了过重的负担，中小企业不应承担该义务；② 又如印度、印度尼西亚强制性企业社会责任出台后，也受到了商业社会的一致反对，最终又都进行了不同程度的妥协。由此，本书所讨论的企业社会责任法律化路径仅针对我国现有政治环境、经济水平下，促进企业社会责任发展的可能形式。但企业社会责任的发展永远与不同时期利益相关者对于企业的期待相关联，企业社会责任的法律化也将在很长一段时期内是一个开放的、动态的命题，有待于理论界和学术界的进一步探索。

① See Directive 2014/95/EU.

② Sjåfjell Beate, Eli Rudshagen. "Feilslått forenklingsforsøk: Finansdepartementet foreslår å fjerne årsberetningskravet for små selskaper." http://www.dagsavisen.no/nyemeninger/feilsl%C3%A5tt-forenklingsfors%C3%B8k-1.1063639.

第一章 企业社会责任的界定与法律化

作为迄今为止最为有效的经济组织形式，企业的出现被视为人类史上最为伟大的成就之一。尤其是在19世纪末期卡特尔、辛迪加、托拉斯、康采恩等垄断组织出现后，企业的力量已由传统的资本汇集、产品生产渗透到了社会政治、经济、文化等各个领域。然而，在推动科技创新、创造社会财富的同时，企业的生产也带来了社会、环境等方面的问题。由此，彼时的社会不再放任企业追求以单一经济利益为导向的一元化目标，而是通过各种社会运动的方式向企业施压，要求企业在创造社会财富的同时履行社会责任。

现代企业社会责任的概念形成于20世纪50年代，并在此后的半个多世纪中得到了持续的发展和丰富。尽管至今未能定分止争，但企业社会责任的内容和层次却在不断丰富。学者们逐渐意识到，企业社会责任的实质在于企业对于利益相关者期待的满足，其随着社会现实的变化而变化，故很难以文字的形式抽象出一个准确的定义。由此，在企业社会责任的概念界定上，理论界弱化了“是什么”的教义学探讨，而加强了“怎么样”的实用主义论证；在企业社会责任的性质界定上，理论界不再拘泥于自愿责任抑或强制性责任的简单划分，而构建了多层次、多维度的现代模型。在明晰了企业社会责任概念和性质的基础上，企业社会责任的法律化路径也呼之欲出：一方面，企业社会责任概念上的复杂性决定了企业社会责任法律化路径的多元性；另一方面，企业社会责任性质上的综合性决定了企业社会责任法律化路径的层次性。

本章分为三节：第一节从历史研究的角度挖掘企业社会责任概念的形成过程、发展特点，并提出本书对企业社会责任概念的开放性、动态性界定观点；第二节从文献分析的角度抽象学界对于企业社会责任性质界定的观点，并提出企业社会责任从内容维度上是经济责任、法律责任、社会责任的集合体，且上述三种责任之间存在内在联系，从效力维度上是强制性责任与自愿性责任的结合体；第三节在前两节的界定基础之上，探讨新常态、新矛盾、新发展的背景下企业社会责任法律化的原因分析及法律化的实现机制。

第一节 企业社会责任的概念界定

伴随着商业社会的崛起，企业社会责任的发展历经了半个多世纪。在伯利和多德于20世纪30年代起就“企业应该为谁的利益服务”① 进行了一场旷日持久的公司法经典论战后，利益相关者理论、社会契约理论、受托人理论等企业目标二元化理论被提出和认可，企业社会责任的概念逐渐明朗。尽管时至今日也没有人能对企业社会责任下一个明确的定义，但不可否认的是，企业社会责任已开始作为一项重要内容融入企业的商业战略和日常经营中。本节将依据时间线梳理企业社会责任形成过程中的40余个重要概念及相关理论，提炼不同时期企业社会责任的特点，为我国企业社会责任法律化路径的选择奠定理论基础。

一、企业社会责任概念的历史沿革

企业社会责任从雏形初具到概念逐渐明朗的过程中，从未形成过统一、明确

① 伯利认为：“所有授予公司或公司管理层的权力……其行使只能基于有利于股东利益的考量。” See Berle, Adolf A. “Corporate powers as powers in trust.” Harvard Law Review 44.7 (1931): 1049-1074. 多德认为：“企业不仅应当对社区负责，企业管理层也应在无法律强制性规定的情况下自愿承担这些责任。” See Dodd, E. Merrick. “For whom are corporate managers trustees?” Harvard law review 45.7 (1932): 1145-1163。

的通说。相反，根据社会发展水平动态发展、不断丰富恰恰是企业社会责任概念的最显著特点。企业社会责任概念的形成发展主要经历了以下两个阶段：

（一）早期企业社会责任概念的形成

19世纪末期，美国是一个"经济稀缺型社会（a society of economic scarcity）"，其社会发展的主要目标是经济的发展和财富的积累。到20世纪初期，随着美国经济的大爆发，公众对于古典自由经济主义和利润导向伦理主义的不满与日俱增。[①] 公众认为应让财富在更广的范围内分配，应选举对人民更具有责任感的政府，应促进社会与经济问题的解决以提高人民的生活环境。[②] 有鉴于此，"社会福音运动（Social Gospel Movement）"在美国兴起，"赚钱只是一部分的任务，另一部分的任务在于如何利用财富"[③] 的观点在商业社会中流行。商人开始以个人名义进行社会捐赠，形成了早期企业社会责任的雏形。

20世纪20年代，历经十年经济大爆发的美国迎来了一种新的商业组织形式——大型公司，其能够集结更多的资源、发挥更大的社会作用。"企业社会责任的概念逐渐从商人进行个人资产捐赠的行为变为了企业以企业资源追求社会目标的行为。"[④] 人们开始正视大型企业作为社会重要组成部分的现实，亟待立法对这一新的组织形式的特点进行回应。社会及立法开始重视大型企业这一组织形式的社会功能。此外，这一时期科学管理运动的发展和工会职能的缺失更是成为企业社会责任产生的催化剂：一方面，工会的孱弱要求大型企业自主提升对其雇员福利的责任；另一方面，大型企业管理的科学化和技术的先进化催生了社会对企业的更高要求。综上所述，在这一阶段，企业社会责任的概念等同于公共关系、社会福利、信托关系和社会福利等内容。但随着政府干预主义的强大，早期企业社会责任雏形中的许多内容被政府职能所取代。

（二）现代企业社会责任概念的发展

现代企业社会责任概念的发展经历了一个漫长的历史过程，几乎每隔十年，

① Weinstein, J. "The Corporate Ideal in the Liberal State: 1900-1918." Beacon Press, 1968.

② Wiebe, R. H. "Businessmen and Reform: A Study of The Progressive Movement." Harvard University Press, 1962.

③④ Hoffman, Richard C. "Corporate social responsibility in the 1920s: an institutional perspective." Journal of Management History 13.1 (2007).

企业社会责任的内涵和外延就有一些理论性的突破。

1. 20世纪50年代的企业社会责任

企业社会责任发源于西方发达社会，其概念的来源之一为鲍恩（Howard R. Bowen）于1953年对于“人们期待商人承担哪些社会责任”这一设问的回答。在回应中，鲍恩首次明确商人的社会责任为“商人制定遵循社会目标和价值观的方针、作出相应决策和采取相应行为的义务”①。1957年，另一位企业社会责任的先驱学者莫雷尔（Heald Morrell）提出“企业社会责任是指企业不仅应当确保经济利益的最大化，还应维护人权和社会政策的一项管理性义务”②。

20世纪50年代是现代企业社会责任概念的萌芽时期。这一时期关于企业社会责任的文本讨论主要集中于“商业如何满足社会目标、社会价值和社会政策”③的要求。企业社会责任的实现继续延续了早期企业社会责任慈善捐赠的理念，即认为企业管理层应当自愿扮演公众受托人（public trustees）的角色，承担社会管理（social stewards）的职责，以自愿的方式对社会基础建设、文化教育、科学研究、种族宗教等方面的事业进行慈善捐赠。

2. 20世纪60年代的企业社会责任

20世纪60年代，种族平等、男女平等的世界观和价值观在美国社会兴起。1964年出台的《人权法案》确认了对所有社会团体的平等对待。企业社会责任的概念也在这一时期得到了扩张。这一时期最为盛行的企业社会责任概念之一是戴维斯（Keith Davis）提出的企业社会责任“是指商人的决定或行为至少在部分层面超越了企业的直接经济利益或技术利益”④。戴维斯关于企业社会责任的理念也被称为“戴维斯模型”，其具体包括五项主张⑤：一是社会责任源于社会权力；二是商业的运行应包含两个公开机制：公开接受社会投入和公开披露经营信息；三是在决策是否开展活动、生产产品、提供服务时，应将社会成本和收益纳入考量；四是企业开展活动、生产产品、提供服务的社会成本可通过提高上述产品或服务的价格的方式部分转嫁给消费者，以维护企业利益和社会利益之间的平

---

①③ Bowen, Howard R. “Social responsibilities of the businessman”. University of Iowa Press, 2013. p. 6.

② Morrell, Heald. “Management's responsibility to society: The growth of an idea.” Business History Review 31.4 (1957).

④ Davis, Keith. “Can business afford to ignore social responsibilities?” California management review 2.3 (1960).

⑤ See “Keith Davis Model of Corporate Social Responsibility.” https://managementinnovations.wordpress.com/2008/12/06/keith-davis-model-of-corporate-social-responsibility/.

衡；五是企业作为市场主体有责任参与在其正常经营范围之外的社会问题。

另一位学者弗雷里克（William C. Frederick）的观点同样对于企业社会责任的概念形成具有重要影响，其认为："商人应对经济系统内的经营行为进行审查，以使其符合公共期待。换言之，经济生产资料应当以有利于加强社会经济福利的方式生产和分配。"①

此外，沃顿（Clarence Walton）也阐述了企业社会责任内涵的多个方面，并提出了关于企业社会责任的不同种类和模型。他认为："简而言之，企业社会责任这一新概念承认企业和社会的紧密联系。在企业和其利益相关团体追求各自目标的时候，这种紧密联系应该由高级管理人员所牢记。"② 沃顿首次从文本中明确了企业社会责任的自愿性。

20 世纪 60 年代的美国处于一个经济高速发展但社会问题频发的时期。"许多企业出售危害环境的不安全产品，社会缺乏救济经济贫困人员的有效手段，贿赂现象普遍存在，道德受到了经济和权力的破坏。"③ 故关于商业道德问题的讨论被提升到了一个新的高度。此外，这一时期自由经济思想的瓦解、管理层作为受托人理论的提出、利益衡量理论的产生也成了企业社会责任概念迈向系统化发展的外部因素。相比 50 年代，这一时期企业社会责任的内涵更广，系统化程度更高。企业社会责任作为一项自愿责任的属性也在这一时期被首次固定。

3. 20 世纪 70 年代的企业社会责任

20 世纪 70 年代，企业社会责任概念迎来了一个大发展的时期。从 60 年代到 70 年代中期，自由主义经济下商人唯利是从、残忍血腥的原始积累和商业经营模式引起了社会公愤。尤其是 1970 年，美国消费者保护运动的推动者拉尔夫·纳德（Ralph Nader）指责通用汽车公司"对他进行恐吓活动，以阻止他对其产品的批评和相关信息的披露"④ 后，一股反商业情绪的浪潮席卷了整个商业领域。尽管这种愤怒情绪下的很多指责是失之偏颇的，但不少商业领袖由此了解了社会对其和其企业的期待，也明确了企业作为社会变革代理人的属性。

---

① Frederick, William C. "The growing concern over business responsibility." California management review 2.4 (1960).

② Walton, Clarence Cyril. Corporate social responsibilities. Wadsworth Publishing Company, 1967. p. 18.

③ Lantos, Geoffrey P. "The boundaries of strategic corporate social responsibility." Journal of consumer marketing 18.7 (2001).

④ See 25 N. Y. 2d 560, 1970.

尽管在20世纪70年代初莫雷尔通过阐述商业的社会责任以及企业和社会之间的关系发展了企业社会责任理论。但这一声音却被这一时期最具突破性意义的、由诺贝尔经济学奖获得者米尔顿·弗里德曼（Milton Friedman）提出的“商业有且仅有一项社会责任——在游戏规则内利用其资源增加其利益，换句话说，以非欺诈的方式进行公开、自由的竞争”① 观点所淹没。米尔顿·弗里德曼否认了企业社会责任的概念，其认为：企业社会责任是一项纯粹的社会主义；只有自然人存在责任；企业的管理层是拥有企业的个人的代理人，因此其对企业的所有者负有首要责任；让企业承担社会责任，意味着其要在某种程度上以违背其雇主利益的方式行事；社会责任的理论涉及政治机制而非市场机制是确定稀缺资源用途的适当方式的社会主义观点；私人竞争企业的伟大价值在于强调人们为自己的行为负责，使他们难以利用他人的自私或无私目的；在一个“邪恶（evil）”的世界，邪恶的人很难从恶；一旦采用社会责任的观点，遏制市场的外部力量将会成为官僚主义的铁腕；企业社会责任理论将会使政治机制扩张到人类生活的每一个领域。

另一位学者约翰逊（Harold Johnson）对企业社会责任下了一系列的定义，并对不同路径下的定义方式又进行了批判和分析。其主要阐述了四种关于企业社会责任的观点：（1）“在具有社会责任的企业中，管理人员能够平衡利益的多样性。其不仅要为股东争取更多的利益，还要考虑雇员、供应商、经销商、本地社区和国家的利益”②。（2）“企业社会责任认为，企业通过实施社会项目来为其组织增加利润”③。（3）“一个具有社会责任的企业家或经理是指一个能够有效实现第二种路径的人，例如其不仅要考虑自身的福利，还应考虑公司其他人员和他的同胞们的福利”④。（4）“企业的目标和消费者的目标一样，应按照重要性排序，以实现对每个目标的评估。这些目标水平受多种因素的影响，其中最重要的是企业过往的目标实现经验和类似企业的过往表现。个人和企业都希望在类似的情况

① Friedman, Milton. “The social responsibility of business is to increase its profits.” Corporate ethics and corporate governance (2007).

② Johnson, Harold L. Business in contemporary society: Framework and issues. Wadsworth Pub. Co., 1971. p. 50.

③ Johnson, Harold L. Business in contemporary society: Framework and issues. Wadsworth Pub. Co., 1971. p. 54.

④ Johnson, Harold L. Business in contemporary society: Framework and issues. Wadsworth Pub. Co., 1971. p. 68.

中做得和其他人一样好。”①

1973 年，埃尔伯特（Eilbert）和帕凯特（Parket）认为，应着重关注企业社会责任的履行和实践。其认为“可能理解企业社会责任的最好方式是将其作为一种‘睦邻’关系。这一概念包括两个方面：一方面，其意味着不从事有害邻里关系的经营活动；另一方面，其表现为在自愿的基础上帮助解决邻里问题。若以此类比难以解释的企业社会责任概念，则企业社会责任是指企业或企业活动在解决种族歧视、污染、交通、城市老龄化问题中所扮演的角色。”② 同时，其还指出，大多数企业承担的企业社会责任涉及教育和艺术领域，企业乐于参与其认为具有社会责任的活动，并热衷于扩大这些活动的影响。

1975 年，塞提（Sethi）在其经典论著《企业社会表现的层次》中对“社会义务”“社会责任”“社会回应”等企业行为的概念进行了区分。③ 同时，他还指出企业社会责任意味着企业行为符合普适的社会规范、价值观和社会期待。

此外，这一时期企业社会责任的分层理论也逐渐明晰。俄亥俄大学的罗伯特·海（Robert Hay）和埃德·格雷（Ed Gray）首次提出了企业社会责任的“三阶层（Phase Ⅲ）”价值：第一阶层，追求利益的最大化型；第二阶层，委托关系型；第三阶层，生活质量型。其认为“三阶层”价值将受到经理层的欢迎。至 1979 年，阿奇·B. 卡罗尔（Archie B. Carroll）提出了企业社会责任概念沿革中具有里程碑意义的企业社会责任“金字塔模型（The Pyramid of Corporate Social Responsibility）”。其认为“企业社会责任涵盖了某一时间点社会对企业经济、法律、道德和其他任意行为的期待。”④ 在“金字塔模型”的构架下，企业社会责任包括四个方面：一是经济责任，即企业应生产社会需要的产品、提供社会需要的服务，并将其出售给社会；二是法律责任，即企业在承担经济责任时应遵循法律的要求；三是道德责任，即企业在经济和法律责任之外还应自愿承担的满足社会期待的其他责任；四是任意责任，这是最为复杂的一项责任，通常涉及个体

① Johnson, Harold L. Business in contemporary society: Framework and issues. Wadsworth Pub. Co., 1971. p. 73.

② Eilbert, Henry, and I. Robert Parket. “The practice of business: The current status of corporate social responsibility.” Business Horizons 16. 4 (1973).

③ Rahman, Shafiqur. “Evaluation of definitions: ten dimensions of corporate social responsibility.” World Review of Business Research 1. 1 (2011).

④ Carroll, Archie B. “The pyramid of corporate social responsibility: Toward the moral management of organizational stakeholders.” Business horizons 34. 4 (1991).

的选择和判断。

20 世纪 70 年代，企业社会责任的概念和讨论大量涌现、不断完善，其主要呈现出以下特点：一是利益相关者理论的初步显现。企业社会责任学者将利益相关者纳入企业社会责任的讨论范畴，认为企业行为应当满足社会发展的长期利益。二是企业社会责任逐渐从单一责任转换为多层次的综合性责任。企业社会责任的概念从经济责任、自愿责任的单一概念发展为具有层次性地涵盖经济、法律、道德、慈善四方面的综合性概念。三是企业社会责任是经济责任还是综合责任的争论不断增强，以弗里德曼为代表的经济学者认为企业对社会唯一的责任就是创造社会价值，而其余的大批学者则顺应了社会需求，继续延续和发展了传统的社会责任理论，希望企业能够利用自身的资源解决社会问题。企业也开始在经济利益与社会声誉的矛盾中寻求平衡，并将企业社会责任作为提高其社会声誉的一种营销手段。

4. 20 世纪 80 年代的企业社会责任

20 世纪 80 年代企业社会责任讨论中涌现了大量企业社会责任的相关概念，包括“企业社会回应”“企业社会表现”“公共政策”“商业伦理”和“利益相关者理论”等。理论界开始认识到，企业社会责任的概念应当处于一种与社会发展相适应的动态过程中。经营管理被作为企业社会责任概念的核心讨论。

1980 年，托马斯·M. 琼斯（Thomas M. Jones）认为很难就什么是负责任的企业行为达成一致，因此，应该将企业社会责任视为一种动态过程而不是一种静态结果。他指出：“企业社会责任是指企业对于股东和法律及劳工合同之外的社会相关团体的义务。企业社会责任的定义有两个关键点：一是这一义务必须是自愿履行的。法律或劳工合同强制力影响下的行为不属于自愿。二是这一义务广泛超越传统意义上对股东、消费者、雇员、供应商、相邻社区等利益相关者的义务。”①

1981 年，图佐利诺（Tuzzolino）和阿曼迪（Armandi）在马斯洛（Maslow）需求层次理论（need hierarchy theory）的基础上提出了组织的需求层次。他们认为，组织和个人一样，需要符合或满足特定的标准。“他们构建了一个分类模型来评估企业绩效，提出了一个衡量企业社会责任的标准。他们还指出通过组织需

① Jones, Thomas M. “Corporate social responsibility revisited, redefined.” California management review 22. 3 (1980).

求理论，企业社会责任将更容易被推动。”①

1983 年，提出了企业社会责任“金字塔模型”的阿奇·B. 卡罗尔再次发展了企业社会责任定义的“三域模型（The Three-Domain Model of Corporate Social Responsibility）”：“企业社会责任的‘三域模型’由三大责任领域组成：经济、法律和道德。其基本延续了卡罗尔的‘金字塔模型’，除了将任意（慈善）放入道德或经济责任领域，以反映企业从事慈善行为的不同动机。……以维恩图来构建企业社会责任模型能够表明某一时期企业社会责任中的某一领域比其他领域更重要。”② 同年，贡塔·托依布纳（Gunther Teubner）提出了反身法理论，认为根据卢曼现代系统论的观点，传统以立法为主导的监管方式将难以面对价值多元化、形态复杂化的社会，应通过“社会回应机制”促进企业社会责任的承担，并提出应当构建企业社会责任报告制度。③

1984 年和 1985 年，R. 爱德华·弗里曼（R. Edward Freeman）教授、史蒂夫·L. 华廷科（Steven L. Wartick）教授与菲利浦·L. 库克伦（Philip L. Cochran）教授分别提出了对企业社会责任概念发展具有重大意义的利益相关者理论和商业伦理理论。R. 爱德华·弗里曼认为“现有的学说和 20 世纪 80 年代商业环境的现状及变化趋势不符”，④ 其明确了利益相关者的概念，指出利益相关者包括消费者、竞争者、交易合作方、媒体、环境保护者、供应商、政府、消费者保护团体、本地社区和商业组织。这些组织的积极参与对于企业社会责任的完善具有重要意义。利益相关者理论是 20 世纪 80 年代企业社会责任领域最为重要的理论贡献。直至 21 世纪，R. 爱德华·弗里曼仍在不断完善、丰富该理论在企业社会实践领域的应用。史蒂夫·L. 华廷科与菲利浦·L. 库克伦教授关注了企业社会责任概念遭遇的三个挑战：经济责任、公共责任和社会回应。其重点探讨了企业社会绩效模型的演进，并认为社会问题管理是“企业社会绩效的一个重要维度”⑤。

---

①④ Bhaduri, Saumitra N., and Ekta Selarka. “Corporate Social Responsibility Around the World-An Overview of Theoretical Framework, and Evolution.” Corporate Governance and Corporate Social Responsibility of Indian Companies. Springer Singapore, 2016. p. 11-32.

② Schwartz, Mark S., and Archie B. Carroll. “Corporate social responsibility: A three-domain approach.” Business ethics quarterly 13.4 (2003).

③ Teubner, Gunther. “Substantive and reflexive elements in modern law.” Law and society review (1983).

⑤ Wartick, Steven L., and Cochran, Philip L. “The evolution of the corporate social performance model.” Academy of management review 10.4 (1985).

1987年，埃德温·M. 爱泼斯坦（Edwin M. Epstein）的研究分析了企业社会责任和企业盈利能力之间的关系，也就企业社会责任提出了新的定义，他认为“企业社会责任涉及从组织（根据某些规范标准）作出对利益相关者有利而非不利的具体事项或问题的决策中实现目标。企业行为的规范性和正确性一直是企业社会责任关注的重点”①。

20世纪80年代是企业社会责任呈现“井喷式”发展的开始。这一时期最为重要的贡献主要有二：一是利益相关者概念的提出。在利益相关者理论下，一方面，企业行为将影响利益相关者的生活状态；而另一方面，利益相关者对于企业的反应也对于企业本身的发展具有重要影响。二是企业社会责任和企业盈利能力关系的阐述。企业社会责任承担水平的提高有利于企业获得良好的社会声誉，也会增加消费者对于企业产品和服务的满意度，相应地，企业盈利也将增加。上述两项贡献的重要意义在于改变了此前将企业社会责任作为企业外部负担的论证方式，从企业与社会“双赢”的角度而非仅仅有利于社会发展的角度重新审视企业社会责任的效用，提升了企业承担社会责任的内在动力。

5. 20世纪90年代的企业社会责任

20世纪90年代企业社会责任的概念得到了进一步发展，这得益于一系列企业社会责任模型的提出。包括阿奇·B. 卡罗尔“金字塔模型”的进一步发展，三重底线（Triple Bottom Line）模型、企业社会责任价值创造模型（Value Creation Model of Corporate Responsibility）、消费者驱动企业责任模型（Model of Consumer Driven Corporate Responsibility）的提出。随着西方发达国家企业社会责任概念和应用的逐渐成熟，其主导的SA 8000等企业社会责任标准也逐渐成为重要的国际贸易标准，并衍生为发展中国家国际贸易的“蓝色壁垒”。为应对这一状况，企业社会责任这一舶来概念也开始在发展中国家萌芽。企业社会责任迎来了“多元化和全球化”② 的时代。

1992年，非政府机构组织“社会责任下的商业（Business for Social Responsibility）”在里约热内卢峰会上提出了企业社会责任的新视角，认为“商业是社会积极发展的重要力量——是保护和再生自然资源、确保人类尊严和公平以及商

① Epstein, Edwin M. “The corporate social policy process: Beyond business ethics, corporate social responsibility, and corporate social responsiveness.” California management review 29.3 (1987).

② Muirhead, S. A. “Corporate Contributions: The view from 50 years. New York: The Conference Board.” (1999).

业公开经营的力量”。[①] 其将企业社会责任细化为商业伦理、社区投资、环境、治理和财务、人权、市场环境和工作环境几个具体议题。

1997 年，约翰·艾尔金顿（John Elkington）以利益相关者为基础提出了三重底线模型，聚焦于企业社会责任、环境责任和经济责任。企业社会责任成为更加全面的衡量标准。[②] 而企业社会绩效、利益相关者理论、企业伦理、可持续性、企业公民（corporate citizens）的相关研究也在此后大量出现。同年，社会责任国际组织制定了 SA 8000 企业社会责任标准，并在发达国家的支持下将其发展为国际贸易中的道德标准，推动了企业社会责任在发展中国家的萌芽和发展。

1998 年，迈克尔·霍普金斯（Michael Hopkins）强调企业应当道德地、负责地对待内外部利益相关者，并认为企业社会责任应“道德地或者以一种具有社会责任的方式对待企业的利益相关者。利益相关者存在于企业内外，由此，承担企业社会责任提升内外部利益相关者的人类发展。”[③]

1999 年，美国伍德沃德·克莱德（Woodward Clyde）咨询公司从“社会契约论”的角度定义了企业社会责任，其认为企业社会责任的实质是商业和社会之间的契约。“商业和社会之间存在契约。社会给企业颁发执照允许其经营，因此企业必须承担相应的义务，并以社会接受的方式进行经营活动。”[④] 同年，乔治·库里（George Khoury）以雇员和社区支持的角度将企业社会责任定义为：“企业社会责任是企业与所有利益相关者的整体关系。这些利益相关者包括消费者、雇员、社区、所有者/投资者、政府、供应商和竞争对手。企业社会责任的要素包括对社区外展的投资、雇员关系、创造和维持就业、环境管理和财务绩效。”[⑤]

20 世纪 90 年代，对于企业社会责任的讨论重点已经由“是什么”变成了“怎么做”。这一时期企业社会责任的特点有二：一是概念的精细化。企业社会责任已经不再是一个笼统的、原则性的议题，早期的企业社会责任理论已经内化为不同主题下的理论支撑。二是实施的标准化。随着 SA 8000、ISO 26000 标准的

---

① See the website of BSR, https://www.bsr.org/en/about/story.

② Wartick, Steven L., and Cochran, Philip L. “The evolution of the corporate social performance model.” Academy of management review 10.4 (1985).

③④⑤ Dahlsrud, Alexander. “How corporate social responsibility is defined: an analysis of 37 definitions.” Corporate social responsibility and environmental management 15.1 (2008).

提出，企业社会责任的实施也不再是一个宽泛的、任意性的企业活动，其逐渐过渡为一种标准化的、可操作的道德标准。三是范围的国际化。西方国家将企业社会责任作为国际贸易的标准之一，催生了企业社会责任在发展中国家的萌芽。发展中国家开始着手制定企业社会责任发展战略。

6. 21 世纪的企业社会责任

21 世纪是企业社会责任产业化的时代。学者对于企业社会责任的讨论从理论探讨发展为实证研究，一些官方或非官方的国际组织或国内政府甚至企业本身也开始着手于企业社会责任的定义：

2000 年，大众汽车集团将企业社会责任定义为“企业通过解决社会的经济和社会问题以展现其社会责任感的能力”。[①] 同年，布莱恩 · W. 赫斯特德（Bryan W. Husted）在其《企业社会绩效的权变理论》中提出企业社会绩效作为社会问题性质和与其相适应的战略和结构之间的拟和函数的功能。如此，其融合了企业社会回应、问题管理和利益相关者理论的要素。并针对现有模型讨论的局限性，为未来研究提供了方向。[②]

发达国家继续丰富和发展了企业社会责任的理论内涵，并着手于探讨企业社会责任的强制性特征：

2001 年，杰弗里 · P. 兰托斯（Geoffrey P. Lantos）提出了战略性企业社会责任的概念，认为“道德责任是企业应承担的最低限度的企业社会责任，其应当是强制的”，而慈善性企业社会责任是“自愿的关怀”。同时提出“以非经济方式服务社会同时为企业带来经济利益是合情合理的，应当得到社会的支持”，并由此发展出战略性企业社会责任的概念，并认为其应当是企业社会责任的核心概念。[③]

2003 年，阿奇 · B. 卡罗尔又将“四阶层”的“金字塔模型”修改为“三阶层”的“金字塔模型”，认为企业社会责任包括“经济责任”“法律责任”和“道德责任”。同年，弗洛拉 · 斯托默（Flora Stormer）提出尽管随着“企业社会

---

① Moir, Lance. “What do we mean by corporate social responsibility?” Corporate Governance: The international journal of business in society 1. 2 (2001).

② Husted, Bryan W. “A contingency theory of corporate social performance.” Business & Society 39. 1 (2000).

③ Lantos, Geoffrey P. “The boundaries of strategic corporate social responsibility.” Journal of consumer marketing 18. 7 (2001).

责任”“可持续发展”等语言的兴起，社会对于商业的强制性要求发生了变化，但通过“做善事（doing good by doing well）”方式推动企业社会责任的发展在古典经济学范围内仍能找到合理性。这就意味着，企业仍然是在追求自我经济利益的范畴内承担社会责任，一旦经济不景气，企业社会责任的承担也将随之停止。由此，他提出了“内部系统（inter-system）”的模型，认为企业是创造了它的社区中的一部分。①

2008年，主导欧洲可持续公司法项目的比埃塔·斯约菲尔（Beate Sjåfjell）教授提出应“将环境等可持续发展因素融入公司法中”，通过“外部责任内部化”的方式解决传统企业社会责任监管中企业社会责任沦为“洗绿剂”的问题，促进企业利益、社会利益的双赢发展。② 此后，在2016年，比埃塔·斯约菲尔教授提出了以“生态圈（life-circle）”为基础的公司治理和报告制度的公司法改革方案以及可持续新经济形势下对于公司的重新定义。希望通过可持续公司法的路径解决传统以自愿为基础的企业社会责任的不足。

发展中国家对于企业社会责任的内涵研究也有了进一步的认识，其多认为企业社会责任是一种包含法律责任和社会责任的综合性责任：

2001年我国台湾地区学者刘连煜教授出版了《公司治理与公司社会责任》一书，提出“公司社会责任者，乃指营利性的公司，于其决策机关确认某一事项为社会上多数人所希望者后，该营利性公司便应放弃营利之意图，俾符多数人对该公司之期望”③。

2014年印度学者阿努帕姆·辛格（Anupam Singh）提出，当下企业社会责任的内涵包括：“（1）企业社会责任将企业经营对于社会和环境的影响全面融入企业核心战略；（2）企业社会责任需要考量所有利益相关者的利益，而非仅仅考量企业股东的利益；（3）慈善活动只是企业社会责任的一部分，企业社会责任还包括大量有利于企业战略性发展的活动。”④ 同年，中国西南政法大学的卢代富教授在总结国外企业社会责任的基础上提出“所谓企业社会责任，乃指企业在谋求

① Stormer, Flora. “Making the shift: Moving from ‘ethics pays’ to an inter-systems model of business.” Journal of Business Ethics 44. 4 (2003).

② Sjåfjell, Beate. “Achieving Corporate Sustainability: What is the Role of the Shareholder?” Nordic & European Company Law Working Paper No. 16-12.

③ 刘连煜著：《公司治理与公司社会责任》，中国政法大学出版社2001年版，第66页。

④ Singh, Anupam, Verma, Priyanka. “From Philanthropy to Mandatory CSR: A Journey Towards Mandatory Corporate Social Responsibility in India.” International Journal of Business and Management Invention 3. 8 (2014).

股东利润最大化之外所负有的维护和增进社会利益的义务”。[①]其认为：“（1）企业社会责任是一种关系责任或积极责任；（2）企业社会责任以企业的非股东利益相关者为企业义务的相对方；（3）企业社会责任是企业的法律义务和道德义务，或者正式制度安排和非正式制度安排的统一体；（4）企业社会责任是对传统的股东利润最大化原则的修正和补充。”[②]

与此同时，一些国际性组织、区域性组织和政府也开始着手于企业社会责任的定义，以促进企业社会责任的国际化、区域化发展：

2001 年，欧盟委员会指出“企业社会责任是指企业在自愿的基础上将环境、社会事项融入其经营管理以及其与利益相关者的相互关系”[③]。到 2011 年，欧盟委员会对这一定义进行了修订，提出企业社会责任是指“企业对其社会影响的责任”并要求企业将“社会、环境、道德、人权、消费者权益等事项融入其商业经营和核心战略中”。[④]

2002 年，中国《上市公司治理准则》首次直接引入了企业社会责任的概念，认为“上市公司在保持公司持续发展、实现股东利益最大化的同时，应关注所在社区的福利、环境保护、公益事业等问题，重视公司的社会责任”[⑤]。2013 年十八届三中全会提出在国有企业层面以“承担社会责任为重点”，将企业社会责任的承担推向国家战略的高度。

2008 年，世界可持续发展商业委员会（World Business Council for Sustainable Development，WBCSD）认为企业社会责任是指“企业不断致力于道德行为，在促进经济发展的同时提高其雇员、雇员家庭、当地社区和整个社会的生活质量”。

2013 年，印度在其《2013 年公司法案》第 135 条规定一定规模以上的企业必须将其过去三年平均净利润的 2%以上用于企业社会责任支出，否则其需要解释未遵守上述规定的原因，开启了强制性企业社会责任的时代。

21 世纪，关于企业社会责任的讨论重点由如何让企业承担作为一项外部事项的“社会责任”转变为如何通过企业社会责任的承担提高企业的市场声誉从

---

① 卢代富著：《企业社会责任研究——基于经济学与法学的视野》，法律出版社 2014 年版，第 94 页。

② 卢代富著：《企业社会责任研究——基于经济学与法学的视野》，法律出版社 2014 年版，第 94-98 页。

③ COM（2001）366 final.

④ COM（2011）681 final.

⑤ 参见《上市公司治理准则》第八十六条。

而增加企业的盈利能力再转变为如何通过"外部责任内部化"的方式将企业社会责任与企业可持续发展相结合，促进企业、股东长期利益与社会利益的统一，实现企业与社会的双重发展。与此同时，许多大型企业主动参与企业社会责任的承担，将企业社会责任作为企业战略和对外宣传的一部分。国际组织、区域性组织也着手制定企业社会责任的准则与指引，企业社会责任由发达国家逐步渗透到发展中国家。企业社会责任逐步朝着"系统化、国际化"的方向发展。

7. 企业社会责任概念发展的时间线小结

现代企业社会责任概念的发展历经半个多世纪，以每十年为一个单元，企业社会责任的概念发展脉络如表 1 所示：

时间	内容
20 世纪 50 年代	企业对于社会的自愿义务（以慈善捐赠为核心）
20 世纪 60 年代	企业与社会的关系
20 世纪 70 年代	利益相关者理论；社会福利理论；基于解决社会问题和社会利益的慈善捐赠；"金字塔模型"下的经济责任、法律责任、道德责任、任意责任
20 世纪 80 年代	自愿责任；经济营利性、遵守法律、道德和社会期待；"反身法"理论下的"社会回应机制"
20 世纪 90 年代	企业对社会的义务、受托人理论
21 世纪	自愿责任到强制性责任；可持续公司法；外部责任内部化；"三阶层"模型下的经济责任、法律责任、道德责任

表 1　企业社会责任概念的发展脉络

与此同时，若以另一维度对企业社会责任发展的时间线进行总结，另一重要结论在于企业社会责任理论和内容的不断丰富，即从最初的商业伦理逐渐演变为包括利益相关者理论、企业公民理论、受托人理论在内的多项理论的叠加，这种叠加关系可以通过图 1 清晰表示：

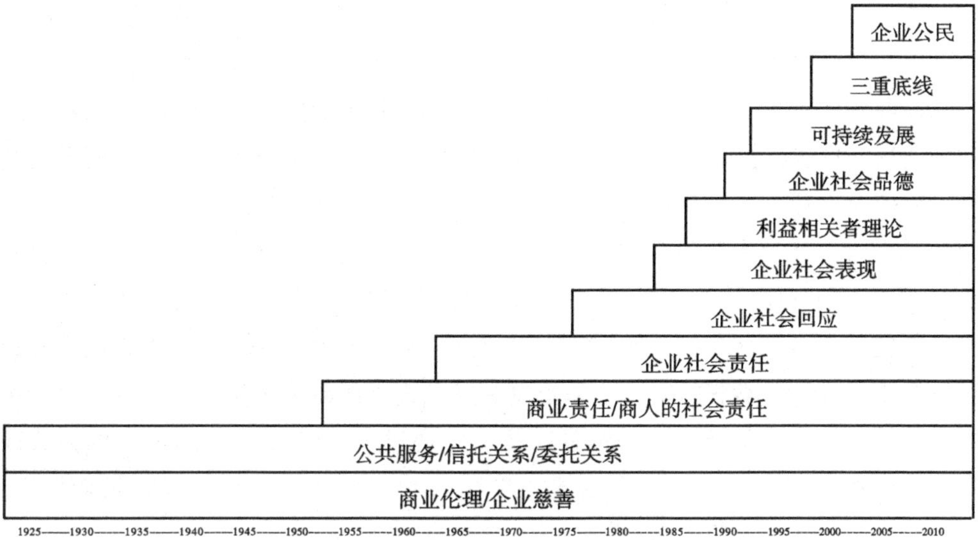

图 1 企业社会责任理论的丰富过程

二、企业社会责任的发展特点

纵观近 70 年以来企业社会责任的发展，企业社会责任概念的发展逐渐从理论走向实践，从平面走向立体，从单一走向综合，从区域化走向国际化，具体如下：

（一）从理论研究到实践落实

企业社会责任的雏形产生于 1929 年美国经济危机后社会对于掌握大量资源的大型企业的期待。但这一雏形产生于特殊背景下舆论的期待，其实施也多以企业家的个人决策为主。因此，尽管实质上企业发挥了承担社会责任的作用，但在概念上企业社会责任并未产生。1950 年以后，企业社会责任的概念首次被提出并逐渐形成体系化。此后经济学、法学、管理学、社会学领域的学者都着手于企业社会责任的理论论证，利益相关者理论、社会契约及整合性社会契约理论、三重底线理论、“金字塔模型”理论和可持续公司法理论推陈出新。学者们的论证重点从企业社会责任是什么到企业承担社会责任的合理性，并最终转向为什么企业社会责任的承担同样有利于企业本身。在理论发展的推动下，企业对于社会责任的态度也由一项旨在规避风险的风险管理手段过渡到一项有利于企业长期发展的战略措施。

进入20世纪90年代尤其是21世纪以来，随着国际性、区域性组织、政府部门以及企业的加入，对于企业社会责任的探讨已经超越了概念本身，企业社会责任逐渐从“是什么”向“怎么做”转移。大量经济学论文开始论证何种程度的企业社会责任将实现企业与社会的双赢发展，法学界也开始探讨通过何种立法路径能使企业真正将社会责任视为企业发展的必要条件，并由此衍生出了三种理论学说下的三条立法路径：一是自愿义务理论下的自我监管制度，二是“反身法”理论下的“企业社会回应”制度，三是法律义务理论下的强制性企业社会责任制度。而2010年以来，学者开始反思上述传统立法路径对于从企业内部促进社会责任发展的不利因素，着手于重新定义企业社会责任与企业利益本身的关系，并提出企业“可持续”的路径，认为应通过“外部责任内部化”的方式改变传统公司治理理论“股东利益至上”的文化，促进企业可持续、长期投资，并由此将企业社会责任的承担与企业发展本身相结合。

实践发展的另一个表现是大量政府与非政府组织、国际与区域性组织开始着手于企业社会责任的标准化。例如，在2011年版本的《经济合作与发展组织跨国公司指南》第一部分就规定了负责任的营商行为，具体包括：人权、雇佣与产业关系、环境、反腐败、消费者利益、科技、竞争、税收几个部分。① 此外ISO 26000社会责任标准、联合国全球契约、联合国关于商业和人权的指导ISO准则均就企业社会责任的具体实施方法进行了探讨。同时，中国国家质检总局和标准委员联合发布的《社会责任报告编写指南》、欧盟委员会发布的《企业环境与社会信息公示指引》均为企业如何更好地公示其企业社会责任承担情况作出了示范。

实践发展的第三个表现是企业本身对于社会责任重视程度的提高。21世纪以前，企业社会责任的承担或是回应舆论的不满或是满足政府监管的要求。21世纪以后，企业主动参与企业社会责任战略的制定，并逐步开始将企业社会责任作为其内部事项。较为明显的表现是，在西方国家企业开始设立企业社会责任委员会或可持续发展委员会，并主动在其网站就其企业社会责任事项或可持续创新事项作为一种宣传战略。而在中国，尽管上交所和深交所并不强制要求上市公司提供企业社会责任报告，但根据调查，自2006年以来，我国企业社会责任报告的数量得到了大幅度增长。

① See OECD Guidelines for Multinational Enterprises 2011 Edition, Part 1.

（二）从外部责任到内部战略

企业社会责任最初的含义几乎等同于社会捐赠，但至 21 世纪以来，随着“外部责任内部化”理论的提出，企业社会责任作为企业发展战略的观点已逐渐为主流所接受。企业社会发展从外部责任到内部战略主要经过了两个阶段：

一是从慈善捐赠到市场营销手段。在第一个阶段，企业社会责任主要表现为企业的外部负担，甚至是企业家的个人行为。早在 1917 年，福特公司的创始人亨利·福特（Henry Ford）就曾提出“企业应服务于社会”的理念。但这一观点遭到了自由主义经济学家甚至法院的一致反对，认为“企业服务社会”的理念是将外部负担强加于企业，而损害了企业和股东的利益。而 20 世纪 70 年代以来，随着利益相关者理论的提出，“股东至上”的原则再一次受到冲击。“反身法”理念下“社会回应机制”的构建更是让企业意识到利益相关者已将社会责任作为企业绩效考核的一部分。这一时期的相关理论还证明，企业社会责任的承担有利于企业更好地获得利益相关者的支持，从而获取更高的市场声誉和经济利益。这种视角的转变也导致了立法路径的转变：当企业社会责任被视为企业外部责任之时，对其规制路径主要是基于慈善捐赠责任的自我监管路径和基于法律责任的强制法规制路径；当企业社会责任被视为企业内部战略之时，对其规制路径主要是基于市场营销手段的反身法规制路径和可选择的标准化路径。

二是从市场营销手段到企业核心战略。随着欧盟对于“非金融事项报告”要求的普遍化，以北欧国家为代表的学者提出了将企业社会责任作为市场营销手段的弊端：其一是慈善捐赠并非企业社会责任的核心，也不应被当作企业社会责任的核心；其二是基于报告形式的企业社会责任沦为“洗绿剂”，“最差的公司完成了最完美的企业社会责任报告”①，而企业社会责任的承担能够减小企业产品或服务质量不佳带来的负面影响；其三是现代公司法关于公司治理讨论的主要趋势是以股东利益最大化为主导的，而企业社会责任在本质上仍被视为企业的外部事项。故其提出了“外部责任内部化”的可持续公司法路径，将企业社会责任与股东职责、董事职责与公司利益相结合，由此真正将企业社会责任融入企业经营管理的核心内容，实现企业长期利益与社会利益的结合。

① Sjåfjell, Beate. “Why Law Matters: Corporate Social Irresponsibility and the Futility of Voluntary Climate Change Mitigation.” European Company Law, Vol. 8, 2011.

（三）从区域化到国际化

企业社会责任兴起于发达国家，是发达国家由古典自由主义经济向政府干预经济转型过程中的产物。然而，当企业社会责任逐渐融入发达国家的社会文化和企业文化后，以发达国家为主导的国际贸易中就开始出现了诸如 SA 8000 和 ISO 26000 之类的标准，并以此成为发展中国家产品出口的“蓝色壁垒”。而从内因上看，随着发展中国家自由市场经济的转型，发达国家曾经所面对的“血汗工厂”、环境污染、产品质量等社会问题同样在发展中国家出现。自 2010 年以来，以“发展中国家企业社会责任”为主题的论文大量出现。尤其是在印度尼西亚和印度推行强制性企业社会责任后，理论界关于强制性企业社会责任的产生原因、实践效果及其可能产生的对“非金融报告”为基础的企业社会责任的借鉴意义的研究络绎不绝。

实践中，发展中国家为应对国外舆论压力和国内社会危机，意图通过“自上而下”的机制，通过政府引导或立法强制的方式推动企业社会责任的发展，其具体表现包括：一是以中国为代表的政府引导型。中国政府于 2002 年《上市公司治理准则》中首次引入了企业社会责任的概念，并于 2005 年《公司法》修订和 2017 年《民法典》制定中明确了企业、营利性法人应承担社会责任。此外，在 2013 年的十八届三中全会首次以党的文件的形式明确了国有企业要以承担社会责任作为六项改革任务之一，并于 2013 年至今以国务院各部委及各地方政府的名义颁布了多项贯彻落实企业社会责任的具体措施。2016 年，中国标准化研究院牵头起草的 GB/T 36000 社会责任系列国家标准正式实施，标志着我国建立起了社会责任的自愿性标准体系。尽管我国已初步建立了企业社会责任的相关制度，但除部分涉及企业社会责任的部门法强制性规定外，我国企业社会责任以政府政策性引导、企业自愿承担的形式为主。二是以印度、印度尼西亚为代表的法律强制型。印度《2013 年公司法案》并未就什么是企业社会责任进行定义，而是直接规定了企业 2%最低支出标准的企业社会责任。印度尼西亚 2007 年颁布的企业责任法案 40/2007 中也规定了自然资源领域或自然资源相关企业有强制承担企业社会责任的义务。①印度与印度尼西亚直接将企业社会责任写入公司法案，并成为企业强制义务的一部分，凸显了发展中国家对于企业社会责任问题的关注与重视。

① The Law of The Republic of Infonisia Number 40 of 2007 Concerning Limited Liability Company Article 74.

三、本书关于企业社会责任的概念界定

企业社会责任的概念一直处于动态变化之中，至今未能定分止争。但这一动态变化恰恰反映了企业社会责任的内涵源于不同时期利益相关者对企业的期待，故其理应随着社会政治、经济环境不同而始终处于动态变化中的特点。以此为基础，本书认为，现代企业社会责任是指企业回应社会动态需求的法律责任和非法律责任，对其界定包括如下几个要素：

（一）主体界定：企业还是公司?

综观我国理论界关于企业社会责任这一议题的研究论文，不少公司法学者将英美法中的“corporate social responsibility”一词严格地直译为“公司社会责任”[①]。从我国的立法实践来看，《公司法》第五条的规定也仅限制于对有限责任公司和股份有限公司承担社会责任的要求。

然而，追本溯源，要想正确理解企业社会责任这一舶来概念，应首先追寻英美法以及欧洲大陆法系关于“corporate”一词的释义。根据美国《布莱克法律词典》对于“corporate”一词的定义：“公司是指一个经法律授权、能够脱离于拥有其的股东而以（拟制）个人的方式运营、有权发行股份并长期存续的（通常是商业的）实体；依据法律规定建立，被法律拟制为区别其建立者的法人，能够独立于（建立者的）自然人永久存续，并依法具有权力的团体或组织。”[②] 由此，该定义下，“corporate”一词包括具有独立法律人格、区别于自然人、能够长期存续的组织或团体，其并不局限于公司的形式。而在美国《标准商事公司法》对“corporate”的定义中，则在《布莱克法律词典》的基础上将“corporate”进一步限缩为“具有营利性的”[③] 组织或团体。法国立法同样将公司分为商事公司和民事公司，其中“民事公司包括建筑师公司、律师公司、会计监察公司、法律

① 例如沈贵明：“我国公司社会责任的立法规范问题”，《法学》2009 年第 11 期；又如吴东燕：“论公司社会责任及其规制”，《政法论丛》2012 年第 2 期。此外，王保树教授、胡田野教授、周友苏教授均在其发表的论文中使用了公司社会责任而非企业社会责任的概念。

② Black's Law Dictionary, 9th ed. , 2009, pp. 390-391.

③ 沈四宝编译：《最新美国标准公司法》，法律出版社 2006 年版，第 17 页。

顾问公司、专利顾问公司、公证人公司等。"[①] 其更接近于我国特殊普通合伙的概念。由此，在英美法及欧洲大陆法系的词源上，"corporate"一词的翻译相较中国法"公司"一词更为宽泛。故在我国语境下讨论企业社会责任问题时，无需因为"corporate"一词的翻译而将讨论限缩于公司领域。

2021 年我国《民法典》正式实施。其中，第八十六条明确了营利性法人的社会责任。此举标志着立法层面上社会责任的主体不再局限于公司，包括国有企业、中外合资经营企业、中外合作经营企业、外商独资企业在内的营利性法人的社会责任得到了立法的确认。在 GB/T 36000 社会责任国家标准中，其主体也为"组织"而非"公司"。

基于对西方社会"corporate"一词的概念探讨和对我国立法现状的及时追踪，本书认为，对于企业社会责任的讨论不应局限于以往对《公司法》第五条的狭隘理解，企业社会责任的主体不仅应包含公司，还应该包含其他类型的企业以及公司的分支机构，甚至还应该包括合伙企业等虽不具备法人资格，但具有营利性目的的组织形式。

（二）内容界定：社会责任还是综合责任?

对企业社会责任理解的第二个误区在于对"社会"一词的理解。有学者采狭义的"社会"概念，坚持企业社会责任乃"超越法律责任"的观点[②]，认为社会责任和法律责任是两种截然不同的责任形态，前者为自愿责任或道德责任，后者则以国家强制力为保障。而在卡罗尔的"金字塔模型"或"三域模型"中，企业社会责任则是经济责任、法律责任、道德责任的上位概念，其属于一项综合性责任。从国际社会关于企业社会责任概念界定的趋势上看：一方面，企业社会责任源于社会对于企业行为的期待，故其不仅要求企业行为符合雇员、消费者、社区等社会利益相关者的利益，还应符合供应商、政府等经济利益相关者和环境社会相关者的利益；另一方面，随着立法对于企业社会行为规制的逐渐加强，法律化工具的不断丰富，社会责任与法律责任之间的界限正在模糊。可持续公司法理论中更是明确指出企业的可持续性包括经济可持续、社会可持续、环境可持续三个方面。基于此，企业社会责任的内容不应局限于对

---

① 刘萍："公司社会责任的重新界定"，《法学》2011 年第 7 期。

② 张辉："公司社会责任——法律的位置"，《中国商法年刊》2009 年第 1 期。

“社会”一词的狭隘理解，其应包括企业利益相关者对于企业在经济、社会、环境、法律等方面行为的全部期待。

（三）性质界定：责任还是义务？

对企业社会责任理解的第三个误区在于对“责任”一词的理解。我国民商法学界的通说认为“民事责任是指民事主体因违反民事义务（包括合同义务和法定义务）所应承担的（不利）后果。”① 若以此角度观之，企业社会责任产生的前提应是企业违反了某项合同或法定义务。而义务是指民事主体“应为”或“不应为”特定的行为，其产生的前提在于法律或道德对于企业行为的要求。

企业社会责任的概念并非产生于法律领域。由此，其在概念上也并未完全遵循“法言法语”的要求。正本清源，企业社会责任的产生并非基于企业行为对法律或合同要求的违反，而是社会对于企业行为“应为”和“不应为”的期待。张文显教授在阐述“责任”的三重语义时也认为，责任的第一重语义在于一种角色义务，包括“岗位责任”“尽职尽责”等。② 从这个意义上说，与其说企业社会责任是一项责任，毋宁说其是法律义务和道德义务的综合体。

综上所述，在本书的语境下，企业社会责任是指企业行为应满足利益相关者经济、社会、环境等多方面需求的经济义务、法律义务及道德义务。

第二节 企业社会责任的性质界定

企业社会责任的性质界定是企业社会责任立法路径选择的前提，也是企业社会责任发展初期和我国当下学者讨论的重点。理论上关于企业社会责任的性质界定“从慈善捐赠项目到内部监管体系再到准则并最终成为一种规范”③。实践中，关于企业社会责任的性质界定“从任意一笔小额捐赠到防止环境污染的客观支出

① 刘保玉、周彬彬：“民事责任与义务的界分问题再思考”，《政法论丛》2009 年第 4 期。

② 参见张文显著：《法学基本范畴研究》，中国政法大学出版社 1993 年版，第 184 页。

③ Sheehy, Benedict. “Understanding CSR: An Empirical study of private regulation.” Monash UL Rev. 38 (2012).

及其他任何超越法律强制性规定的有益影响”①。

总体来看，目前主流观点是企业社会责任既包括经济责任、法律责任等强制性责任，也包括道德责任、慈善捐赠等任意性责任的综合责任；少部分学者认为，企业社会责任的概念应限缩于狭义的企业社会责任中，其核心仅包括“超越法律”的道德责任和慈善捐赠，而经济责任和法律责任属于企业应承担的义务，其不属于社会责任的范畴②，因此，企业社会责任是一项任意性责任；还有小部分学者认为，企业社会责任应指“企业将社会、环境事项融入企业经营管理的战略”③，应将企业社会责任和公司治理相结合，因此，企业社会责任也具有一定的强制性责任属性。

一、企业社会责任性质认定的传统路径

企业社会责任性质认定的传统路径主要是指对于企业社会责任属于道德责任还是法律责任、属于强制性责任还是自愿责任、属于单一性责任还是综合性责任的简单选择。本质上前述讨论路径均将企业社会责任视为一种与企业环境责任、企业法律责任并列的单独责任，而忽略了企业社会责任内涵的复杂性与交互性。传统路径下关于企业社会责任性质的讨论主要有三种观点：

（一）企业社会责任是一种自愿责任

将企业社会责任定义为一种自愿责任是目前大多数国家的做法。按照传统的企业法理论，企业的责任在于最大化地获取利润，并通过缴纳税款等方式实现其社会价值。在这一前提下，只要企业遵守法律，其就承担了社会责任。④ 而企业的其他社会责任均属于外部责任，应当由企业自愿承担。

在理论上，将企业社会责任视为自愿责任的理论支撑主要得益于“反身法”理论的兴起。该理论认为，法律的发展包括三种类型“形式—实质—反身”。形

---

① Sheehy, Benedict. “Understanding CSR: An Empirical study of private regulation.” Monash UL Rev. 38 (2012).

② 张辉：“公司社会责任——法律的位置”，《中国商法年刊》2009 年第 1 期。

③ Sjåfjell, Beate. “Why law matters: corporate social irresponsibility and the futility of voluntary climate change mitigation.” European Company Law, Vol. 8, (2011).

④ Hess, David. “Social reporting: A reflexive law approach to corporate social responsiveness.” J. CoRP. l. 25 (1999).

式法是指私法主体能够通过私人约定的方式追求利益，其主要强调规则的创制和适用。随着时间的推移，实质法产生，以降低私人约定的社会成本。不同于形式法的私人约定，实质法旨在通过监管和标准设置达成预期目标。上述两者都是以外部监管的方式达到行为规制的目的。然而根据系统论，社会处于一个日趋复杂多元的发展中，外部监管存在“认知有限和规范合法性①”两大问题。前者是指过多的监管规则不仅无法对社会进行有效管理，更会导致这种规则设置超出了所有人的认知范围；后者是指大量的监管规则导致立法者无法整合以不同路径规范同一行为的规则之间的关系，更给了代理机构更多的法律解释权，增加了法律规范的不确定性。

而反身法注重的是对过程的监管，其认为“相较以外部监管粗暴对社会的复杂性和多样性进行规制，反身法旨在引导行为并促进自我提升②”。并“通过完善内部披露制度和企业与社会系统的协同路径塑造或重塑半自主性社会体系③”。在这一理论支撑下，反身法倡导通过社会回应机制来促进企业承担社会责任，并主张“如果人们不能准确地了解他们所处的世界，他们如何能进行明智的选择④”。倡导者以问卷调查的形式证明了大量消费者会因公司在环境、动物权利、人权方面的问题抵制这些公司提供的产品和服务。由此，倡导者们认为立法应当强制要求企业就其社会责任的承担情况向社会进行公示，包括其社会责任的程序和政策、决策和经营过程中对利益相关者权利的考量、公开的年度社会责任报告等。这一理论奠定了目前大多国家企业社会责任的立法基础。

在实践中，将企业社会责任定义成一种社会责任更像是企业社会责任倡导者对于商业社会的一种妥协。商业界的游说者经常发表着“我们不需要被立法，请多关注我们做了什么”⑤ 之类的言论，主张将企业社会责任定义为一种自愿责任。而企业社会责任的倡导者也无法否认目前公司治理体系对于“股东至上（shareholders primacy）”的保护。在这一情形下，为促使企业社会责任的概念更易被商业社会所接受，2001 年“欧盟委员会全盘接受了企业将社会责任定义成

①②④ Hess, David. “Social reporting: A reflexive law approach to corporate social responsiveness.” J. CoRP. l. 25 (1999).

③ Teubner, Gunther. “Substantive and reflexive elements in modern law.” Law and society review (1983).

⑤ Sjåfjell, Beate. “Why law matters: corporate social irresponsibility and the futility of voluntary climate change mitigation.” European Company Law, Vol. 8 (2011).

一项自愿行为的做法”[1]，将企业社会责任定义为“企业自愿地将社会、环境事项融入于其经营及与利益相关者的相互关系中”[2]。欧盟委员会在2001年推动欧盟公司治理框架绿皮书中提出企业社会责任“超越了普通的监管和惯例要求”，“是关于企业决定超越最低法律要求以及集体协议所产生的义务，以符合社会需要”。[3]

（二）企业社会责任是一种法律责任

对于将企业社会责任定义为一种法律责任的讨论应区分为“前反身法时期”和“后反身法时期”两个部分。两者在理念和范围上均有着显著不同。在“前反身法时期”，企业只要遵守法律法规，即符合社会责任。因此严格来说，在这一时期，并不存在企业社会责任的特殊概念，而是将企业社会责任完全容纳在法律责任的范畴内进行统一规制。

“后反身法时期”企业社会责任的倡导者逐渐认识到了将企业社会责任定义成自愿责任的被动。“社会回应机制”所谓的通过舆论施压和社会反馈促进企业自主提高社会责任的路径并未在现实中奏效。失效的主要原因是“股东至上”主义对于公司治理的深远影响。商法学对于公司治理的讨论始终集中在“公司治理趋同”的理论假说内，坚守着“股东利益导向”和“董事会决策优位”两大主要特征。[4] 尽管各国立法不同，但基本均认为股东会是公司的最高权力机构，而董事会是公司的最高执行机构。公司管理层是股东的“代理人”，应保障股东利益（最大化）。主流公司治理的讨论主要集中在两大问题上：一是如何平衡作为代理人的公司管理层和作为所有人的股东之间的关系，维护股东利益；二是如何平衡大股东和中小股东的关系，维护中小股东利益。两者均是对公司内部关系的讨论。即便企业社会责任的倡导者也认为，公司的构成仅包括股东会、董事会、雇员三个部分，并未将利益相关者纳入在内，固化了企业社会责任问题作为一项外部的自愿责任的理念，并致使其在一定程度上与股东（短期）利益最大化的理念相冲突。由

---

① Sjåfjell, Beate. “Why law matters: corporate social irresponsibility and the futility of voluntary climate change mitigation.” European Company Law, Vol. 8 (2011).

② Sjåfjell, Beate. “Achieving Corporate Sustainability: What is the Role of the Shareholder?” University of Oslo Faculty of Law Research Paper No. 2016-10.

③ 张辉：“公司社会责任——法律的位置”，《中国商法年刊》2009年第1期。

④ 朱慈蕴、林凯：“公司制度趋同理论检视下的中国公司治理评析”，《法学研究》2013年第5期。

此，聚焦于短期回报的股东担心自身利益受损；管理层担心若不对股东进行妥协，其将无法获得高额的薪酬和职位。两者均没有动力促进企业社会责任的承担。

近五年来，企业社会责任倡导者开始对“反身法”理论和“社会回应机制”进行反思，认为应将企业社会责任定义为一种法律责任，并出台专门的企业社会责任法案，或将企业社会责任融入到公司法的立法中，期望通过立法的方式扭转“股东至上”主义对企业社会责任发展产生的不利影响。欧盟议会以及非政府机构组织、商业协会强烈要求对于企业社会责任的强制性监管。[①] 在发展中国家中，印度在公司法案中设置企业社会责任强制支出水平标准，该立法初具将企业社会责任定义为一种严格法律责任的色彩。

（三）企业社会责任是一种综合性责任

在意识到将企业社会责任界定为一种单一责任属性的上述弊端后，部分学者开始倾向于认为，企业社会责任是“游走于法律责任和道德规范”之间的责任。其中，“法律责任是公司社会责任的底线”，“道德规范是公司社会责任的理想”。[②] 根据该理论，企业社会责任包括两个部分：一是法律责任，其具体包括法律框架和半法律框架两个层面的问题，其一是对部门法强制性规定的遵守，其二是对各行业协会颁布的企业社会责任准则、指引、标准的遵守；二是道德规范，即企业在法律和半法律框架之外对于利益相关者要求的更多回应，其包括慈善捐赠、环保技术的应用等内容。

企业社会责任为综合性责任的定性之下，衍生出了“法律的归法律、道德的归道德”的立法思路：一方面，对于法律责任的部分，应“做到有法可依，有法必依，执法必严，违法必究”；另一方面，对于道德责任的部分，应“提倡、鼓励和引导，而不可强求和推行”[③]。在法律责任层面，应加强部门法涉及企业社会责任内容的体系完善，构建企业社会责任的法律框架；应对促进准则、指引、标准等“软法”的法律引致，构建企业社会责任的半法律框架。在道德规范层面，应在《公司法》中对企业社会责任进行原则性规定，将企业社会责任与企业利益追求、

---

① Mullerat, Ramon. “Corporate Social Responsibility: A European Perspective.” The Jean Monnet/Robert Schuman Paper Series 13.6 (2013).

② 朱慈蕴：“公司的社会责任：游走于法律责任与道德准则之间”，《中外法学》2008 年第 2 期。

③ 赵旭东：“企业社会责任可分法律的和道德的两类”，中国经济网，http://www.ce.cn/cysc/newmain/yc/jsxw/201211/27/t20121127_21291938.shtml。

企业治理结构等内容结合起来，促进企业自主提升社会责任的承担水平。

相较于单一责任属性的认定，将企业社会责任定义为一种综合性的责任具有实质性的意义，通过“硬法”的强制性规定，有利于通过“自上而下”的方式促进企业社会责任的文化基础，培养企业社会责任发展的社会土壤；通过“软法”的倡导性规定，有利于促进企业平衡经济发展和企业社会责任承担之间的关系，将企业社会责任融入经营考量，并通过横向比较的竞争方式实现企业社会责任的良性发展。企业社会责任综合性属性的“两分法”认定相对西方世界复杂的模型构建而言更为简单明了，对于我国企业社会责任发展初期迅速构建企业社会责任制度体系不无裨益。

但随着企业社会责任发展到一定阶段，这种相对简单的责任性质认定模式也暴露出其弊端：一是其未将企业的经济责任考虑在内。综合性责任认定的默认前提是经济追求是企业的内在驱动力，无需在责任制度层面予以规制。但问题在于，经济责任是法律责任和道德责任存在的前提，若在进行法律或道德规制时，忽略对企业经济责任的考量，将不利于企业主动接受企业社会责任的概念，也不利于企业社会责任的长期发展。二是未考虑法律责任和道德责任之间的内在联系。法律是道德的底线，而当社会对于某一道德的期待值提高时，“道德法律化”的转变也无时不在。在综合性责任认定之下，法律责任和道德责任是独立的两个方面，这种静态“两分法”，仅能体现立法对于商业道德的滞后性回应，而无法体现企业对于社会期待的及时性回应。三是未将企业社会责任视为企业的内部事项。无论是法律责任还是道德责任，都是利益相关者或社会强加于企业的外部负担，而并非对企业自身发展的长远考量。当企业无法预见企业社会责任对企业发展本身的作用时，外部约束仅能让其满足法律、道德的最低标准。企业甚至通过寻找法律漏洞等方式规避企业社会责任的实施。

二、企业社会责任性质认定的现代模型

目前，关于企业社会责任性质的主流讨论已超越了“企业社会责任是法律责任还是道德责任”的简单命题，而聚焦于广义企业社会责任的内涵界定下企业社会责任各项内容之间的相互关系。在企业社会责任是一项综合性责任的前提下，衍生出两种观点：一是以企业社会责任承担的主观期待为基础的“金字塔模型”；二是以企业社会责任内容的相互关系为基础的“三域模型”。

（一）“金字塔模型”下的综合性企业社会责任

1. 企业社会责任的“金字塔模型”

在理论界就企业社会责任性质争论不休的时候，卡罗尔提出“企业社会责任包含经济责任、法律责任、道德责任和任意性责任四个方面”，并在此基础上根据社会对于企业社会责任承担的期待值和责任形式历史的不同，构建了企业社会责任的“金字塔模型”（如图 2 所示），明确了企业社会责任多层次的表现形式。

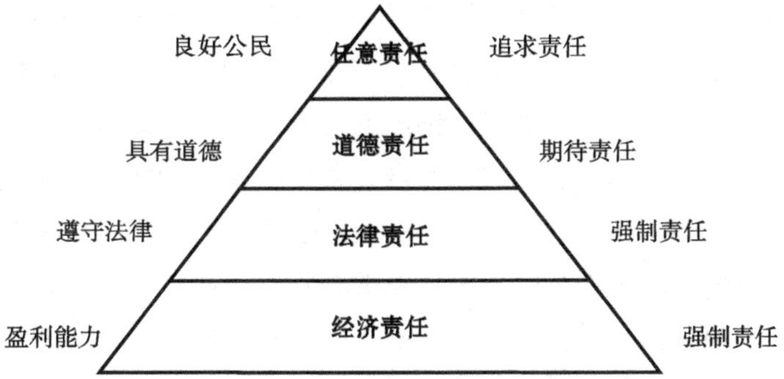

图 2　企业社会责任的“金字塔模型”①

2. 企业社会责任“金字塔模型”的内涵

根据上述模型，卡罗尔认为，企业社会责任包括四项基本内容：经济责任、法律责任、道德责任和任意性责任（慈善捐赠）。其中，前三项责任构成均是在弗里德曼 1970 年关于企业社会责任的概念基础上产生的，而第四项则源于社会对于企业的更高要求。

一是经济责任。弗里德曼认为企业的价值之一在于为社会提供物质和服务。营利性是企业发展的首要驱动力。作为社会的基本经济单元，企业的首要职责在于为消费者提供他们所想所需的物质和服务，并从其中营利。此后，在资本主义古典经济理论的驱动下，企业的营利性被逐渐解释为追求经济利益的最大化。经济利益成了企业追求的永恒价值。对于企业而言，营利是企业存续的根本，也是企业社会责任目标得以实现的前提和保障。因此，企业的经济责任应成为一项强制性的企业社会责任。

二是法律责任。社会不仅要求企业经营遵循经济驱动力，其同样要求企业遵

① Carroll, Archie B. “The pyramid of corporate social responsibility: Toward the moral management of organizational stakeholders.” Business horizons 34. 4 (1991).

守国家、政府制定的法律和行政法规。在社会契约理论下，企业作为“社会契约”的一方，应当在法律、行政法规规定的范围内追求经济利益的最大化。法律责任的实质是“道德法律化”的演变，立法部门通过立法行为将公平竞争等基本的社会道德予以立法规定，并通过国家强制力予以保障，以维护市场经济的正常秩序、促进企业的良性发展。在金字塔结构中，尽管卡罗尔将法律责任置于经济责任的上层，以展现四项责任的历史发展过程。但事实上，法律责任是和经济责任共同发展的，均属于自由市场体系下企业社会责任的基本组成部分。

三是道德责任。经济责任和法律责任中包含有关公平正义的道德标准，道德责任还包含法律之外社会期待的企业实践活动。企业道德责任包含反映消费者、雇员、股东、社区对于企业公平正义要求的标准、规范和期待，也体现了企业满足利益相关者道德权利的要求。其具有两方面的价值和功能：一是引导法律、行政法规的制定和完善。法律、行政法规的制定和完善需要一个漫长的程序，因此，其往往落后于社会道德和价值观体系的构建。因此，企业道德责任能够反映社会对于企业的期待，并成为法律完善的基础之一。例如，环境权利和消费者权利，均是在社会对于企业的道德期待基础之上形成立法，从而以国家强制力保障的方式维护利益相关者的利益。二是在法律的范畴外促进企业行为满足社会期待。道德责任包含社会发展的新兴价值观和规范，当这种新兴价值观还未被法律所确认之时，通过企业道德责任的建立，能够在企业行为和社会利益之间形成一种“法外平衡”。过去几十年关于商业伦理、商业道德的讨论成为企业道德责任构建的基础。尽管其处于金字塔结构的第二层，但卡罗尔认为道德责任与法律责任之间具有极强的内在联系，即道德责任是指还未被立法程序所确认的法律责任。

四是任意性责任（慈善捐赠）。慈善捐赠是指企业回应社会对于企业成为良好公民期待的行为，其包括提升人类福利和公益的企业项目和企业活动。企业慈善捐赠的表现形式包括企业财力和物力的贡献，例如对于文化艺术、教育或社区活动的捐赠等。慈善捐赠和道德责任的区别在于慈善捐赠并不属于伦理或道德的期待。例如，社区希望企业能够贡献其人力、财力、物力和时间精力，用于促进社区人权项目的发展，但如果企业未达到其期望的标准，其并不应指责企业不道德。因此，相对而言，企业捐赠的任意性或自愿性更强。慈善捐赠仅仅是一种锦上添花的企业行为，其重要性并不如经济责任、法律责任和道德责任。因此，将其置于“金字塔模型”的最顶层。

3. “金字塔模型”的评价

“金字塔模型”的提出奠定了企业社会责任为层次性、综合性责任的基础，在企业社会责任发展史上具有重大的影响力，但其仍具有一定的缺陷。主要体现为以下两点：

(1)“金字塔模型”对四项内容之间的关系缺乏考量

在“金字塔模型”中，经济责任、法律责任、道德责任和慈善捐赠责任是相互独立的，尽管卡罗尔在此后的文本说明中对法律责任和道德责任之间的转化以及道德责任和慈善捐赠责任之间的区别进行了阐述，但这种阐述并不足以表述上述四项基本内容之间的重叠关系和交互关系。

一是在相邻层次之间，不同内容之间的重叠关系难以体现。卡罗尔在这种三角层次关系中，似乎具有一定的意识，希望表达一种自下而上逐渐抽象的相互关系。但事实上，因为虚线的区分，这种相互关系并未得到很好的表达。“金字塔模型”下四项企业社会责任内容看上去相互独立，只是一种衍生过程的递进关系。但事实上，相邻层次的交错是普遍存在的。以经济责任和法律责任为例，在“金字塔模型”下，其是两项相互独立的内容，甚至在文本解释中，其上下层次的区分也仅仅是为了阐述历史发展的便利，但经济责任和法律责任之间的交错确实存在。例如，经济责任的内涵之一是追求公司利益最大化，而根据各国公司法规定，公司的目的之一在于保护公司的合法权益，公司法在具体设计中也多处体现了这一立法理念。由此，公司利益最大化已经不仅仅是一项经济责任，其同样成了一项法律责任。

二是在相隔层次之间，不同内容之间的交互关系难以体现。例如“经济责任和道德责任以及法律责任和慈善捐赠责任之间的交互关系”，在“金字塔模型”下就完全无法得到体现。但事实上，以法律责任和慈善捐赠为例，随着《中华人民共和国慈善法》(以下简称《慈善法》)等法律的颁布和实施，慈善捐赠中的部分内容也并不完全由企业自主调整，而成了法律责任的一部分。

(2)“金字塔模型”的划分依据不清

尽管卡罗尔在文本中对“金字塔模型”的划分标准进行了部分阐述，但这种阐述的不充分仍旧引起了后继学者对“金字塔模型”划分依据的误解。其原因之一在于企业社会责任的“金字塔模型”改变了传统“金字塔模型”的划分依据。

在传统“金字塔模型”中，处于塔尖的内容通常是重要且难以达到的，而处于底部的内容通常是简单且普遍的。套之以企业社会责任的“金字塔模型”，这就意味着慈善捐赠责任是四项内容中最重要或最具价值的，应当是所有企业的努力目标；而经济责任作为金字塔的底层是最不具有价值的。例如赖登巴赫（Reidenbach）和罗宾（Robin）在应用“金字塔模型”论证其企业道德提升的概念模型时，就对企业社会责任的“金字塔模型”进行了误读，认为“顶层意味着道德发展的最高层级，而底层意味着道德发展的最低层级”。显然，这是不符合“金字塔模型”本身的论述的。①

（二）“三域模型”下的综合性企业社会责任

“三域模型”是对“金字塔模型”的修正。其主要修正在于：首先，将企业社会责任的四项内容改为三项内容，删减了“任意性责任（慈善捐赠）”责任。进行这一修订的理由一是在于慈善捐赠责任过强的任意性和自愿性让其很难被称为一项“责任”，二是慈善捐赠责任和道德责任之间的界限非常不明确。因此，“三域模型”建议将慈善捐赠责任放置于道德责任或经济责任下。其次，明确了不同责任类型之间的交互关系，不再将经济责任、法律责任、道德责任视为独立的个体。

卡罗尔认为，企业社会责任的各个组成部分之间应当是相互交互、相互关联的整体。因此，在“金字塔模型”的基础上，其再次构建了“三域模型”，以维恩图对企业社会责任各个组成部分的相互关系进行阐述（具体如图3所示）。

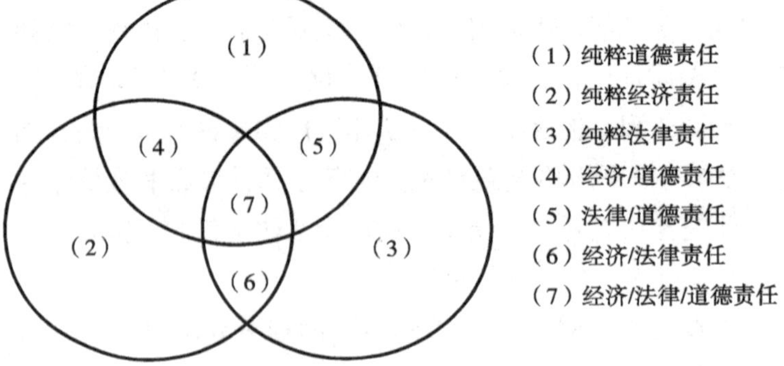

图3　企业社会责任的“三域模型”

① Schwartz, Mark S., and Carroll, Archie B. “Corporate social responsibility: A three-domain approach.” Business ethics quarterly 13.4 (2003).

"三域模型"下企业社会责任各项内容之间的相互关系。

"三域模型"的最大优势在于阐明了企业经济责任、法律责任、道德责任之间的相互关系，改变了"金字塔模型"层级的概念，而将三种责任作为一种并列且相互重叠的关系的基础模型对待。

相对"金字塔模型"，"三域模型"的优势不仅在于揭示了企业社会责任综合性、复杂性、交互性的责任本质，更为企业社会责任的进一步探讨奠定了良好基础。由此，理论界和实务界将对每一个区间范围内的责任范式进行讨论，尤其是三者之间存在冲突的情况，以明确不同时期企业社会责任的追求。例如，在20世纪50年代以前，企业的社会责任等同于企业经济责任，则落于（2）（4）（6）（7）区间内的企业行为应当得到支持。而21世纪以来，超越经济责任和法律责任的道德责任愈加受到重视，那么对于（1）（4）（7）区间内的企业社会责任是否仍应得到支持就应当进行理论上的进一步探讨。此外，当社会政治、经济环境发生变化时，维恩图通过每一领域的大小变化还能表示不同类型社会责任的所占权重变化。

三、对于企业社会责任的性质界定

通过对上文企业社会责任性质认定的传统路径和现代模型的阐述，本书认为，企业社会责任的性质认定是一项非常浩大、艰辛的命题。严格意义上说，企业社会责任本身并非一项法律概念，此"责任"也并不能等同于法律意义上违反义务后的"责任"承担。在此基础上，基于不同学者对企业社会责任概念理解、基础理论适用的不同，将产生不同的责任性质认定体系，这也是企业社会责任的性质至今难以得到统一的原因之一。

而在我国学者在为企业社会责任的责任属性这一命题争论不休之时，欧洲学者似乎已经放弃了对这一问题的探索，转而进行一种"实用主义"的研究——我们应如何促进企业社会责任的承担水平？其更热衷于对企业社会责任立法路径而非责任属性的探讨。

本书认为，企业社会责任的定性分析直接影响着企业社会责任的立法选择，我们既应明确企业社会责任的综合性属性以及企业社会责任不同属性之间的内在联系，也应挖掘不同属性的企业社会责任的形式演进，并由此引出本书的重要命题之一：当我们在探讨企业社会责任的时候，应探讨什么？

（一）肯定企业社会责任的综合性属性

首先应当明确的是，企业社会责任是一项综合性的责任，但传统路径下，对于企业责任的划分过于简单，而现代模型中，企业社会责任三个或四个方面的划分又存在划分依据不明的现实。据此，本书认为，企业社会责任的综合性认定应包含两个维度：一是传统路径的讨论下，企业社会责任应是法律责任和道德责任的融合；二是现代模型的讨论下，企业社会责任包括经济、环境、社会等多方面的内容。并且，这些内容及权重会随着社会对于企业期待的变化而变化，从而衍生出不同维恩图的变形。

（二）超越企业社会责任定性的思考

其次，在企业社会责任综合性的定性之下，应重点关注，当我们在讨论企业社会责任立法路径的时候关注点是什么？本书认为，企业社会责任不同层次内涵主要衍生出三项关注重点：一是在经济责任的范畴下，其关注的是企业如何创造更多的价值、如何保障股东或企业的经济利益，主要由经济理论、金融理论和市场机制予以关注；二是在法律责任的范畴下，其关注的是企业行为如何符合立法规定，立法部门应关注如何在部门法领域内促进企业社会责任的承担，而企业具体行为是否符合立法规定则应由监管部门和企业合规部门予以关注；三是在道德责任的范畴下，应如何通过制度设计促进企业道德责任承担水平的提高，这一部分则需要市场机制和立法机制予以共同关注。

由此，尽管本书认可企业社会责任的综合属性，但关注重点始终在于如何通过合理的路径选择促进企业提高道德责任层次下的企业社会责任。下一章开始，本书将讨论现有的四种企业社会责任法律化路径以及现有法律化路径的效果。

第三节　企业社会责任的法律化

"企业社会责任最初以道德责任的形式出现，后来，一部分企业社会责任逐渐发展为法律责任和软法责任"①，而另一部分仍旧停留于道德责任或自愿责任的领域。成为法律责任的企业社会责任受到国家强制力的保障，成为企业必须遵守的最低行为标准，而停留于道德责任或自愿责任则处于一种规制真空地带，依赖完全的企业自愿。在市场经济全球化进程不断发展、跨时空跨地域的互联网环境大量兴起的当下，企业的力量不断壮大，社会对于企业的期待日益增长。企业社会责任，尤其是"超越法律"的企业社会责任开始走进大众视野。由此，探讨以法律化工具激发企业承担"超越法律"的社会责任的动力就显得尤为重要。

一、企业社会责任法律化的概念界定

（一）企业社会责任法律化的概念

所谓企业社会责任的法律化，是指通过法律化工具赋予企业社会责任以强制性、具体性、确定性意义。我国不少学者就企业社会责任法律化的概念进行了界定。如冯果、袁康认为："所谓企业社会责任法律化，是指企业社会责任的表现形式由道德义务转向法律义务，企业社会责任在法律中被具体化、成文化、确定化。"② 蒋建湘认为："法律责任的典型特征是能够以国家强制力保障其实现。因此，企业社会责任一旦由立法以法律责任的形式体现出来，即企业社会责任的法律责任化，这种最初的道德责任的实现便变得非常确定"③。刘乃梁、肖顺武认为："企业社会责任的法律化即指以法律条文的形式确定、推行企业的社会责任"④。

企业社会责任的法律化分为狭义和广义两个层次：狭义的法律化是指通过法律、行政法规的形式将企业社会责任固定化，其既包括原则性的硬性规定（如《公司法》第五条、《民法典》第八十六条），也包括具体性的硬性规则（如劳动法、环境保护法的相关规定）。其针对的是低层次的、已为社会全体认可的社会责任；广义的法律化不仅包括法律、行政法规等硬法工具，还包括标准、契约等软法工具，其不仅针对已为全体社会所认可的社会责任，还针对被社会部分认可的社会责任。在广义的法律化视角下，企业社会责任仍具有道德责任的属性，法

①③　蒋建湘："企业社会责任的法律化"，《中国法学》2010 年第 5 期。

②　冯果、袁康："浅谈企业社会责任法律化"，《湖北社会科学》2009 年第 8 期。

④　刘乃梁、肖顺武："企业社会责任的法律化探究"，《天津法学》2013 年第 1 期。

律化仅是用法律的方式对道德进行规制。本书所称企业社会责任法律化是指广义理解下的企业社会责任法律化，其既包括对公司法及其他部门法中企业社会责任相关规范科学性和合理性的立法论及解释论探讨，也包括对软法规制路径、反身法路径、可持续公司法路径等软性立法工具或综合性法律工具对于企业社会责任促进作用的挖掘。但由于各国部门法关于企业社会责任各议题的立法已相对成熟，对环境法、劳动法等领域部门法规范设计的合理性探讨也并非目前学术界主流。因此，在探讨企业社会责任的法律化路径时，本书的重点在于探讨是否应当将“超越法律”的企业社会责任法律化以及如何将其法律化，而在探讨我国企业社会责任的类型化及体系设计时，本书将结合已经法律化的企业社会责任部门法规范进行统一探讨。

（二）企业社会责任法律化的特点

1. 企业社会责任法律化是道德的蜕变形式

企业社会责任的责任之源是一项道德责任，即便在社会责任走向“神坛”的今日，大多数学者也认可企业社会责任仍包含大量的道德责任。而所谓的法律化，就是“立法者将一定的道德理念和道德规范借助于立法程序以法律的、国家意志的形式表现出来，并使之规范化、制度化”①。简而言之，就是赋予道德义务以国家强制力保障，以使之具有行为规范和裁判规范的效力。同理，企业社会责任的法律化是将企业社会责任中的部分内容从纯粹的道德中剥离出来，或以法律的形式对其予以具体规范，或以法律化工具的形式促进企业对其自主规制。其始终源于道德，并以道德为基础，并将道德义务内化为法律内容。企业社会责任法律化并未改变社会责任基于道德责任的本质属性，而是通过道德向法律的蜕变人为地赋予其法律责任的意义。

2. 企业社会责任法律化是一个动态进程

随着社会对企业行为期待的提高，企业社会责任法律化的内容和形式也处于不断丰富的动态变化之中。在内容上：一方面，当社会资源缺乏、环境破坏严重、社会分配不公等问题已引起了社会矛盾，且企业应用其已掌握的人力、物力、财力有助于解决上述问题时，政府便通过立法行为将低标准的企业社会责任予以固定，以平衡经济发展与社会、环境发展之间的矛盾；另一方面，随着企业

① 范进学：“论道德法律化与法律道德化”，《法学评论》1998 年第 2 期。

社会责任水平的整体提高，社会、环境将对企业社会责任提出新的要求，由此又将促进新一轮的企业社会责任法律化过程中，丰富了企业社会责任法律化的内容。在形式上，传统法律化以企业社会责任的硬法化为唯一手段，注重“法律规制”和“自愿承担”的区分，随着立法技术的发展，法律的功能已不满足于“命令-控制”式监管下全有或全无的规范，软法规制、反身法规制、促进法规制等新兴立法技术的出现丰富了企业社会责任的法律化形式。由此，企业社会责任法律化任重道远，始终处于一个不断丰富和发展的动态进程中。

3. 法律化大多以一定的约束力为保障

法律化的本质特点在于加强法律工具对于企业社会责任的促进力和约束力，以保障企业社会责任的有效提升。法律化的约束力体现在硬法路径下的约束力和其他法律化工具路径下的促进力两个方面：一是通过硬法的法律化，法律对企业社会责任科以强制性义务，企业必须依法承担环境、社会、人权等方面的法律义务，否则其将受到法律的制裁；二是通过软法、反身法路径的法律化，促进法律对于企业社会责任自治的促进力。例如“国家以法律的形式明确规定企业参与社会活动，履行社会义务的，将享受特定的政策优惠，比如税收、政府采购等方面”①，再比如国家通过法律的形式明确企业应全面、准确、及时地公布其社会责任承担信息，并借助公开平台形成利益相关者对企业社会责任实施情况的压力反馈，促进企业为回馈利益相关者期待而提升社会责任的承担水平。

（三）企业社会责任法律化下的问题导向

由此，企业社会责任法律化下的问题导向包括两个方面：首先，哪些企业社会责任是业已为社会全体所认同、可以作为企业行为最低标准并由国家强制力予以保障的。对于该范畴内的企业社会责任，其已成为法律法规组成部分的，应进一步探讨其法律法规的体系设计、解释方法以及在此问题之上的司法实践，其尚未成为法律法规组成部分的，应探讨如何以立法论或解释论的方式将其纳入法律规制的范畴。其次，哪些企业社会责任是仅为社会部分认同，但社会对企业在该领域内发挥作用具有殷切期待的。对于该范畴内的企业社会责任，应讨论其是否有法律化的必要、应以何种路径对其进行法律化以及其法律化后可能产生的效果。

① 冯果、袁康：“浅谈企业社会责任法律化”，《湖北社会科学》2009 年第 8 期。

需要指出的是，所谓的法律化问题并不限于如何以法律的形式直接规定企业“应当做什么”或“应当做到什么程度”。还应包括如何利用契约自治、信息披露机制、社会回应机制等法律化工具促进企业自主提高社会责任承担水平，而这恰恰是立法技术与立法智慧的凝结。

二、企业社会责任法律化的正当性基础

（一）企业社会责任缺乏引发的危机

《吕氏春秋》有言：“治天下也，必先公，公则天下平也。”让广大人民群众共享改革开放的果实是社会主义的基本要求，也是全国人民所追求的共同目标。然而，在经济全球化、信息公开化的当下，一些新的经济、社会、环境问题不断涌现，引起了人民日益增长的美好生活需要和不平衡不充分的发展之间的新矛盾。

1. 企业社会责任缺乏引起的经济危机

马克思和凯恩斯的理论均认同资本主义经济会爆发系统性、周期性的经济危机，[①] 并认为这是资本主义经济的内在机制所导致的。然而，在2008年经济危机中，不少学者均认同金融机构缺乏社会责任和自我监管是导致危机爆发的一项重要原因。[②] 在2008年“中国全球化公益论坛”上，时任招商银行行长的马蔚华就表示在美国的次贷危机中，“商业机构为了自己的利益不负责任地给不具备贷款能力的人贷了款；投行又把不良资产打包成CDO（Collateralized Debt Obligation，担保债务凭证）然后卖到了全世界。而投资者之所以买上了垃圾债券，还源于‘把灵魂出卖给了魔鬼’的评级机构”[③]。由此，内生性因素不再是经济危机爆发的唯一可能，企业追求股东利益最大化而忽视社会责任成了新一轮经济危机的引发因素。

另外，企业对于经济危机的处理方式同样有可能引发社会责任问题。目前，企业面对经济危机最常用的解决方式包括“裁减员工、减少消费和推迟投资”[④]。

---

① 徐生钰、葛扬：“马克思主义和凯恩斯主义经济周期理论比较”，《经济学家》2017年第3期。

② See Jacob, Christine K. “The impact of financial crisis on corporate social responsibility and its implications for reputation risk management.” Journal of Management and Sustainability 2. 2 (2012).

③ 张春华：“责任御寒：金融危机影响下的企业社会责任思考”，《WTO经济导刊》2009年第1期。

④ Jacob, Christine K. “The impact of financial crisis on corporate social responsibility and its implications for reputation risk management.” Journal of Management and Sustainability 2. 2 (2012).

而裁员涉及企业社会责任中的劳工问题，包括对劳动者福利的保障和劳动者的安置问题，若未能妥善处理，则会加剧经济危机影响下的社会矛盾。

2. 企业社会责任缺乏引起的资源与环境危机

企业在生产、经营过程中可能需要利用资源或排放污染。在企业社会责任缺乏的情况下，“囚徒困境”下引发的公共产品危机就会暴露无遗。当企业无需为其不负责任的开采行为或排放行为付出成本时，就容易造成资源或环境危机的爆发。由此，以企业社会责任法律化的方式增加企业滥用资源、破坏环境的法律成本就具有了必要性。

从全球范围看，根据地球边界理论，全球目前的资源与环境现状不容乐观。具体如图 4 所示：

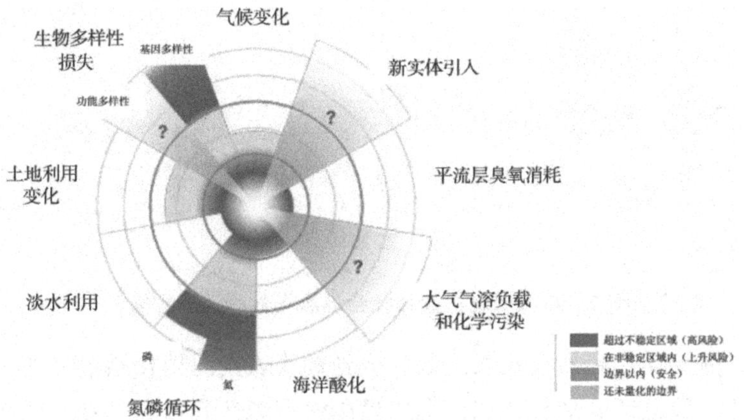

图 4 地球边界示意图①

根据地球边界理论，人类应当控制九个变量以防止进入一个不可预知的地球环境，而根据图 4 可清晰地看到，目前人类在基因多样性、氮循环、磷循环三个变量表现上已经超越了临界值，若再不采取行为，通过加强企业社会责任法律化的方式改善现有地球环境，则我们赖以生存的环境将朝着不可控的方向发展。

从各国的具体承担情况来看，目前未有一个国家可以在资源可持续和社会满意度之间维持较好的平衡。The conversation 网站对于各国环境资源消耗指数和社会发展指数的匹配程度的调查结果如图 5 所示：

① Rockström, Johan, et al. “Planetary boundaries: exploring the safe operating space for humanity.” Ecology and society 14. 2 (2009).

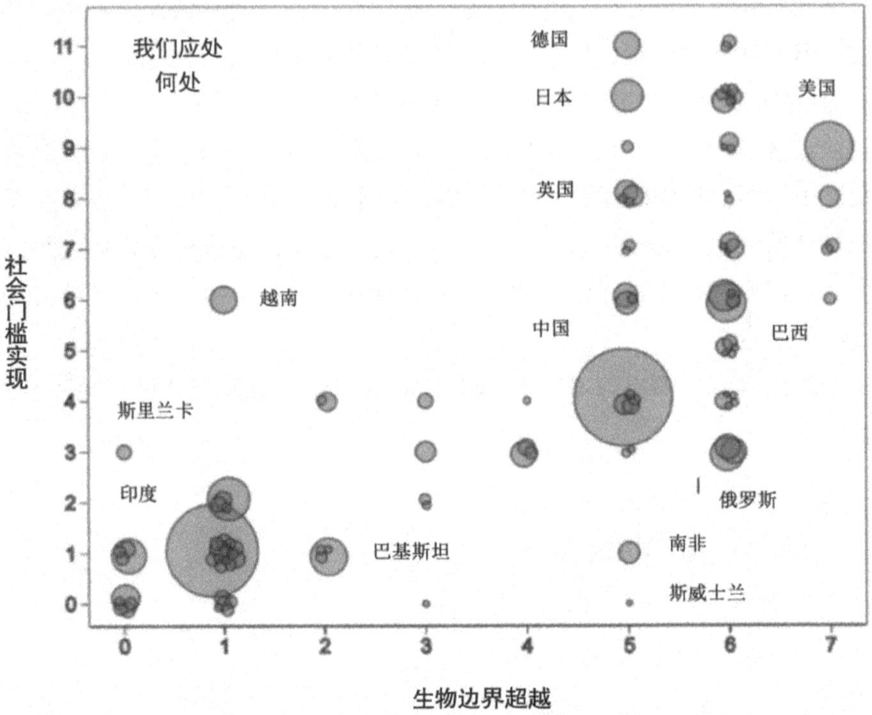

图 5　资源消耗指数和社会发展指数的匹配程度①

其中，纵坐标代表社会发展指数，横坐标代表资源消耗指数，左上角是资源环境与社会指数批评的理想状态，即用最少的资源达到最高的社会满意度。从现有的状况来看，各国距离理想状态均具有较大差距：以美国、德国、日本为代表的部分发达国家，虽然其具有较高的社会发展指数，但其资源消耗指数也令人担忧；以印度、斯里兰卡、巴基斯坦为代表的发展中国家，虽然资源消耗指数较低，但其社会发展程度也处于初级阶段；以斯威士兰、南非、俄罗斯为代表的国家更是处于资源消耗大、社会发展程度低的艰难处境；相比之下，越南是目前资源消耗和社会发展最为匹配的国家之一。而从我国的发展情况看，虽优于俄罗斯，但同样属于资源消耗大国和低发展水平国家，因此，通过提升企业社会责任，改善资源利用技术，提高社会发展水平在我国尤为重要。

---

① Daniel O'Neill. "Is it possible for everyone to live a good life within our planet's limits? " The Conversation. https://theconversation.com/is-it-possible-for-everyone-to-live-a-good-life-within-our-planets-limits-91421.

3. 企业社会责任缺乏引起的社会危机

企业社会责任的缺乏同样引起了社会的不稳定因素，尤其是在生产安全、产品质量领域，企业社会责任的缺乏不仅将引起企业本身的品牌危机，还将引起社会对某一类产品的信任危机。以 2008 年中国三鹿奶粉事件为例，当媒体报道因婴儿食用含有三聚氰胺的三鹿奶粉而导致肾结石甚至死亡的案例时，舆论一片哗然，整个国产奶粉行业受到了打击，代言明星、监管部门纷纷受到了指责，对产品的信任危机逐渐发酵成一场社会性事件。[①] 直至今日，国民对于国产奶粉的信任危机仍未解除，中国顾客寻求海外市场抢购奶粉的盛况不时为中外媒体所报道。三鹿奶粉事件的本质在于企业为自身利益的最大化而缺乏对产品质量等社会因素的考量，违背了法律对于企业产品责任的基本要求，不仅引发了市场对产品本身的信赖危机，还引发了社会对于国民品牌的信任危机。

（二）现代企业的角色与功能

在伯利和多德关于企业社会功能的论战中，多德指出企业不仅具有盈利的功能，还应具有社会服务的功能，因为“现代企业是一个公共机构或准公共机构，政府有权对大规模企业进行规制以保护包括股东在内的利益相关者利益”[②]。对于现代企业而言，尤其是对大型企业而言，其汇聚了大量的社会资源，并通过社会资源创造了大量的财富利益，由此，其有能力也有义务承担社会责任。

1. 现代企业的角色定位

企业是资本力量在现代社会的集中体现，其聚合了自然人所无法拥有的巨大财富和资源。无论是国际性的苹果公司、脸书（Facebook）、通用公司还是国内的阿里巴巴集团，其背后代表的不仅是一个企业名称，更是企业推动下的产业升级和社会变革。由此，在市场竞争中不断崛起壮大的企业，“其规模如同滚雪球一般越来越大，其性质也逐渐从单纯的商业机构发展成一个社会和政治组织”[③]。作为市场经济重要支柱的企业已不仅仅满足于纯粹商业利益的需求，而开始追求

---

① 参见：“三鹿奶粉事件引发的企业社会责任再思考”，《技术与创新管理》2009 年第 5 期。

② Joseph J. Norton 著，陈琳燕译：“企业社会责任与世界和谐发展”，载楼建波、甘培忠编：《企业社会责任专论》，北京大学出版社 2009 年版，第 62 页。

③ 谢鸿飞：“营利法人社会责任的法律定性及其实现机制——兼论《民法总则》第 86 条对公司社会责任的发展”，《法治现代化研究》2017 年第 2 期。

“经济人与社会人的双重属性”①。企业通过资本力量在社会生活中取得话语权，在促进社会发展、维护社会稳定中扮演着重要的角色。

2. 现代企业的功能定位

在伯利和多德关于企业应当为谁服务的世纪大讨论中，分化出两种不同的观点：一是企业应当为股东利益服务，即企业的经济功能；二是企业应当为包括股东在内的全体利益相关者利益服务，即企业的社会功能。

（1）经济功能

企业目标一元论的导向下，企业唯一的目标在于追求自身利益的最大化或股东利益的最大化，由此，企业最基本的功能在于其经济功能。伯利提出“应当坚持‘商业企业存在之唯一目的是为了其股东’的观点，直到出现了一个具有明确的、合理的对其他人负责的强制性框架”②。伯利的论述更多地出于实然法的考量，其认为“如果不受当前法律平衡的制约，公司管理层的社会经济专制主义即便是仁慈的，也并非安全的。在任何情况下，其都难以提供构建工业化要求的经济联合体的夯实基础。与此同时，作为律师，我们最好保护我们已知的利益，并按照先来后到的顺序为之后的利益进行保护。”③基于企业经济功能的已知性和社会功能的未知性，伯利认为，企业的经济功能是其首要功能。1970 年弗里德曼在《纽约时代》杂志上发表了一篇具有划时代意义的论文《商业唯一的社会责任是增加盈利》。在该文中，弗里德曼提出“商业有且仅有一项社会责任——在法律规则的界限内利用资源、参与活动以增加其利益，换句话说，以非欺骗、非欺诈的方式参与开放、自由的市场竞争”④。卡罗尔在其“金字塔模型”和“三域模型”中，也认为企业的经济功能是其承担其他一切功能的基础。

（2）社会功能

随着企业的发展壮大及社会对于商业期待的提高，一元化的企业目的理论逐渐受到社会的批判。针对伯利“企业唯一目的在于追求股东利益最大化”的观

① 杨裕钦：“公司社会责任的正当性：功能社会视角”，《北京理工大学学报（社会科学版）》2012 年第 4 期。

②③ Sommer Jr, A. A. “Whom Should the Corporation Serve—The Berle-Dodd Debate Revisted Sixty Years Later.” Del. J. Corp. L. 16 (1991).

④ Friedman, Milton. “The social responsibility of business is to increase its profits.” Corporate ethics and corporate governance. Springer, Berlin, Heidelberg, 2007. p. 173-178.

点，多德提出了企业具有“利润创造和社会服务”[①] 的双重功能。此后“企业公民（corporate citizens）”“企业社会行为”“利益相关者”“企业道德”等相关理论不断涌现，“除追求利润最大化之外，企业还应当保障和提高社会公益”[②] 的企业目标二元论观点最终形成。企业的社会功能也得到了理论界和司法实务界的认可：一方面，企业是部分环境、社会问题的实际制造者。企业生产、经营过程中不可避免地将消耗资源、雇用劳动力并可能导致环境的变化，企业通过上述行为获益，而却由社会全体承担其后果，显然违背社会的基本公平。另一方面，企业是环境、社会问题的潜在解决者。企业作为市场经济的直接参与者，坐拥大量人力、物力、财力资源，并有能力通过资源的聚合发挥自然人无法达到的社会作用，包括但不限于创造良好的工作环境和劳工福利、技术创新和产业升级、节约资源和保护环境等。由此，企业由纯粹经济功能向经济功能与社会功能并重的功能转型受到了广泛呼吁。

（三）经济全球化和舆论网络化的必然要求

1. 经济全球化催生了企业社会责任标准的一致性

企业社会责任的理念是伴随着经济全球化的进程不断成长的。“它要求企业尤其是跨国公司在国际贸易和资本流动自由化、谋求经济利益最大化的同时，承担对公众的社会责任。”[③] 企业社会责任运动最早根源于成熟市场国家，随着垄断资本的发展、企业力量的壮大，社会对于企业有了更高的期待，由此便产生了企业社会责任作为一项制度性规则的最初模型。而随着经济全球化进程的展开和跨国公司的兴起，部分企业利用成熟市场国家和新兴市场国家的立法差距，以规避企业社会责任承担的行为受到了社会的诟病。由此，在欧美国家的倡导下，旨在构建全球化企业社会责任统一标准的国际标准化或契约化进程开始推进，较为典型的例证为 SA 8000 企业社会责任标准、ISO 26000 社会责任标准和联合国全球契约。为应对成熟市场国家出台企业社会责任国际标准，并将之作为新兴市场国家加入国际贸易的“蓝色壁垒”，以法律化工具促进新兴市场国家企业社会责任水平的提升尤为紧迫。

---

① Sommer Jr, A. A. “Whom Should the Corporation Serve—The Berle-Dodd Debate Revisted Sixty Years Later.” Del. J. Corp. L. 16 (1991).

② 卢代富著：《社会责任研究——基于经济学与法学的视野》，法律出版社 2014 年版，序言。

③ 刘诚：“公司社会责任的定位”，《中外法学》2006 年第 5 期。

2. 舆论网络化提升了公众对于企业社会责任的参与度

互联网高速发展的直接后果之一就是消息来源的多样性和消息传播的即时性。相比过往纸质媒体时期，互联网时代“人人都有摄像机，人人都是麦克风，人人都可发消息”[①]，消息传播的即时性和跨时空、跨地域成为可能，企业不负责行为对企业市场声誉和政府国际形象也将产生比以往范围更广、影响更深的社会效果。实践中，通过互联网舆论向企业施压，要求企业承担社会责任的案例不胜枚举，典型的例子为 2008 年汶川地震后万科捐款的“十元门”事件。[②] 该事件经网络发酵造成了负面的社会影响，导致了万科股价的大幅度跳水，并迫使万科集团加大灾后重建的捐款力度。舆论网络化的环境强化了社会对于企业社会责任的关注和需求，为企业社会责任的法律化提供了社会基础。

三、企业社会责任法律化的实现路径

（一）企业社会责任法律化的实现路径

1. 强制性企业社会责任路径

强制性企业社会责任路径包括广义和狭义两种理解，狭义的强制性企业社会责任路径是指以强制性立法的形式对原本应属于道德规制的企业社会责任主题予以规定，其典型例证为印度 2013 年公司法案要求大中型企业至少将其过往 3 年平均利润的 2%用于企业社会责任支出。该路径受到了目前国际社会的广泛讨论。广义的强制性企业社会责任立法路径不仅包括印度强制性企业社会责任路径，还包括对企业承担社会责任的原则性、强制性规定，其典型例证为中国《民法典》第八十六条、《公司法》第五条关于营利性法人或公司必须承担社会责任的规定，印度尼西亚 2007 年第 40 号《公司法》第 74 条关于天然气资源行业或与天然气行业有关的公司的强制性社会责任规定等，[③] 以及德国 1937 年《股份公司

① 习近平：“严格执法，公正司法（2014 年 1 月 7 日）”，载《十八大以来重要文献选编（上）》，中央文献出版社 2014 年版，第 723 页。

② 参见万科王石“十元门”危机，腾讯财经网，http://finance.qq.com/zt/2008/wankewangshi/。

③ 参见薛璋霖：“评印尼新《公司法》规定的公司社会责任”，载楼建波、甘培忠编：《企业社会责任专论》，北京大学出版社 2009 年版，第 476-477 页。

法》对董事必须追求公共利益的规定。[1]

2. 软法规制路径

软法规制路径是一种源于国际法的“软约束”路径，并在实践中逐渐为各国国内立法所借鉴。所谓软法是指不具有强制执行力保障的成文规则，其表现为标准、准则、指南、契约几种形式。软法规制路径通过成文性的具体规则对企业负责任行为的具体操作防范予以行为指引，并通过市场声誉机制、激励惩戒机制的应用促进企业社会责任的自主提升。目前，国际视野下企业社会责任软法规制路径的典型例证包括 SA 8000 企业社会责任标准、ISO 26000 社会责任标准、经济合作与发展组织跨国公司指南和联合国全球契约等；而各国国内关于企业社会责任软法规制路径的典型例证包括中国 GB/T 36000-2015 社会责任指南、南非金准则[2]等。

3. 反身法路径

反身法路径的产生昭示着企业社会责任由企业社会责任向企业社会回应的范式转变，企业社会回应机制在反身法路径中被广泛使用。反身法路径以企业社会责任为纯粹的自愿责任为基础，认为应通过信息披露机制促进或强制企业对其非金融事项信息进行公示，以维护利益相关人的知情权。而通过利益相关人对企业社会责任承担情况的现实反馈，促进企业自主提高社会责任的承担水平。需要指出的是，尽管严格来说，反身法路径并不就企业应如何承担社会责任等具体问题作出回应，但却要求企业在信息披露时应遵循特定立法规则下的披露规范，并对企业对于国际软法规制路径的遵守程度进行规范。此外“遵守或解释”规则的引入也给予了企业在信息披露时一定的自主权。反身法路径的典型例证为欧盟委员会关于非金融事项报告的指令[3]，中国深交所、上交所关于上市公司企业社会责任报告披露的相关规定。

4. 可持续公司法路径

可持续公司法路径既是对软法规制路径和反身法路径的集大成者，也是对软法规制路径和反身法路径的修正。可持续公司法路径的核心观点有二：一是认为

---

① 刘诚：“公司社会责任的定位”，《中外法学》2006 年第 5 期。

② 金准则是指金委员会就公司治理方案发布的《企业行为准则》，其不具有法律上的强制力，而是由一系列由企业自律实施的指导性文件。参见：Angela Itzikowitz：“企业社会责任在南非”，载楼建波、甘培忠编：《企业社会责任专论》，北京大学出版社 2009 年版，第 468-469 页。

③ See Directive 2014/95/EU.

不应完全依靠企业的自律解决企业社会责任问题，应加强法律的强制性；二是认为企业社会责任应作为一项公司法原则贯穿于公司法始终，应通过对“公司利益”一词的再诠释，促进公司治理和企业社会责任的融合，并在此基础上，重塑董事会职责和股东会角色。实践中，尚未有关于可持续公司法路径的立法实践，仅有欧盟委托奥斯陆大学着手可持续公司法项目的项目成果。但可持续公司法路径下短期视角向长期视角的转变、公司目标一元论向二元论的转变已在英国、荷兰、北欧国家新一轮的公司治理准则中得以体现。

（二）企业社会责任法律化路径的相互关系

1. 企业社会责任法律化路径的类型化

目前实践中主流的企业社会责任法律化路径包括强制性企业社会责任路径、软法规制路径、反身法路径和可持续公司法路径。传统的类型化模式如下：若以规制路径的强制性效力为依据进行划分，则强制性企业社会责任路径具有强制性效果，可持续公司法路径兼具强制性效力和自律性效果，软法规制路径和反身法路径，仅具有自律性效果；若以规制路径的外部性或内部性为依据进行划分，则可持续公司法路径属于公司内部治理路径，强制性企业社会责任路径、软法规制路径、反身法路径均属于企业外部规制路径。由此，可将企业社会责任法律化路径的传统类型化区分总结如下：

路径名称	强制性/自律性	内部性/外部性
强制性企业社会责任路径	强制性	外部性
软法规制路径	自律性	外部性
反身法路径	自律性	外部性
可持续公司法路径	半强制性/半自律性	内部性

表2　企业社会责任法律化路径的类型化

而在企业社会责任的现代理论中，对于企业社会责任法律化的类型化划分更注重于企业行为与社会、环境发展，企业行为与企业利润增长之间的关系，并由此概括出了企业行为的四种基本范式：

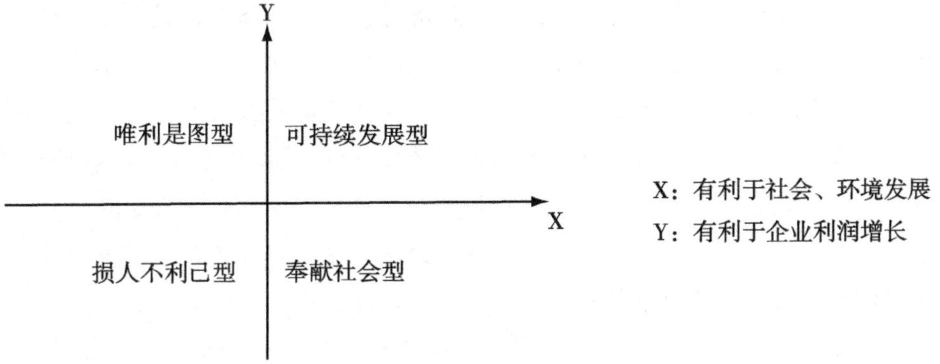

图6 企业行为的四种基本范式①

企业社会责任法律化路径应达到的最优选择为第一象限的可持续发展型的企业行为，即通过负责任的企业社会行为促进企业、社会、环境的共赢发展；次优选择为第二象限和第四象限的唯利是图型的企业行为和奉献社会型的企业行为，前者满足弗里德曼对于企业唯一的社会责任是获取盈利的构想，但却不利于发挥企业的社会功能，后者满足舆论对于负责任企业的全部幻想，但却导致企业难以为继；最次选择为落于第三象限的损人不利己型，该类型的企业行为多是出于破坏社会的目的故而不具有一般性。

在现有的四条企业社会责任法律化路径中，可持续公司法路径之目的是促进企业的可持续发展，达到企业、社会、环境利益的共同发展，故最为受推崇；软法规制路径、反身法路径和强制性企业社会责任路径均将企业社会责任作为企业的外部性事项，故其强调企业对于社会的奉献力，而非企业的自身发展，故上述三条路径虽在一定时期内得到广泛应用，但如今都处于反思、重塑的阶段；唯利是图和损人不利己型的企业行为在本质上与企业社会责任的理念相背离，故未有企业社会责任法律化路径选择将其规制目标落于第三、第四象限的范畴之内。

2. 企业社会责任法律化路径的相互关系

企业社会责任法律化的四条路径之间绝非相互对立、相互排斥、此消彼长的对立关系，而是求同存异、相互补充、相互融合的共进关系。具体而言，企业社会责任法律化的四条路径之间存在以下几种关系：

一是对立关系。强制性企业社会责任立法路径旨在以强制性的立法手段规范

---

① 参见雷驰：“‘一体两面’的企业社会责任与公司法的进化”，载楼建波、甘培忠编：《企业社会责任专论》，北京大学出版社2009年版，第181页。

“超越法律”的企业社会责任，而软法规制路径、反身法路径均是以企业社会责任为企业的自愿行为为基础，故上述三者之间存在对立关系。

二是互补关系。软法规制路径虽就企业社会责任的具体提升方法进行了原则性或具体性规定，但对于违反企业社会责任行为的后果却缺乏有效的社会手段，反身法路径虽就企业社会回应等具体后果进行了规制，但却缺乏对企业如何提升社会责任的指引，因此两者相互补充，在实践中，通常也作为两项配套制度而存在于各国的企业社会责任法律化进程中。

三是集合关系。可持续发展路径中，既通过引入“地球边界”理论的方式赋予了企业社会责任以一定的强制性，又结合了股东会、董事会遵守国际标准、国际准则的促进性，还认可了股东会、董事会在履职过程中应对利益相关者需求进行考量的任意性，集合了强制性企业社会责任路径、软法规制路径和反身法路径的立法精髓，故是对上述三种法律化路径的集大成者。

第二章
强制性企业社会责任立法路径

1997 年 10 月，美国经济优先权委员会制定了企业社会责任标准（SA 8000），旨在保护人类的基本权益，促进全球企业社会责任的承担。该标准颁布后，发达国家大力支持并以此为借口设置“蓝色壁垒”阻碍发展中国家的产品出口。随着新兴市场的活跃，我国企业水流污染、食品安全等事故频出，党的十九大报告中提出的“发展质量和效益还不高”“发展不平衡不充分的一些突出问题尚待解决”，企业社会责任问题被推到了舆论的风口浪尖。为缓解国际舆论压力，促进国内企业的可持续发展，党的十八届三中全会提出要“推动国有企业完善现代化企业制度”并以“承担社会责任为重点”，将企业社会责任上升为国家战略。企业社会责任问题的讨论重点已经由“是什么”变成了“怎么做”。对于如何有效促进企业社会责任，我国部分学者认为，可在某种程度上参考借鉴强制性企业社会责任的立法选择。①

印度强制性企业社会责任是“全球首次有一个国家认为应当在税收和企业自身意愿之外规定企业对于社会公共利益的强制支出水平。”② 尽管印度等国与我国同属发展中国家，但两国在政治体制、法律文化等方面仍有较大的差异，对引入印

① 例如，杨力教授认为“只依赖于‘自愿’难以推行企业社会责任”，应促进企业社会责任的制度化。参见杨力：“企业社会责任的制度化”，《法学研究》2014 年第 5 期。

② Standing Committee on Finance（2015 - 16），Twenty - First Report，Sixteenth Lok Sabha，at cl. 120（9.45）.

度强制性企业社会责任的立法模式是否有利于促进企业社会责任水平的整体提高之探讨对于提高我国企业的国际竞争力、优化我国市场营商环境具有重要意义。本章旨在全面、系统地整理印度强制性企业社会责任的产生与发展，探索我国引入强制性企业社会责任制度的可行性，以期对我国企业社会责任的立法选择提供借鉴。

第一节　强制性企业社会责任的产生与发展

对新兴市场国家而言，企业社会责任是一个国际标准和本土政策的“混合物”①。其产生源于国际市场和国内舆论的双重施压，其发展则经历了一个从自愿责任到强制性责任再到“遵守或解释（comply or explain）”规则适用的漫长过程。

一、强制性企业社会责任的典型例证

（一）印度强制性企业社会责任立法

针对印度亟须加强的企业社会责任水平，印度立法机构在 2013 年公司法案修改中就超出法律范畴的企业社会、环境、慈善等责任规定了“最低支出标准”，以强制性的立法工具规范偏向于自愿属性的企业社会责任。该法案出台后，引起了欧美国家及新兴市场国家经济学界和法学界的热烈讨论。

1. 强制性企业社会责任条款的内容

印度 2013 年公司法案第 135 条被称为企业社会责任条款，其规定：“（1）任何一家在任意财政年度净资产达到 500 亿以上印度卢比、营业额达到 1000 亿以上印度卢比、净利润达到 5 亿卢比的企业应当在董事会中组建企业社会责任委员会。该委员会包括 3 名以上董事，其中至少一名应为独立董事。（2）基于第 134 条第 3 款的董事会报告应披露企业社会责任委员会的构成信息。（3）企业社会责

① Van Zile, Caroline. “India's mandatory corporate social responsibility proposal: Creative capitalism meets creative regulation in the global market.” Asia-Pacific Law & Policy Journal 13.2 (2012).

任委员会应当：（a）制定并向董事会提议企业社会责任政策，表明企业按照附表VII开展的活动；（b）提议根据（a）条款开诊的活动需花费的金额；（c）定期监督企业社会责任政策。（4）本条第1款规定的企业的董事会应当：（a）在考量企业社会责任委员会的提议后，批准企业的社会责任政策，在其报告中披露该政策的内容，并依法将其在公司网站中公开；（b）保证公司开展企业社会责任政策中的活动。（5）本条第1款规定的企业的董事会应当保证每个财政年度企业将其前三个财政年度净利润的2%以上用于落实企业社会责任政策；当企业进行社会责任支出时，应优先考虑其所在地区及其周边地区；若企业无法达到上述要求，则董事会应当依据第134条第3款第（o）项解释未达到最低支出标准的原因。”①

2. 企业社会责任活动的范围

此外，在印度2013年公司法案的附表VII中，其还规定了企业社会责任活动包括以下九方面：“（1）消除极端的饥饿和贫困；（2）促进教育；（3）促进性别平等，提升女性权利；（4）降低儿童死亡率，提升孕妇安全；（5）抗击人类免疫缺陷病毒，获得性免疫缺陷综合征，疟疾及其他疾病；（6）确保环境的可持续性；（7）提高就业技能的就业岗；（8）社会商业项目；（9）向总理国家救济基金或中央政府或州政府为社会经济发展和救济设立的任何其他基金的捐款，以及为特定种姓，特定部落或其他落后阶层的福利捐款，向少数民族和妇女捐款。”②

由此，印度企业社会责任条款的核心在于：一是其针对的是大规模企业，而非全部企业；二是其为一种强制性的企业社会责任法律化的手段，即通过立法标准赋予了自愿性企业社会责任支出强制性的效力。

（二）毛里求斯强制性企业社会责任立法

在印度之后，毛里求斯也构建了强制性企业社会责任制度。毛里求斯预算报告中指出“在取消企业社会责任指南后，企业社会责任资金的应用出现了许多新的形式，引发了新的社会担忧。因此应重新审视企业社会责任资金的使用，以确

① See the Indian Companies Act, 2013, section 135.

② See the Indian Companies Act, 2013, Schedule VII.

保更强的透明度，追求更优的结果①。”

1. 强制性企业社会责任条款的内容

毛里求斯 2016 年金融法案第 50L 条规定了企业社会责任基金（CSR fund）：“（1）所有企业每年均应将其上一年应得收入的 2%作为企业社会责任基金；（2）（a）除第 9 款另有规定外，如下所示的企业社会责任基金百分比数额应当交由税务总长（Director-General）：2017 年 1 月 1 日至 2017 年 12 月 31 日设立的企业社会责任基金应提交 50%以上，2018 年 1 月 1 日以后设立的企业社会责任基金应提交 75%。（b）剩余的部分应交由企业使用：（i）对于 2019 年 1 月 1 日前成立的企业社会责任基金，按照自身的企业社会责任框架实施企业社会责任计划；（ii）对于 2019 年 1 月 1 日后成立的企业社会责任基金，应实施企业社会责任计划或资助实施企业社会责任计划的非政府组织优先介入附表 10 A 部分规定的范围；（3）企业不得将企业社会责任基金用于附表 10 B 部分规定的范围；（4）除第 9 款另有规定外，第 2 款第（a）项所涉的基金应当以下方式汇由税务总长：（a）如果企业需要依据子条款 AA 提交毛里求斯税务局声明（APS statement），则（i）前三个季度每个季度提交 25%，并应根据 50B 提交毛里求斯税务局声明；（ii）第四季度的 25%在企业提交年度收益（annual return）时提交；（b）若企业无需提交毛里求斯税务局声明，则依据第 116 条和第 119 条，在提交年度收益时提交；（5）任何第 2 款第（b）项下未用完的款项，应当依据第 116 条和第 119 条与年人收益一起提交给税务总长；（6）税务局应当尽快地将第 2 款第（b）项和第 6 款所涉的款项交由审计总长，并最终交由国家企业社会责任基金会；（7）本条适用于持有金融服务法案下全球营业执照的组织以外的组织，其适用于企业。其净收入为应纳税所得，而其收入的分配应视为股息”②，第 9 条规定了例外条款。

2. 企业社会责任优先领域的范围

毛里求斯 2016 年金融法案附表 10 A 部分规定了企业社会责任优先领域的范围，包括“解决物质滥用和恶劣卫生导致的健康问题；毛里求斯社会注册目标家庭的教育支持；家庭保护——保护家庭暴力的受害者；毛里求斯社会注册目标家庭的贫困消除；毛里求斯社会注册目标家庭的社会住房；严重残障人士的支持”③。

---

① CSR Mauritus. “Budget Speech 2016/17”, http://www.csr.mu/download/2016/Extract%20from%20Budget%20Speech%202016%2017.pdf.

② Finance (Miscellaneous Provisions) Act 2016, 50L.

③ Finance (Miscellaneous Provisions) Act 2016, Tenth Schedule.

相比印度强制性企业社会责任中商业力量的作用，毛里求斯强制性企业社会责任完全是一项政府主导的立法：一方面，相比印度立法更注重发挥企业对于优秀项目的良好反应，以区分企业社会责任最低标准和税收，毛里求斯更注重政府作用的发挥。企业社会责任基金的大部分应交由政府统一安排，而企业自留企业社会责任基金仅用于企业内部社会责任组织机构的建设。另一方面，相比印度引入“遵守与解释”条款以向商业社会妥协，毛里求斯立法中并未规定任何的例外情形。

二、强制性企业社会责任的产生原因

尽管印度和毛里求斯目前均出台了“企业社会责任最低支出标准”条款，但鉴于两者实质内容的相似性，考虑到条款的典型性和资料的充分性，本书仅以印度强制性企业社会责任为范本，以分析该法律化路径的成因、发展及其法律效果。

印度是一个“充满着矛盾的国家”①：一方面，其已经发展成为全球最大的经济实体之一，并成为推动国际政治经济新秩序重要的参与者；另一方面，大量居民极度贫困、大量儿童营养不良、劳工工作环境恶劣、环境污染问题严重、城乡贫富悬殊等问题依旧困扰着印度，并严重危害了社会的稳定性。在这一矛盾的社会背景下，印度于2013年公司法案中首次规定了强制性企业社会责任规则，并规定了大中型企业“企业社会责任最低支出标准”。强制性企业社会责任的产生源于内因和外因两个方面：

（一）对国内稳定性的追求

社会的稳定与商业的发展相辅相成，社会的发展依赖于商业的繁荣，而商业的成功也依赖于社会的稳定。在印度，贫富差距导致的社会不稳定已经引起了政府部门的高度重视。企业社会责任恰恰对于“提升社会公平、正义、公开、负责方面有着巨大潜力。”② 印度前总理曼莫汉·辛格（Manmohan Singh）曾表示：“如

① Singh, Anupam, and Priyanka Verma. “From philanthropy to mandatory CSR: a journey towards mandatory corporate social responsibility in India.” International Journal of Business and Management Invention 6.14 (2014).

② Belal, Ataur Rahman, and Mahmood Momin. “Corporate social reporting (CSR) in emerging economies: A review and future direction.” Research in accounting in emerging economies 9.1 (2009).

果一个国家极度贫困，产业应当对其薪酬水平进行强制规定……数字媒体将富人和名人的生活方式带到了每一个村落和贫民窟。媒体经常直观地展示他们的财富……其中一个重要的方面是他们在婚礼或其他家庭事件中巨大的开销。这种直观展示侮辱了那些没有特权的穷人。这是一种社会浪费，并在那些一无所有的人心中埋下了仇恨的种子。"① 因此，其提醒企业高度关注甘地（Gandhi）的"托管理论"②，并认为企业应将自身视为人民的受托人，将缓解社会矛盾作为企业责任的一部分。而从监管部门的视角看，企业本身也是导致城乡贫富差距扩大的原因之一，其认为："企业的发展在某种意义上是通过其收入移转的能力扩大了印度的城乡差距……由此，商业领域应当在商业实践中展示其社会责任，保障财富的分配和其所在社区的幸福安康。"③ 此外，接二连三爆出的博帕尔（Bhopal）氰化物泄漏事件、达博尔（Dahbol）人权危机事件及被称为印度版"安然"事件的萨蒂扬（Satyam）财务造假丑闻，更是加剧了社会的不稳定因素。让人们不得不对印度长期以来实施的以企业自愿为基础，以慈善捐赠为核心的企业社会责任制度进行三思。监管部门也感受到了国内舆论带来的巨大压力，并认为仅有强制性企业社会责任制度的确立才能迅速增加企业对于社会的贡献，维护社会的稳定。提请议会通过包含强制性企业社会责任内容在内的新公司法案迫在眉睫。

（二）对国际市场的妥协及对外商投资的渴望

历史上，印度是一个殖民国家，直至 1947 年才获得独立。独立后，印度选择了社会主义管理体制，因此拥有大量的国有企业和国有产业。④ 然而，1991 年，印度爆发了一次大规模的金融危机。彼时，国际货币基金组织同意向印度发放贷款，但前提是印度必须促进其内部市场的自由化和国有企业的私有化改革。改革后，外国资本的进入不仅帮助印度度过了经济危机，更使其迎来了经济的快速增长。此后，为了更好地吸引外商投资，印度以英美示范公司法为范本，移植

---

① Jha, Praveen K., ed. Progressive Fiscal Policy in India. SAGE Publications India, 2011, p. 116.

② Upadhyaya, R. B. Social responsibility of business and the trusteeship theory of Mahatma Gandhi. Sterling Publishers, 1976, p. 243.

③ See Singh, Anupam, and Priyanka Verma. "From philanthropy to mandatory CSR: a journey towards mandatory corporate social responsibility in India." International Journal of Business and Management Invention 6.14 (2014).

④ Singh, Bishwa Nath, Mohan Prasad Shrivastava, and Narendra Prasad. Economic Reforms in India. APH Publishing, 2003, p. 163.

了大量公司法规则。这一立法模式导致了印度社会的分裂：一个拥有大量贫困人口的、曾经为社会主义的发展中国家和2011年公司法案引导下快速发展的、高度资本化的市场环境。这种分裂下的动荡不仅导致了国内舆论的不满，也导致了国外资本的犹豫。尤其是在“安然”事件发生后，西方资本对于印度的社会和政治风险更为重视，尤其对印度本土的劳动、环境状况十分关注。“尽管如可口可乐和IBM之类的跨国大公司还未撤出印度市场，但其均认为，应将积极承担企业社会责任作为社会保险的一种形式。”① 除此之外，SA 8000标准的出台也在一定程度上成为西方社会打击印度产品出口的一种借口。印度政府开始认真考虑修订相关法律，主张增加监管性立法。新公司法案被印度媒体描述为“为更好地适应全球市场而进行的法律修订”，其说服议会通过的理由之一就是“对外商投资的强烈渴望”。法案指出：“我们仍需要在一个全球性和竞争性的环境中保持经济的持续增长……许多投资者在进行投资选择时，非常重视寻求针对我国企业事务的条文性和监管性规则。”② 为满足外国资本的需求，印度金融委员会在向议会提交新法案前对法案进行了一次修改，并将2%的强制企业社会责任支出写入法案，期冀该法案更有利于印度社会的整体发展。

三、强制性企业社会责任的发展过程

企业社会责任对于印度而言并不是一个新概念，印度在1914年以前就初具企业社会责任的雏形。随着不同利益相关人对于企业环境和社会责任的关注，企业社会责任的内涵和外延在不同历史时期呈现出了不同的状态。其主要分为两大阶段：

（一）从企业社会责任到强制性企业社会责任

第一阶段，企业社会责任发展为强制性企业社会责任。印度传统理论认为，企业社会责任源于文化、宗教、家庭传统和工业化进程的直接影响，故1914年以前，企业社会责任的视线主要依托于社会慈善或社会捐赠；到1914年至1960

---

① See Van Zile, Caroline. “India's mandatory corporate social responsibility proposal: Creative capitalism meets creative regulation in the global market.” Asia-Pacific Law & Policy Journal 13.2 (2012).

② See the Companies Bill (Proposed), 2009, No, 59, Lok Sabha, “Statement of Objectsand Reasons”.

年，印度开始独立运动，为彰显社会的进步，甘地提出“委托关系”理论，认为企业是“现代印度的庙宇”，企业社会责任的表现形式为对废除贱民、提高女性地位、促进农村发展等事业的支持；1960 年至 1980 年被称为“命令与控制时期”，企业社会责任的内涵与当时印度实行的混合所有制经济密不可分。这一时期的立法集中于公司治理、劳动力和社会经济发展，并强调信息公示、社会责任和定期的利益相关人对话。在以上三个时期，企业社会责任的存在均是为了服务于政治环境，而并非企业自身。但从 1980 年到 2013 年，印度企业和利益相关者逐渐开始认识到将企业社会责任作为企业外部性事项的弊端，并逐步将企业社会责任与商业战略相结合。尤其是 2011 年印度公司事务部颁布《国家社会、环境、商业责任自愿行为指引》[①]，鼓励企业自愿公示其“三重底线”和 2012 年印度证券交易委员会要求在孟买证券交易所（BSE）和国家证券交易所（NSE）上市的市场资本排名前 100 的企业强制制定商业责任报告，印度企业社会责任进入了一个高速发展的时期。然而，这一时期的企业社会责任仍旧作为一项自愿责任存在，因此“尽管一些大型企业热衷于承担企业社会责任，但这样的企业数量很少”，[②] 企业社会责任的实施效果不甚理想。根据 GeoHive 网站的统计，2006 年印度的 GDP 为 9162. 5 亿美元，企业社会责任支出为 54. 9 亿美元，仅占 GDP 的 0. 6%。同年美国的 GDP 为 131639 亿美元，企业社会责任支出为 2632. 8 亿美元，占 GDP 的 2%。[③] 为在短期内提高印度企业社会责任发展水平，2013 年公司法案的起草过程中，印度公司事务部提出大中型企业应将其最近三个财政年度平均净利润的 2%用于企业社会责任事项，印度金融委员会接受了上述提议，并认为“作为经济人的企业应当为印度的社会和经济发展作出贡献，应当受到议会颁布的服务于公民福利的法律的约束”，[④] 自此实现了从企业社会责任到强制性企业社会责任的过渡。强制性企业社会责任的支持者预测新法案实施后“印度将有 8000 多家公司受到企业社会责任条款的约束，这将为印度贡献 1. 95 亿美元至 2. 44 亿美元的企业社会责任经费。当经济发展越好、公司盈利越多的时候，这

① National Guidelines on Social, Environmental, and Economic Responsibilities of business, “NVG SEE 2011” for short.

② See Singh, Anupam, and Priyanka Verma. “From philanthropy to mandatory CSR: a journey towards mandatory corporate social responsibility in India.” International Journal of Business and Management Invention 6. 14 (2014).

③ 数据来源：http: //www. geohive. com/charts/ec_ gdp1. aspx。

④ See Standing Committee on Finance, cl. 120.

个数字将会继续增加。”①

（二）从强制性企业社会责任到妥协的强制性企业社会责任

第二阶段，强制性企业社会责任退缩回引导性的强制性企业社会责任规则。妥协的原因在于商业社会的强烈反对。发达国家的商业说客时常叫嚣着“我们不需要被立法，请多关注我们做了什么。”② 印度国内的商业协会和大型集团也对强制性企业社会责任表示了反对。印度工业联合会表示“法律不应就企业社会责任的具体支出水平进行规定，应由董事会决定这一事项”③；部分企业支持了这一观点，声称“企业在社会福利、教育、健康、发展和环境事项中的支出应当由它们自己决定”④；印度制药商皮拉马尔（Piramal）集团的主席皮拉玛（Pirama）表示“我不认为企业社会责任应当强制。但我们应该鼓励这一行为。现代人过着比他们的父辈更好的生活。因此，我认为我们应当鼓励社会慈善，但这不应该被强制。”⑤ 强制性企业社会责任的出台也引起了学界的不满，有人认为，印度新公司法案的宗旨在于促进市场的自由化，使之与发达国家接轨，而引入强制性企业社会责任这一极具印度本土化特点的制度，仿佛在公司法案中放入了一个幽灵。⑥迫于商界和学界的双重压力，印度金融委员会最终选择了妥协。尽管仍旧保留了强制性企业社会责任的整体框架，但其在2013年公司法案第135条最后一款融入了“反身法（reflexive law）”中的“遵守或解释（comply or explain）”规则，规定“若企业未达到社会责任资金支出标准，董事会应根据第134条第3款第（o）项制定的报告中就该问题进行解释。”⑦ 该规则成为强制性企业社会责任的豁免性规定。最终，企业社会责任规制方法由强制性的强制性企业社会责任转变

①⑥ See Singh, Anupam, and Priyanka Verma. “From philanthropy to mandatory CSR: a journey towards mandatory corporate social responsibility in India.” International Journal of Business and Management Invention 6. 14 (2014).

② Sjåfjell, Beate. “Why law matters: corporate social irresponsibility and the futility of voluntary climate change mitigation.” European Company Law, Vol. 8 (2011).

③ ENS Economic Bureau. “2% CSR spend on cards for India Inc”, Indian Express, http://indianexpress.com/article/news-archive/web/2-CSR-spend-on-cards-for-india-inc/.

④ Akhila Vijayaraghavan. “Indian Industries Oppose Mandatory CSR Reporting”, Justmeans, http://justmeans.com/blogs/indian-industries-oppose-mandatory-CSR-reporting.

⑤ “Gates, Buffett meet Indian billionaires, India Inc against mandatory CSR”, Moneycontrol, http://www.moneycontrol.com/video/business/gatesbuffett-meet-indian-billionairesindia-inc-against-mandatory-CSR_531817.html.

⑦ See the Indian Companies Act, 2013, section 135.

成了一种引导性的强制性企业社会责任规则。

四、强制性企业社会责任的实施效果

鉴于印度是世界上首个以立法形式规定企业社会责任最低支出标准的国家，在2013年公司法案正式颁布及实施后，大批的法学家、经济学家对强制性企业社会责任的实施效果进行了系统的分析。尽管强制性企业社会责任对于提高印度整体的企业社会责任水平有所帮助，但这一效果并非如强制性企业社会责任支持者们预估的那样显著，自愿企业社会责任为人诟病的“洗绿剂”问题也难以通过强制性企业社会责任得到改善。与此同时，强制性企业社会责任规则的实施与企业价值的背离更是为该制度在实践中的运营埋下了隐患。

（一）企业社会责任整体水平有所提升

在强制性企业社会责任实施以前，印度企业社会责任的整体水平处于世界落后水平。从支出水平看，2006年印度企业社会责任支出比例仅为0.6%，远远落后于欧美发达国家；而从整体效果看，Karmayog网站根据企业社会责任实施的整体水平将印度企业分为0-5级。2007-2010年，被评为5级的印度企业始终为0%，但被评为0级的印度企业从43%减少到了23%。[①] 由此，在自愿企业社会责任时期，随着政府指引政策的出台和社会回应机制的施压，印度企业社会责任发展在“从无到有”方面取得了较大的进步，但在“从有到优”方面却遇到了瓶颈。其企业社会责任的整体实施仍处于一个较低的水平。

2013年公司法案颁布后，印度大中型企业在企业社会责任制度建设和支出水平方面都得到了明显的改善。根据毕马威会计师事务所2016年印度企业社会责任调查报告的统计：在企业社会责任政策方面，NSE排名前100的企业中，仅有3家企业未在其网站公布企业社会责任政策，2家企业连续两年未向公众公布其企业社会责任政策，8%的企业未披露其企业社会责任政策监督框架；而98%的企业公布了其企业社会责任政策宗旨，90%的企业公布了其企业社会责任治理详情。在组织构建方面，98家企业公布了企业社会责任委员会的详情，且所有企业均在企业社会责任委员会设立了独立董事，其中47%的企业拥有超过一名的

① 数据来源：www.karmayog.org/int-CSR/。

独立董事；在企业社会责任支出方面，2016 年，NSE 排名前 100 企业依据法律规定应有企业社会责任支出 723.3 万印度卢比，而企业承诺的企业社会责任支出达到了 735.5 万印度卢比。[①]

2013 年公司法案以确立最低企业社会责任支出标准的方式对企业社会责任实行硬性监管，打破了“反身法”理论下将企业社会责任作为一种自愿责任的传统。强制性企业社会责任规则实施后，仅仅几年印度企业社会责任的支出水平就基本和欧美发达国家持平，实现了从量的积累到质的飞跃的转变；企业内部企业社会责任制度建设也日趋完善，大中型企业已基本建立了以企业社会责任委员会为核心的企业社会责任团队，并主动向社会公示其企业社会责任实施状况。

（二）企业间企业社会责任支出水平差距减小

强制性企业社会责任实施以前，印度企业社会责任支出的中位数为 302 万印度卢比，占近三年平均净利润的 0.37%；企业社会责任支出的平均数为 4930 万印度卢比，占比 1.22%；第 25 个百分位企业的企业社会责任支出为 53 万印度卢比，占比 0.07%；第 75 个百分位企业的企业社会责任支出为 1439 万印度卢比，占比 1.37%。[②] 根据上述统计结果，可以得出一个结论：大量的印度企业的企业社会责任支出水平均维持在一个较低的水平，而极少数的印度企业的企业社会责任支出水平却非常之高。强制性企业社会责任支持者乐观预测，新法案出台后原本大量低企业社会责任支出水平的企业会将其企业社会责任支出水平调整至 2%，以满足法律要求；而原本高企业社会责任支出水平的企业将会维持其现有支出水平。然而，这种乐观的结果在强制性企业社会责任投入实践后并没有出现。现实是，在 2013 年公司法案颁布后，原本企业社会责任支出水平不足 2%的企业虽基本都将其支出水平提高到了法定标准，但原本企业社会责任超出 2%的企业却选择调低其企业社会责任支出水平至接近于 2%。

对上述现象产生原因的分析应着眼于企业本身对于企业社会责任的定位。对于 2013 年公司法案颁布前无企业社会责任支出的企业而言，2% 的企业社会责任支出标准更类似于一种变相的税收形式，其对于企业是一种负担。当企业社会责

① KMPG. “India’s CSR Reporting Survey 2016”, https://assets.kpmg.com/content/dam/kpmg/in/pdf/2017/02/CSR-Survey-2016.pdf.

② Manchiraju, Hariom and Rajgopal, Shivaram. “Does Corporate Social Responsibility (CSR) Create Shareholder Value? Evidence from the Indian Companies Act 2013”, SSRN, https://ssrn.com/abstract=2602960.

任本身成为企业的负担时，企业仅可能以最低限度满足法律的强制性要求，更有甚者，可能利用法律漏洞规避企业社会责任最低支出标准对其约束。而对于法案颁布前就自愿承担企业社会责任的企业而言，企业社会责任的存在更类似于一种变相的市场营销手段，故其在提高企业社会责任支出的同时往往选择降低其广告支出。[①] 若企业要通过企业社会责任获得更好的市场声誉和社会回应，其必须与企业社会责任平均支出水平拉开差距。而强制性企业社会责任的出台意味着企业社会责任平均支出水平的提高，也意味着此前自愿承担企业社会责任的企业需要付出更多的成本才能维持其社会声誉。当这一成本超出了企业的承受范围，企业将会选择放弃自愿承担企业社会责任，而转而采用广告手段进行市场营销。因此，无论对于法案出台前无企业社会责任支出的企业而言还是对自愿承担企业社会责任的企业而言，强制性企业社会责任的出台都会使其企业社会责任支出逐步趋向于法律强制规定的2%，最终形成2% “既是底线也是天花板”[②]的局面。

（三）企业及股东价值减损

强制性企业社会责任的出台导致企业及股东价值减损是商界诟病该制度实施最为重要的原因。经济学家以 NSE 的上市企业为样本，并通过分组取样分析法、断点回归分析法、倍差法等分析方法对企业社会责任对企业及股东价值的影响进行了分析，认为强制性企业社会责任的出台将减损企业级股东价值。

1. 分组取样分析法

分组取样分析法以在 NSE 上市的 2100 家企业为样本。其中约 1237 家企业是 2013 年公司法案的规制对象，其中 458 家企业已有企业社会责任支出（以下简称支出企业），779 家之前没有企业社会责任支出（以下简称非支出企业）。剩下的 883 家企业不属于新企业社会责任法案的规制对象（以下简称非规制企业）。分析结果显示，受法案规制的企业在法案通过后，其三日累计超额收益率的浮动率为 1.3%-2.4%。其中，相较于支出企业，新企业社会责任法案非支出企业的负面影响更为显著；同时，新法案对于非规制企业的累积超额收益率几乎没有影

① Dharmapala, Dhammika and Khanna, Vikramaditya S. "The Impact of Mandated Corporate Social Responsibility: Evidence from India's Companies Act of 2013." University of Chicago, Public Law Working Paper No. 601.

② See Harmapala, Dhammika and Khanna, Vikramaditya S. "The Impact of Mandated Corporate Social Responsibility: Evidence from India's Companies Act of 2013." University of Chicago, Public Law Working Paper No. 601.

响。根据该分析结果，对非支出企业而言，其最佳的企业社会责任支出数为0。

2. 断点回归分析法

断点回归分析法（Regression Discontinuity Design，RDD）以净利润5000万元为基准线，将年净利润5000万元至7500万元的企业作为实验组，年净利润2500万-5000万元的企业作为对照组进行分析。RDD假设上述企业的基本情况相似，实验产生的任何三日累计超额收益率的差别都应归因于法案带来的影响，并由此构成了实验的断点。与分组取样分析法的分析结果相同，RDD分析方法下法案出台后，非支出企业的累积超额收益率下降了1%，而支出企业的累积超额收益率同样呈负增长的趋势。

3. 倍差法

倍差法（difference-in-difference）假设，若企业社会责任不利于企业价值，则在法案实施期间，相较于非规制对象，规制对象的Tobin's Q比率下降更显著。但以2011年和2013年的数据为比较对象，支出企业Tobin's Q比率的下降率较非规制企业多出13.8%和9.5%，而支出企业Tobin's Q比率的下降率较非规制企业多出22.5%和29.6%，由此，同样可以得出强制性企业社会责任的出台不利于股东及企业价值的结论。

第二节　强制性企业社会责任中国化的经验与反思

与印度相似，企业社会责任在中国的发展水平仍旧处于“初级阶段”[①]。在印度2013年公司法案出台后，印度学者标榜其将成为“金砖五国企业社会责任立法的奠基石”[②]；世界范围内，也有学者认为“立法是发展中国家企业社会责

① Yin, Juelin, and Yuli Zhang. “Institutional dynamics and corporate social responsibility (CSR) in an emerging country context: Evidence from China.” Journal of Business Ethics 111.2 (2012).

② See Van Zile, Caroline. “India's mandatory corporate social responsibility proposal: Creative capitalism meets creative regulation in the global market.” Asia-Pacific Law & Policy Journal 13.2 (2012).

任发展的核心驱动和关键因素”①。中国同样有学者认为“法律责任化后的企业社会责任化的实现便变得非常确定”②。作为全球第二大经济实体，我国企业社会责任的发展备受全球商业市场的关注。随着经济全球化进程的加快和“可持续”理念深入，中国企业社会责任的发展走到了一个十字路口，而印度强制性企业社会责任的出台为中国企业社会责任的立法提供了一种借鉴思路。

一、强制性企业社会责任中国化的经验

我国商事监管过程中存在大量通过强制性规范“自上而下”推行某项舶来制度“从无到有”确立的先例，典型的如企业信息公示制度，即是通过国务院法规、部门规章或其他政策文件的颁布得以最终确立的。而近年来，西方社会对以“反身法”为理论基础的“社会回应制度”实施效果的质疑，也为强制性企业社会责任的发展提供了一定的外部因素。从我国的立法实践来看，《民法典》《公司法》均以“应当”的表述对企业社会责任进行了规制，似有将企业社会责任纳入强制性规范的范畴的意思。

（一）国内环境的相似性

对于国内环境而言，我国企业社会责任的既有氛围不浓厚，需要通过国家引导在短时间内改变当前营商文化，使企业社会责任得到全面推广。对于发达国家而言，企业社会责任是企业规模、企业盈利能力发展到一定水平的产物。早在1917年，福特公司的创始人亨利·福特就曾提出“企业应服务于社会”的理念。但由于当时包括道奇（Dodge）兄弟和亚当斯密在内的商业名流和经济学家均难以发现“以有利于公共利益的方式进行商业运营和企业盈利之间的关系”③，亨利·福特关于企业社会责任的最初设想遭到了一致反对。此后企业社会责任概念不断调整，直到证明企业社会责任与企业盈利能力、企业战略、市场表现相符合，这一概念才得到了商业社会的普遍接受。而在作为新兴市场的中国，“部分

① Barkemeyer, Ralf. “Legitimacy as a key driver and determinant of CSR in developing countries.” Paper for the 2007 Marie Curie Summer School on Earth System Governance.

② 蒋建湘：“企业社会责任的法律化”，《中国法学》2010年第5期。

③ Lee, Min-Dong Paul. “A review of the theories of corporate social responsibility: Its evolutionary path and the road ahead.” International journal of management reviews 10.1 (2008).

中国企业认为企业社会责任将会有损其盈利，而非将其视为创造企业价值和提升企业表现力的事项。"[①] 发展中国家的消费者对于企业的关注也集中于"价格和服务"[②]。在大多企业的观念中，企业增加企业社会责任支出意味着成本增加，收益减少。相应地，企业若想继续保持原有的盈利能力就不得不提高产品或服务价格，或降低供应链成本，这对于企业来说不具有经济利益和可操作性，因而难以被商业社会所接受。但另一方面，与印度相同，我国不得不面对的一个问题在于，企业社会责任已经成为发达国家阻碍发展中国家产品出口的"蓝色壁垒"。员工自杀、假冒伪劣产品、乡村地区有毒气体排放、雇员超负荷工作、拖欠雇员工资[③]等社会问题同样困扰着我国，在一定程度上存有引发群体性事件爆发、危害社会稳定的可能。面对国内和国际环境的重压，不同于发达国家的成熟市场，我国不适宜长期等待企业社会责任的自发形成，仅有通过立法的强制性改变长期以来商业领域形成的"股东利益优先"的文化及消费者及其他利益相关者聚焦于企业"服务和价格"的判断标准，以加速企业社会责任文化在我国商业领域的成熟。而仅有企业社会责任的文化形成，企业观念改变，并将企业社会责任融入经营管理战略时，立法才有可能允许企业根据个体情况自主设定企业社会责任的责任领域和支出标准，以完善企业利益和社会利益的双赢发展。

（二）国际挑战的一致性

而从国际实践来看，以"反身法"为基础，以"社会回应机制"为手段的自愿企业社会责任立法模式也逐渐受到学者和一些非政府组织的批判。批判的理由在于"股东优先"原则对于公司治理的深远影响。商法学对于公司治理的讨论始终集中在"公司治理趋同"的理论假说内，坚守着"股东利益导向"和"董事会决策优位"两大主要特征。[④] 尽管各国立法不同，但基本均认为股东会是公司的最高权力机构，而董事会是公司的最高执行机构。公司管理层是股东的"代理人"，应保障股东利益（最大化）。即便企业社会责任的支持者也认为，公

---

① See EU-Commission. "How companies influence our society: Citizen's View." Flash Eurobarometer 363 (2013).

② Garg, Girish. "Social Impact of Corporate Social Responsibility in India." Radix International journal of banking, finance and accounting 3. 1 (2014).

③ Sarkis, Joseph, Na Ni, and Qinghua Zhu. "Winds of change: Corporate social responsibility in China." Ivey Business Journal75. 1 (2011).

④ 朱慈蕴、林凯："公司制度趋同理论检视下的中国公司治理评析"，《法学研究》2013 年第 5 期。

司的构成仅包括股东会、董事会、雇员三个部分，而并未将利益相关者纳入在内，固化了企业社会责任与股东（短期）利益最大化的理念相冲突的观点。聚焦于短期回报的股东担心自身利益受损；管理层担心若不对股东进行妥协，其将无法获得高额的薪酬和职位，两者均没有动力促进企业社会责任的发展。实践中，自愿企业社会责任也确实未能达到“向顶竞争（race to the top）”的预期效果。以环境领域为例，政府间气候变化委员会就曾指出，目前有很多技术具有减少温室气体排放量的潜力，但这些技术的应用有较大阻碍，其中股东利益的最大化的理念被认为是其中一项障碍。① 与其说自愿企业社会责任是企业实现与社会双赢的路径之一，毋宁说其是企业市场营销手段的一种。这也是企业社会责任被部分欧洲学者诟病为“洗绿剂”的主要原因。

二、强制性企业社会责任中国化的反思

尽管 MSCR 制度能够满足我国建立企业社会责任体系的迫切需要，但这并不意味着印度设立最低企业社会责任支出标准的强制性企业社会责任模式就应当在中国展开。除去强制性企业社会责任本身实施效果中存在着的问题，一些本土化原因也阻碍着 MSCR 制度的中国化。

（一）印度式强制性企业社会责任制度的内在性缺陷

从印度式强制性企业社会责任制度本身而言，其与企业及股东价值本身相悖，也终将有损本国产业和社会利益的长期发展。从逻辑上看，印度短期内企业社会责任支出水平的整体提高是以损害企业和股东价值为代价的。而企业价值降低、企业利润减少将导致的直接后果是税收下降及企业社会责任支出比例不变的情况下企业社会责任支出总数下降，长此以往，可用于社会公共事业的总支出减少，促进经济、社会、环境共同发展的口号也终将落空。从目的上看，西方社会致力于推动新兴市场企业社会责任的建立更像是一个阻碍国际经济新秩序建立的“圈套”。对于发达国家的大型企业或者跨国企业而言，其享有更大的市场份额，

① Intergovernmental Panel on Climate Change. Working Group 3, “Climate change 2007: mitigation: contribution of working group III to the fourth assessment report of the intergovernmental panel on climate change: summary for policymakers and technical summary.” Cambridge University Press, 2007.

掌握着更低廉的供应链，甚至其可以通过跨地域投资和产业空间转移回避所在国家或地区的企业社会责任压力，① 以此在数据上提高其企业社会责任支出水平和市场声誉，而不损害其企业利益。而对于我国大多数企业而言，若将企业社会责任支出水平提高到与发达国家企业相同的水平，则我国企业原有的、基于低劳动力成本、低企业社会责任支出水平和相对松散的法律监管体系的“友好”投资环境将不复存在，在没有价格优势的情况下，民族企业要想打破国际市场业已形成的固有格局难上加难。这一点可以从我国加入 WTO 时西方社会强烈要求我国建立完善的知识产权体系的先例中得到印证。彼时，西方社会指责中国不尊重知识产权、对知识产权侵权现象执法不力，并将这一切归因于“顽固的文化立场”和孱弱的法律体系。但事实证明，即便是知识产权“高法治”的欧美国家或日本，也更乐意利用中国低廉的知识产权成本谋取自身利益。“知识产权保护的低水平形式代表着激烈而鲜活的市场经济竞争”②，而所谓的应以国家强制力推动知识产权体系不过是“高法治”国家为继续保持竞争优势寻求的借口。

（二）强制性企业社会责任与我国实践的冲突

从我国的实际情况而言，我国的国际地位、政治体制及监管思路都具有自身的特殊性。一方面，从国家层面而言，相比印度联邦制的政治体制、殖民主义色彩浓厚、种姓制度依旧存在③等复杂的社会现实，我国自成立以来便彻底摆脱了半殖民地半封建社会，并逐渐走上了中国特色社会主义道路。中央政府的权力更为集中，独立性更强，无需依托西方社会的支持以维护自身统治的稳定，也因此更容易摆脱西方游说集团关于强制性企业社会责任立法推行的政治游说；从经济实力上看，根据 IMF、UN、WDI 三大国际组织对世界几大经济体 GDP 的统计，中国稳居全球第二大经济实体，而印度 2015 年才上升为全球第七大经济实体，中国的 GDP 达到了印度的近五倍。④ 中国强大的经济发展水平和日趋上升的国际市场地位为中国企业按照自身的合理节奏发展企业社会责任提供了坚强的后盾。另一方面，从监管思路而言，我国商事监管正在经历从强制性的“事前审批”

① 杨力：“企业社会责任的制度化”，《法学研究》2014 年第 5 期。

② 冯象著，李一达译：“知识产权的终结——‘中国模式’之外的挑战”，《文化纵横》2012 年第 3 期。

③ 房宁：“亚洲政治发展比较研究的理论性发现”，《中国社会科学》2014 年第 2 期。

④ 数据来源：http：//www. imf. org/external/pubs/ft/weo/2010/02/weodata/download. aspx 及 http：//databank. worldbank. org/data/home. aspx。

到简政放权的“事中事后监管”的转变。[①] 无论是商事登记制度的改革还是企业信用信息公示系统的构建，都昭示着我国商事监管旨在建立一套以“信息公示”为基础的市场判断规则，将选择权还给市场而非监管部门代替市场进行目标的预设。而印度强制性企业社会责任制度的实质依旧是由政府为企业预设企业社会责任支出水平目标，这显然有悖于我国当前商事监管职能部门思路的转型。

① 李洪亮：“创新事中事后监管机制 构建大数据监管新格局”，《中国市场监管研究》2017年第2期。

第三章
企业社会责任的软法规制路径

当成文法的立法规则逐渐遇到复杂化社会的挑战，难以应对灵活、多变的市场现象，而反身法的立法路径因其强制性的缺乏而有效性不足时，世界各国的政府与非政府组织都寄希望于一种新的金融监管工具，以期在强制性的公共监管和灵活性的自由促进间寻找一种平衡。由此，以软约束为主旨、以最佳行为准则为表现形式的软法（soft law）规制路径便产生了。学者们认为，软法在未来的企业社会责任领域中将越来越多地受到政府和非政府组织的青睐，并将成为企业社会责任规制的主要路径：一是因为软法的灵活性和具体性填补了以强制性立法规制企业社会责任问题导致的僵化性、原则性的缺陷，二是因为软法的引导性、约束性弥补了以声誉机制规制企业社会责任导致的粉饰太平、监管不力的不足。

从理论角度看，对于企业社会责任的软法规制经历了一个“追捧-反思-合作”的过程：第一阶段，面对成文法规制和企业社会责任报告两种路径对于企业社会责任的规制不足，学者对于软法规制路径推崇备至，认为其基本能够解决成文法规制和反身法路径下暴露出的所有问题，是最为有效的企业社会责任监管工具；第二阶段，面对大量出现的企业最佳行为准则或企业社会责任自治性契约，部分学者开始反思其有效性，并认为“社会的经济问题（例如不稳定、不安全、不公正、不满意）不能仅仅依靠企业的责任感来解决，还需要构建一套被普遍接受的标准，并要求商主体遵守”[①]；第三阶段，面对软法路径监管不足的缺陷，学者再次提出了“合作监管（co-regulation）”的监管方向，并认为是未来软法路径的发展可能。

从实践角度看，企业社会责任的软法路径主要包括标准化路径和国际性自治性契约路径。其中，标准化路径是一种最佳行为准则路径，包括 ISO 26000，SA 8000 等国际性企业社会责任认证标准，国际性自治性契约路径是一种企业间超越国界的意思自治，主要包括联合国全球契约。前者一般由政府组织或非政府专业性机构颁布，而后者主要由企业、非政府组织机构等组织在意思自愿的基础上自主形成。

基于此，本章将从软法的概念、特点入手，研究软法规制的必要性和可行性，在理论上厘清软法路径的纵向脉络；将从软法的类型化着手，分析软法在实践中衍生出的不同形式及其对企业社会责任规制的主要方式及实施效果；将从软法的实施现状和我国市场的特点着手，分析企业社会责任软法规制路径中国化展开的经验与反思，以期为我国企业社会责任法律化路径提供竞争性观点。

第一节　软法规制路径的理论证成

软法规制路径是国际组织或区域性组织用以规制企业社会责任最有力的工具之一。软法的概念是相对具有强制约束力的硬法（hard law）而言的。在软法规制路径下，规则并不规定企业“必须做什么”，而是告知企业“最好做什么”；规则并不以国家强制执行力为保障，而是以不具有强制执行力的政策优惠或声誉罚作为激励或惩戒手段。软法规制路径的出现填补了硬法规制路径和反身法规制路径之间的空白，因此，被视为现代企业社会责任规制的又一重要工具。

① Michel Doucin. Corporate social responsibility: private self-regulation is not enough. The World Bank. http://documents.shihang.org/curated/zh/731511468325284128/Corporate-social-responsibility-private-self-regulation-is-not-enough.

一、软法的内涵与特点

（一）软法的内涵

1. 软法的概念界定

软法一词最早源于国际法领域，是指介于法律规则和非法律规则之间的一种半法律规则框架。在《牛津字典》2014年1月30日进行的修订中，“软法这一通用术语覆盖了范围广泛的、不同功能和性质的工具，因此很难用一个公式对其进行概括。软法唯一的共同点在于它们以成文规则为表现形式，但其他的特点都是变化且可商榷的，由此形成了软法规则的‘无限变化’。软法规则包含于条约、无约束力或自愿的解决方式、建议、行为准则和标准中。由于该术语一直是否认这一法律存在的人和认为该种法律将会成为国际法新准则的人争论的焦点，因此很难找到一个关于该术语的准确定义。简而言之，其可被定义为‘非约束性文本中的规范性条款’。从广义上说，其还包括那些不包含义务的国际合约。……软法的功能包括法律的起源以及对硬法的解释和适用。……软法甚至已经渗透到各法律机构和国际组织，赋予他们软责任和软监控的执法手段。”① 乔治华盛顿大学法学院的黛娜·L. 施尔顿（Dinah L. Shelton）教授从学理的角度提出：“软法是一种社会规范而非一种法律规范。尽管并没有达成共识的‘软法’的定义，其通常是指条约之外的包含原则、规范和标准的文书，及其他关于期望行为的声明。软法以一种特别的方式传递了对国家应为或不应为行为的一种偏好，而并非一种义务。这种就某种行为的‘偏好传递’旨在在国家间形成功能性合作，以达到全球目标。”②国际商法学者亨利·迪布·加面里埃尔（Henry Deeb Gabriel）则认为“软法是一种无法律约束力的规范文本，其通常在自愿的基础上适用”③。实践中，一些国际性或区域性组织也就软法进行了定义。如世界经济与合作组织认为“软法是一种以无法律约束力或法律约束力较传统法律更弱的文书为基础的

---

① Teresa Fajardo. Soft Law. Oxford Bibliographies. http：//www.oxfordbibliographies.com/view/document/obo-9780199796953/obo-9780199796953-0040.xml.

② Dinah L. Shelton. Soft Law. GW Law Faculty Publications & Other Works，(2008).

③ Gabriel，Henry Deeb. “Advantages of Soft Law in International Commercial Law：The Role of UNIDROIT，UNCITRAL，and the Hague Conference，THe.” Brook. J. Int'l L. 34 (2008).

合作机制，其包括行为准则、指引、路线、同行评价等”①。

总结理论界和实务界对于“软法”的概念性描述和界定，本书认为，在企业社会责任领域，“软法”一般是指一种不包含具有法律强制执行力义务的成文规则，其包括行为准则、行为指引、推荐性标准、自治性契约等形式，其功能在于对法律规则及法律原则进行补充和解释。

2. 软法与硬法的辨析

软法是对“超越法律”责任的规制手段，其与硬法的区别主要体现为：一是制定、修改的主体不同。硬法的制定主体一般为政府组织（国际方面）或全国人大及全国人大常委会等立法部门（国内方面），软法的制定主体则比较宽泛，不仅包括政府组织和立法部门，还包括国际组织、专门性委员会等。二是约束力不同。硬法的约束力受国家或国际政府组织强制力的保障，而软法的约束力多依靠参与者的自觉或一些无强制力保障的激励或惩戒措施。三是从功能来看，硬法是一种“命令-控制”式的规制方式，其功能在于惩罚或制裁，软法是一种依靠声誉机制、社团约束机制的规制方式，其功能在于教育和引导。

然而，软法和硬法之间并非对立的关系，正如黛娜·L. 施尔顿所言“软法从不脱离硬法而单独存在，其通常作为硬法的先导文本或补充文本而存在”②。

3. 软法与自治性规范的辨析

严格意义上说，软法与自治性规范是两个概念。但实践中，由于自治性标准、自治性契约的大量存在，软法的概念经常被认为等同于自治性规范，并“可以相互替代”③。然而，从学术规范的角度而言，仍有必要对这两个相近概念进行厘清：软法大多数是由公共规则的制定者制定，但其并不属于公共规则，因此，其缺少公法意义上的强制制裁力；自治性规范虽然由私法主体制定，但其更倾向于融入一些公法上的制裁手段。由此，软法和自治性规范之间是一种交集关系而非等同或包含与被包含的关系。

在企业社会责任领域，软法规制路径主要包含两个部分：一是自治性规范，其主要是指企业、非政府组织及其他组织机构在自愿协商的基础上形成的框架性

① OECD. Soft Law. http://www.oecd.org/gov/regulatory-policy/irc10.htm.

② Shelton, Dinah, ed. Commitment and compliance: The role of non-binding norms in the international legal system. Oxford University Press on Demand, 2003, p. 10.

③ Alavi, H. A. M. E. D., P. A. T. R. Y. C. J. A. Habek, and H. čierna. “Corporate social responsibility and self-reulation.” MM Science Journal (2016).

契约，例如联合国全球契约。企业有选择加入或不加入该契约的权力，若其选择不加入该契约，则该契约对其毫无约束力。二是标准化规范，其主要是指政府部门或者专门性机构制定的旨在引导企业最优行为的标准或准则。企业可选择全部执行、执行部分或全部不执行。公权力部门对于执行情况良好的企业可能采取税收优惠、表彰表扬等软性激励手段；对于执行情况不佳的企业可能采取督促建议、信息公示、负面评价等软性惩戒手段。

（二）软法规制的特点

尽管实践中，软法包括多种形式，各形式存在不同的特点，但基于对软法概念的界定，软法的特点可概括为“强制性立法的形式+自愿性规制的实质”。企业社会责任软法规制“其目的在于影响而非控制企业的行为。正因如此，软法与其他国内立法或硬法相比有所区别”①。软法在强制性的公共监管和纯粹自愿性的私法调整中寻找了一个平衡点，其具有如下两个特点：

1. 书面性

软法规制的特点之一在于其在形式上必须采用书面的形式，即其必须表现为成文规则。软法的这一特点主要相对于一些默示规则或口头规则而言。其优势在于能够给予规制对象明确的行为指引，而其劣势则在于其仍旧存有成文法体系庞大、表述不清、僵化滞后、立法空白或立法重复等问题。在企业社会责任领域，无论是自治性契约还是行为标准或行为指引，其都是以成文规则的形式出现的。一方面，相比反身法路径下信息公示加社会回应机制，软法规制不再将企业社会责任视为一项纯粹的自愿行为，而认为企业应对社会责任事项“尽力而为”；另一方面，相较社会回应机制的无标准无指引，软法规制通过成文规则的形式对现行法律未调整的事项进行具体化、明确化，并在此基础上形成了企业社会责任相应的评价体系和奖惩机制，以更好地知道企业行为。

2. 无法律约束力

软法规制的特点之二在于效力上的无法律约束力，即其并非要求相关主体必须遵守，也并非以国家强制力为保障，而是通过政策性或社团性的奖惩机制以促

① John Ruggie. Coporate Social Responsibility Soft Law Developments in The European Union. Oxford Pro Bono Publico. https：//business-humanrights. org/sites/default/files/reports-and-materials/csr-soft-law-in-EU-Oxford-Pro-Bono-Publico-for-Ruggie-30-Jul-2009. pdf.

进行为主体优化自身行为的效果。这一特点是相对法律、行政法规等硬法而言的。由于软法不具有强制约束性，也非传统意义上“或必须遵守，或不存在”[①]的法律，由此其制定和修改也无需遵循硬法烦琐的程序和步骤。在企业社会责任领域，软法的优势在于：一是克服了法律的僵化性和滞后性。法律的制定和修改需要经历立项、审批、通过等程序，故难以避免地存在滞后性。而企业社会责任的承担水平受到市场发展水平、自然资源水平、社会环境水平等众多外部因素的影响，具有较强的灵活性。软法因其简易的制定和修改程序，能及时通过版本的更新、规则的修改适应商业行为中的新现象，引导企业社会责任的发展方向。二是减缓了法律“一刀切”的规范形式。“法律面前人人平等”是众所周知的基本原则，但企业社会责任则是对企业行为的更高要求，且受到企业的发展战略、治理结构等内部因素的影响。通过软法规制路径，让企业而非监管部门对其社会责任的承担水平进行判断，有利于企业经济利益和社会公共利益的平衡，实现企业的可持续发展。

二、软法规制路径的必要性分析

(一) 软法规制有助于适应市场环境的多变

灵活性是国际法学者认为的软法规制路径的最大优势。[②] 基于软法无法律约束力的特点，其能够更容易且迅速地为各国的监管部门所接受。软法规制路径的灵活性主要体现在两点：

1. 制定、修订或废止程序上的简易性

任何法律的制定和修改都需经过复杂的程序，并耗费大量的成本。“国家在法律文件的审议和起草中通常会尽更大的注意，因为法律违反的成本更高。必须咨询法律专家，必须经过部门评议等”[③]。相对来说，软法的约束力较弱，其违法成本也更低，其在制定、修改、废止的程序上更为简易。故软法规制路径能够

① Dupuy, Pierre-Marie. “Soft law and the international law of the environment.” Mich. J. Int'l L. 12 (1990).

② See Abbott, K. and Snidal, D., “Hard and Soft Law in International Governance.” (2000) 54 Int'l L. 12 (1990).

③ Abbott, Kenneth W., and Duncan Snidal. “Hard and soft law in international governance.” International organization 54. 3 (2000).

在低成本的情况下适应国际商业环境的变化和挑战。

在企业社会责任领域，企业社会责任承担水平受到商业环境、社会环境、自然环境等动态性、综合性因素的影响，硬法的规制方式难以避免地存在滞后和僵化的缺陷。而软法简易的制定、修改和废止程序有助于及时对经济、环境、社会等方面的变化作出反应，并通过规则的修改及时调整企业社会责任的方向。以联合国全球契约为例，尽管其主体仅包括十项基本原则，但自 2000 年制定至今，其共发布了 51800 份公共报告。近年来更是每年发布以特定话题为主题的年度报告，就全球契约的发展与实施、地方工作网建设情况、环境与社会的突出问题、可能的解决建议以及代表性企业等问题进行专项梳理，以及时对企业行为作出指引。通过自治性契约的年度报告或标准性文件的版本更新，软法规制路径能够利用自身在程序上的简易性特点及时对企业社会责任的内容和手段进行丰富和细化，促进企业社会责任水平在全球领域的提升。

2. 适用效力上的灵活性

软法在适用效力上同样具有灵活性，其允许规制主体拥有加入或不加入的自由，也允许规制主体拥有依据自身政治、经济、法律、社会、历史和文化原因对某些条款进行保留的自由。适用上的灵活性有助于提高软法的实施效率。正如查尔斯·利普森（Charles Lipson）所言："通过软法，协议国家避免了正式和可见的承诺。其拥有无需付出重大声誉成本即可退出协议的自由。"①

在企业社会责任领域，全球化趋势提升了各国政府对于企业社会责任，尤其是对于环境行为和工作环境监管能力的重视。因为一些企业可能利用各国监管力度的不同，将污染行业及工作条件较为恶劣的行业转移至企业社会责任监管"低水平"国家。② 然而，若要在企业行为规制问题上统一各国立法却并非易事，毕竟各国的经济发展水平和经济发展策略不同，统一企业行为标准可能导致企业经济发展效率的降低。举例而言，作为新兴市场，越南、马来西亚、印度的优势行业为劳动力密集型企业，其通过低廉的劳动力成本在市场竞争中取得价格优势；作为成熟市场，西欧、北欧、北美的优势行业为技术密集型企业，其通过塑造新理念、研发新技术以及完善的上下游商业链在市场竞争中取得控制优势。若对新兴市场和成熟市场国家的企业予

① Lipson, Charles. "Why are some international agreements informal?" International Organization 45.4 (1991).

② Christmann, Petra, and Glen Taylor. "Firm self-regulation through international certifiable standards: Determinants of symbolic versus substantive implementation." Journal of International Business Studies 37.6 (2006).

以统一规制，则新兴市场企业将失去价格优势，丧失市场竞争地位，而成熟市场国家的企业也极有可能丧失在市场环境下形成的良性、自主竞争的动力。而软法在效力上的灵活性，能够在一定程度上减轻“一刀切”监管模式下的企业负担，允许企业依据自身因素对其遵守情况进行调整，从而促进软法在各类型企业下实施效率的最大化。

（二）软法规制有利于降低制定和监管的成本

1. 立法成本的降低

软法的低制定成本体现于其立法前期的协商、咨询、起草成本更低。由于硬法对形式、细节、约束力具有更高的要求，而参与方均“不愿通过立法行为约束自己的监管权力”①，故其达成一致的难度较高，耗时也较长。尤其是在涉及多方利益的企业行为规制领域，上述问题更为突出。以《关于适用〈中华人民共和国公司法〉若干问题的规定（四）》（以下简称《公司法解释（四）》）为例，早在2014年最高院民二庭就将出台《公司法解释（四）》作为当年的工作重点，但直至2017年8月《公司法解释（四）》才最终出台。且相比最初草案的版本，条文数量、内容均有大幅度的删减和改动。相反，软法约束力较弱，各参与方可以自由选择是否参与。即便选择加入，也仅表示参与方愿意遵守的态度，而无需就违反或退出付出高昂代价，故其“在符合自身利益时将愿意采纳和接受国际准则”②。基于此，在软法的协商和起草阶段，制定部门仅需草拟出一个示范文本并经各参与方简单协商。参与方具体是否完全遵守该软法规范，完全可取决于其日后的路线和策略。故相比硬法相对高昂的事先协商成本和相对低廉的事后管理成本，软法的事先协商成本较低，但事后管理成本却因无统一标准而较高。

企业社会责任的规制关系到企业各利益相关者之间的利益平衡。若以硬法对其规制，则立法者应事先在利益相关者的利益冲突之间作出选择。由此，立法者不得不花费大量成本与各利益相关者代表协商，以促进各利益相关者的相互妥协，并达到一个相对平衡点。而以软法规制企业社会责任，立法者仅需颁布企业行为的示范文本，表明其对企业行为的态度。而具体的利益冲突由企业本身自行平衡，由此最大化地促进企业社会责任的承担和企业经济利益最大化的一致性。

---

① Abbott, Kenneth W., and Duncan Snidal. “Hard and soft law in international governance.” International organization 54.3 (2000).

② Shelton, Dinah, ed. Commitment and compliance: The role of non-binding norms in the international legal system. Oxford University Press on Demand, 2003, p. 14.

2. 监管成本的降低

在“命令-控制”为范式的硬法监管中，监管的任务包含两个方面：一是法律应当得到遵守，二是违法应当受到惩罚。由此，一方面，监管部门付出大量成本对规制对象的行为进行审查，并认定该行为的合法性；另一方面，监管部门要利用国家强制力量对违法行为进行惩罚。在硬法规制路径下，监管部门承担着唯一的“裁判者”的角色，其应当对规制主体及其行为的合法性负责，故其不得不耗费大量成本用于认定行为的合法性及确保惩罚的执行力，以维护其监管权威。而在软法规制下，“事中、事后监管”的范式成为主导，监管部门不再是唯一的裁判者，企业行为的合法性很大程度上有赖于市场的回应。政府无需再为规制主体行为的合法性背书，其监管成本得到了极大程度的降低。

企业社会责任包含产品安全、人权保障、劳动者培训、环境保护、资源管理、反腐败等多个议题，其内容体系相当庞大、复杂。若以硬法对企业社会责任进行监管，则监管部门不仅要投入大量精力学习大量的法律法规，还需在此基础上处理规则冲突、确保处罚一致，以维护监管权威。而在软法规制路径下，监管部门仅需确保企业社会责任示范文本的科学性和合理性，并在此基础上促进企业社会责任信息的有效公开，企业社会责任的承担水平是否满足市场期待则由市场各主体自行判断。由此降低了政府的监管成本和监管负担。

（三）软法规制有利于非成熟责任的预规范

硬法的规制存在“全有或全无”的特点，即或全然遵守或毫不存在，其通常适用于对于确定事项的规制。然而，企业社会责任的复杂性、异质性和模糊性一直为理论界所认同，部分学者将企业社会责任规则形容为一种“监管迷雾”①。在商业集团的游说下，大多立法者均认同企业社会责任的立法技术还未达到一个成熟的水准，其仍属于企业自我规制的范畴。然而，受到全球化和数字化市场的影响，以法律化手段提高本国企业社会责任的平均水平，以促进企业在全球市场竞争中的优势地位又实属必要。

软法的“明确但无法律约束力”② 的特点恰恰满足了企业社会责任的规制需

---

① W. C. Frederick, “Toward CSR3: Why Ethical Analysis is Indispensable and Unavoidable in Corporate Affairs.” California Management Review 28, no. 2 (1986).

② Alexander, K., “The Role of Soft Law in the Legalization of International Banking Supervision” (2000) ESRC Centre for Business Research - Working Papers 168.

求：一方面，其在形式上采用了立法的方式，以标准或准则的形式明确提出监管部门或社会对企业社会责任的期待，以资为企业行为提供明确的指引，发挥法律行为规范之作用；另一方面，其在实质上采用了自愿的效果，企业可选择性地对标准或准则进行遵守，而即便违反也无需受到法律的惩戒。故无论是商业集团还是立法者本身，在未能对企业社会责任进行类型化或定性时，通过软法规制最大化地提高企业社会责任承担水平不失为一种可行选择。

三、软法规制路径的可行性分析

（一）软法规制的理论探索

僵化、滞后的成文法已日益无法回应日新月异的市场需求。介于成文法和自治之间的软法规制路线逐步进入了大众视野，并受到了学界的追捧。国际商法领域涌现出大批学者对软法规制进行理论探索。尤其是在企业行为或企业社会责任领域，理论的探索为推动软法规制的国际实践作出了突出的贡献：一是明确企业社会责任本身具有法律属性。如马里奥·文科维奇（Mario Vinković）认为“尽管当下关于企业社会责任的研究仍以自愿性责任为出发点，但应牢记企业社会责任反映的是企业如何应用法律……此外，无论是自愿性企业社会责任还是强制性企业社会责任都不可否认企业社会责任的相关事项已经受到了一些法律渊源的调整……”① 二是提出硬法对于企业社会责任规制不足，企业社会责任应是一种软法规范。新加坡管理大学的尤金·K. B. 潭（Eugene K. B. Tan）认为“在某些情况下，企业社会责任完全拘泥于法律、法规的限制中。现实情况中，法律、法规被公司以无限种可能规避……监管部门将法律法规视为一张安全网，但通常这种明线检验（brightline test）和详尽的指引（detailed guidance）只会导致公司管理层和董事会成员的权宜之词”②。基于此，其借鉴了劳伦斯·科尔伯格（Lawrence Kohlberg）的理论，提出对企业社会责任的监管应过渡到“以社会合同和普适价

① Vinković, Mario. “The Role of Soft Law Methods in Labour Law.” Recent Developments in Labour Law. Akadémiai Kiadó Member Wolters Kluwer Group, 2013.

② Tan, Eugene KB. “Corporate Social Responsibility as Corporate Soft Law: Mainstreaming Ethical and Responsible Conduct in Corporate Governance.” Sing. L. Rev. 31 (2013).

值为导向”的后规范时期①，以软法的灵活性及其在“促进规范标准和引导社会学习”中的作用对企业社会责任问题进行监管。

（二）软法规制的国际实践

随着理论研究逐步深入，国际组织关于企业社会责任软法规制的探索也从未终止。目前，国际组织关于企业社会责任软法规制的探讨主要集中于对跨国企业和国际贸易中企业社会责任标准的控制，其主要包括以下几种半法律框架形式：一是国际标准，主要包括 ISO 14001 环境管理体系、ISO 26000 企业社会责任指南、SA 8000 企业社会责任标准、ISO 9001 质量管理体系标准、AA 1000 社会责任审验标准等。上述标准均对企业社会责任及其下属议题的要求进行了细化规范，以明确指引的形式为企业行为提供指导。二是国际准则，主要包括世界经济合作与发展组织关于跨国公司的准则、公平劳动协会 2011 工厂行为守则等。本质上说，国际准则是国际标准的一种变相形式，其同样以较为具体的方式对企业社会责任提供指导，以补充法律、法规的规范不足，但其强制性较国际标准较弱。三是企业自治性契约，包括联合国全球契约、CERES 原则、负责任投资原则等。相较国际标准及国际准则，自治性契约一般仅进行原则性规定，要求参与企业就其如何在经营管理和企业文化中进行阐述，并通过年度报告、典型示例、表彰表扬等方式激励企业社会责任的良性竞争。

第二节　软法规制的实践探索

理论先行，实践并重。企业社会责任软法规制的理论研究掀起了国际社会主张软法规制的浪潮。一些国际组织或区域性组织期冀求诸软法规制路径敦促大型企业最大化地满足国际社会对其社会责任承担水平的要求，实现企业内部利益与

① Kohlberg Lawrence, and Thomas Lickona. “Moral development and behavior: Theory, research and social issues (1976).” 在该文中，劳伦斯·科尔伯格将道德规范分为前规范阶段（Pre-conventional Stages）、规范阶段（Conventional Stages）和后规范阶段（Post-conventional Stages）。

外部利益相平衡，经济利益、社会利益和环境利益相统一的可持续发展。

一、软法规制的类型化区分

迄今为止，国际组织或区域性组织颁布了几十项规制企业社会责任及其下属议题的软法。因划分依据不同，企业社会责任的软法规制可分为如下几类：

（一）以规范表述的明确性及效力为依据

以软法规范表述的明确性及效力为依据，可分为国际标准、国际准则和国际原则三类。其中，国际标准的规范最为细致，且约束力最强。“现有的企业社会责任国际标准，均建立在国内法和国际法相关规定和原则的基础上，均有相对确定的规范或者规则”①。对国际标准的遵守是悬在企业头上的“达摩克利斯之剑”，若企业行为违反了某些国际标准，则其可能丧失某一领域的准入资格，故国际标准无论从形式上还是效力上，均是最靠近硬法规范的。国际准则拥有相对确定的规范和相对松散的效力。尽管其为了更好地指导企业行为，通常会明晰企业应当做什么和企业应当怎么做的问题。但在效力上，通常缺乏对于企业行为的奖惩机制。国际原则的规范表述最为概括且其在效力上更偏向于自治。内容上，国际原则仅根据国内法和国际法相关规定凝练出企业行为的数十条原则，而在原则之下企业的具体行为则由企业自行创新。效力上，国际原则的基础在于对企业社会责任为自愿责任的认知，由此，其对于企业不负责行为的惩戒也多依赖于声誉机制和团体机制。

以规范表述的明确性及效力为依据，软法的类型化划分如图 7 所示：

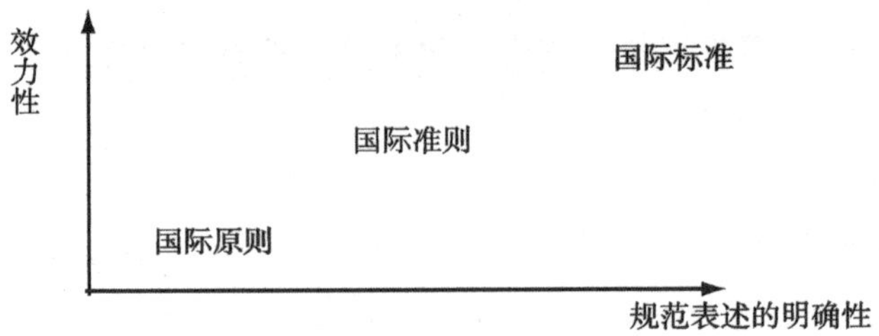

图 7　各软法规制路径的效力性与明确性关系

① 梁晓春：“企业社会责任国际标准及其实施——兼论我国劳工权益的保护”，《政法学刊》2009 年第 6 期。

（二）以制定主体为依据

以软法的制定主体为依据，可将软法规制分为四类：一是行业组织或专业性团体制定的企业社会责任软法规范，包括关于在玩具及服装行业禁止童工的行为或组织准则；二是多元化利益相关者制定的企业社会责任软法规范，包括全球契约和经济合作与发展组织跨国企业准则；三是多元化利益相关者制定，但其理事机构有权决定资源分配的企业社会责任软法规范，例如国际金融组织关于贷款协议的准则；四是股东间协议形成的企业社会责任软法规范，例如矿业示范协议等。

以下是对以主体划分的企业社会责任软法规范的总结：

组别	制定主体	软法规范
1	行业组织或专业性团体	考克斯圆桌商业原则、AA 1000 标准、道琼斯可持续指数、ISO 26000
2	多元化利益相关者	经济合作与发展组织关于跨国公司指南、全球契约、富时指数（FTSE4Good）、联合国环境署金融倡议（UNEP FI）、科莱韦基奥宣言（Collevecchio Declaration）、全球报告倡议组织的可持续性准则、采掘业信息披露倡议
3	多元化利益相关者制定，但其理事机构有权决定资源分配	赤道原则、Forge 集团企业社会责任管理与报告准则
4	股东间协议	石油及天然气行业资源企业社会责任报告指南、全球矿业倡议

表 3 以主体划分的企业社会责任软法规范汇总①

二、联合国软法规制的典型例证

企业社会责任软法规制的典型例证是指跨国企业在履行企业社会责任时，着重参考的国际标准、国际准则或国际自治性契约，其主要包括：联合国全球契约、经济合作与发展组织跨国公司指南（以下简称跨国公司指南）、ISO 26000 社会责任指南、联合国商业与环境指导原则。上述四项软法规制路径体现了国际社会对于负责任企业行为的期待，获得了绝大多数大中型企业的广泛认可。

① Campbell, John L. "Why would corporations behave in socially responsible ways? An institutional theory of corporate social responsibility." Academy of management Review 32. 3 (2007).

（一）联合国全球契约

1. 联合国全球契约十项基本原则

2000年，联合国构建了“联合国全球契约（UN Global Compact）”要求全球企业将人权、劳工、环境、反腐败领域的十项全球性共识原则融入其经营和战略。这十项全球性原则具体如表4所示：

领域	原则
人权	原则一：企业应当支持并尊重国际公认的人权； 原则二：企业应当确保其未参与任何践踏人权的活动；
劳工	原则三：企业应当支持结社自由并承认集体谈判权的有效性； 原则四：企业应消除一切形式的强制劳动和强迫劳动； 原则五：企业应禁止使用童工； 原则六：企业应消除就业和职业中的歧视；
环境	原则七：企业应当支持环境破坏的预防性措施； 原则八：企业应当提升环境责任； 原则九：企业应当鼓励环境友好型技术的发展和推广；
反腐败	原则十：企业应当致力于反对一切形式的腐败，包括敲诈勒索和贿赂。

表4　联合国全球契约十项原则

联合国全球契约“是一项推动可持续发展和公民良好意识的自治性契约，是公司和利益相关方组成的网络，是一套普遍接受的原则和价值观，是一个学习和交流的论坛”①。在上述十项基本原则的基础上，联合国全球契约就一般成员与高级成员进行了类型化的区分，针对高级成员制定了24项专门性标准，并提供了各项标准的最佳实践路径。

联合国全球契约的构建基础在于，其认为企业在社会发展中扮演着重要角色，而企业社会责任的承担是企业促进社会发展的出发点。② 由此，其认为应将经济、环境、社会三方面的问题融入企业的经营决策和发展战略中，并致力于寻找企业发展与社会发展间的平衡，从而实现通过企业力量促进社会可持续发展目标的实现。需要指出的是，基于联合国全球契约的视角，上述十项基本原则并非

① 全球契约中国网络：“联合国全球契约介绍”，http：//www.gcchina.org.cn/view.php？id=674。

② See 2017 United Nations Global Compact Progress Report：Business Solutions to Sustainable Development，p. 13.

对于企业社会责任的更高要求，恰恰相反，其是“人权、劳工、环境和反腐败领域的最低要求和最基本要求”。[①] 企业在经营过程中，不仅应遵守基本原则，还应着眼于企业和社会的长期协调发展。

2. 2015 年联合国企业可持续性准则

在联合国全球性契约十项全球性原则的基础上，联合国于 2015 年发布了《企业可持续性准则报告》（以下简称准则报告），明确了企业可持续性的定义，提出了将十项全球性原则融入企业经营管理的路径，并构建了企业可持续性实施的具体制度。准则报告指出：“企业可持续对于目前的企业而言是至关重要的——其有利于促进企业的长期发展并提升市场对于社会的价值传递。要做到可持续，企业必须做到以下五点：首先，其应以符合全球性原则的方式负责任地经营，并采取行动支持其周边社会；其次，其应当将可持续性深入植入于其企业基因（corporate DNA）中；企业应当以最高水平履行职责；应当就其努力进行年度报告；应当参与其所在地的地方性建设。”[②]

3. 2017 年联合国全球契约报告：可持续发展的商业路径

在联合国全球契约和可持续性准则的基础上，2017 年联合国再次发布了以“可持续发展的商业路径”为主题的全球契约报告（以下简称全球契约报告）。该报告“分析了企业如何促进十项全球性原则的实现以及其为促进全球性目标的实现而进行的努力”。[③] 此外，全球契约报告还就可能受益于全球性契约的十个领域进行了界定。

全球契约报告总结了目前企业在可持续性问题上作出的努力和所呈现出的问题，包括：董事会和执行总裁越来越多地参与到可持续企业的事项中；中小企业在可持续发展问题上面临更大的挑战；报告制度成为企业可持续发展路径的主流；供应链的可持续性得到了提升但依旧面临重大挑战；行动和目标之间依旧存在鸿沟；董事会层面重视联合国可持续目标的实现。

此外，全球契约报告还针对联合国可持续发展的 17 项目标进行了经济、社会、环境三个方面的具体划分，并针对每一方面的发展现状和发展目标进行了总结。同时，全球契约报告还就企业应当关注的可持续发展领域进行了阐述，认为

---

①② See Guide to Corporate Sustainability：Shaping a Sustainable Future，p. 7.

③ See 2017 United Nations Global Compact Progress Report：Business Solutions to Sustainable Development，p. 13.

企业应在和平与人权活动、气候变化、海洋保护、可持续城市、中小企业支持、可持续供应链、防止不平等、积极金融、转型合作者、生命保护等方面投入可持续的努力，并具体列明了企业促进可持续目标的实现之具体路径。

4. 联合国全球契约对企业社会责任的影响

联合国全球契约明确了企业对于推动环境保护和社会发展的重要性，并认为企业应将社会、环境外部性事项融入企业的经营管理，以此来推动企业社会责任的发展。从本质上来说，联合国全球契约是一种以合约为基础的企业自我监管软法路径。其就企业可持续目标的实现提出了一些具体的要求，企业可以自主选择是否加入该合约。但一旦加入合约就意味着企业应当遵守十项全球性原则的基本要求，并在此基础上根据指引不断提高自身的企业社会责任承担水平，并将企业社会责任融入企业发展的核心战略中。调查显示，企业加入联合国全球契约后，其社会责任承担水平确实得到了一定程度的提高。

联合国全球契约对于企业社会责任的影响有二：一是其为企业社会责任承担与可持续发展的结合提供了明确指引。不同于传统企业社会责任指引仅规范环境、社会、人权等外部性事项，全球性指引明确了经济发展也是企业可持续的一部分，并不与企业社会责任相违背。在其提供的指引中，企业对于经济利益的追求与企业对于社会责任的承担有机结合，为企业的可持续发展提供了范本，构成了促进企业加入该契约的外部动力。二是设立了企业社会责任自我监管模式的范本。企业可自主决定是否加入该契约。一方面，加入该契约的企业可依托联合国的影响力提高社会声誉，增强利益相关者对企业的支持度，提高企业的市场竞争力；另一方面，企业社会责任的承担在一定程度上意味着企业社会支出的增多，当企业认为其经济效益无法支撑社会支出时，其也不必然选择加入该契约，由此给了企业一定的自主选择性。但即便如此，也有学者认为，这种自我监管的方式相较反身法的立法路径并无太大进步，联合国全球契约进入标准过低，企业加入联合国契约的本质目的是利用联合国平台进行宣传而并非促进企业可持续发展的状况并未改变，由此，联合国全球契约不过是企业社会责任实现的“洗蓝剂（blue-washing）”。①

① Voegtlin, Christian, and Nicola M. Pless. “Global governance: CSR and the role of the UN Global Compact.” Journal of Business Ethics 122. 2 (2014).

（二）经济合作与发展组织跨国公司指南

1. 跨国公司指南基本内容

2000 年，经济合作与发展组织颁布了跨国公司指南，并于 2011 年对该指南进行了更新。跨国公司指南由一系列负责任的企业行为的推荐标准构成，由经济合作与发展组织的成员国起草，并在经济合作与发展组织的成员国适用。跨国公司指南以各国立法和国际公认标准认可的负责任的商业行为为内容，认为企业社会责任领域涵盖了信息披露、人权、雇员和劳资关系、环境、打击行贿、索贿和敲诈勒索、消费者权益、科学和技术、竞争和税收等九个领域。公司应在除科学和技术、竞争和税收两个领域以外的全部七个领域内开展尽职调查。在 2011 年的修改中，跨国公司指南以“加强企业责任”为主题，着重强调了供应链与商业的关系、雇员的基本工资水平、加强申诉机制等几个方面，进一步强化其对于企业社会责任的软约束。跨国公司指南的突出特点在于其明确了建立具体投诉处理机制的要求，故对成员国企业而言是一条具有较强约束力的软法规制路径。

在跨国公司指南颁布并实施后，经济合作与发展组织的部分成员国为促进本国企业社会责任水平的提高，通过立法的形式将跨国公司指南引致为本国的国内立法，要求本国企业对跨国公司指南项下的各项义务进行遵守。例如，丹麦立法规定“所有的企业、组织和公权力机关有义务遵守跨国公司指南，无论其是否具有跨国属性”①。丹麦构建了一个名为负责任的商业行为调解和投诉处理机构（Mediation and Complaints-Handling Institution for Responsible Business Conduct）的国家联络点，用于处理企业违反跨国公司指南时的调解和投诉事项。

2. 跨国公司指南对企业社会责任的影响

相比联合国全球性契约，跨国公司指南具有如下三个特点：一是增加了消费者、科学技术、竞争等内容，其对企业社会责任的要求更为细致；二是跨国企业准则增加了调解和投诉机制，强化了经济合作与发展组织对于企业社会责任的约束力；三是提供了企业社会责任由软法规制向硬法约束转变的可能，鼓励成员国通过国内立法的形式巩固跨国公司指南的共通性要求，促进各成员国企业社会责

---

① Danish Business Authority. A comparison of 4 international guidelines for CSR. https：//samfundsansvar. dk/sites/default/files/2015_ booklet_ 4_ guidelines_ CSR. pdf.

任的发展水平提高。

尽管跨国公司指南具有更明确的指引性和更强的约束力，作为软法规制路径的另一典型例证，其仍旧具有一定的缺陷：首先，其并未阐明企业社会责任水平和企业经济发展能力之间的关系。由此，企业执行跨国公司指南或是出于市场声誉的考量，或是出于国内立法的要求，其始终未能将企业社会责任内化为企业发展战略的核心内容和企业文化的重要组成。其次，其未对不同规模、不同类型的企业进行主体化区分，而是采用了“一刀切”的规范方式。由此，不仅难以激励大中型企业间形成良好的竞争态势，还有可能增加中小企业的责任负担。最后，跨国公司指南未能摆脱传统式的企业社会责任“家长式”规制，未给予企业充分的空间以创造提高企业社会责任水平的新模式、新领域、新空间。

（三）ISO 26000 社会责任指南

1. ISO 26000 社会责任指南的内容

国际标准化组织（International Organization for Standardization，ISO）认为：“企业和组织并不在真空中运营。它们与其所处的社会和环境的关系是其长期有效运行的关键。这种关系也越来越多地被用以评价企业和组织的综合表现。”[①] 由此，在与世界各国的各类利益相关者进行了长达五年的充分对话后，国际标准化组织于 2010 年颁布了 ISO 26000 社会责任指南，以为世界各国的企业提供社会责任最佳行为指南。

ISO 26000 社会责任指南旨在规范所有类型、所有规模、所有地区的企业，其涵盖了社会责任的定义、背景、原则和七项核心主题等内容。其中，七项核心主题包括：机构治理、人权、劳工时间、环境、公平经营时间、消费者事项和社区融入与发展。七项核心主题之下又包含 37 项具体议题。ISO 26000 社会责任指南就企业或组织应该如何开展利益相关者参与、尽职调查和沟通其企业社会责任表现提供了指引。企业可自行选择对 ISO 26000 社会责任指南各条款的遵守，但如若企业声称达到 ISO 26000 社会责任指南下具有社会责任的标准，则其必须遵守全部七项核心主题。ISO 26000 社会责任指南并不具有认证功能。若企业希望

---

① International Organization for Standardization. “ISO 26000－Social responsibility”. https：//www. iso. org/iso－26000－social－responsibility. html.

得到企业社会责任认证，则其可求诸基于 ISO 26000 社会责任指南构建的具有认证功能的国内标准。

部分国家参照 ISO 26000 社会责任指南制定了企业社会责任的国家标准。例如，丹麦制定了名为 DS 49001 的社会责任管理体系要求（Social responsibility management system-requirements）以作为丹麦企业社会责任的国家标准，该标准具备认证功能[①]；我国同样参考 ISO 26000 社会责任指南制定了编号为 GB/T 36000-2015 的社会责任指南国家标准，但该标准并不具有认证功能。

2. ISO 26000 社会责任指南对企业社会责任的影响

与跨国公司指南一样，ISO 26000 社会责任指南对负责任的企业行为提供了全面、详尽的指导，其在形式与内容上均与跨国公司指南类似。ISO 26000 社会责任指南具有如下几个特点：一是利益相关方的广泛参与。根据国际标准化组织的网站披露，"来自世界各地政府部门、非政府机构、行业协会、消费者、工业组织的代表致力于（ISO 26000 社会责任指南）的发展，其代表了国际共识"[②]。二是提供了将企业社会责任融入企业的操作方法。ISO 26000 社会责任指南第七章以专章的形式规定了社会责任的组织融入，并提供了可操作的具体建议，包括但不限于组织特点与社会责任的关系、组织社会责任的了解、社会责任融入组织的实践、社会责任的交流、加强社会责任信用、评价与提高组织社会责任的行为与实践、企业社会责任的自愿驱动。三是强调了差异性原则。ISO 26000 社会责任指南认可各国政治、经济、文化、法律等方面的多样性，注重发展中国家的广泛参与，并主张各国适用 ISO 26000 社会责任指南时应在国际规范保持一致的前提下，着重考量经济环境的差异性。

然而，作为标准化的软法规制路径，ISO 26000 社会责任指南却是一项纯粹自愿基础上的行为标准：首先，与国际标准化组织出台的其他标准不同，ISO 26000 社会责任指南并非一项管理性标准，因此，其不具有第三方认证功能。故其对于旨在通过社会责任提升市场声誉的企业而言吸引力下降。其次，与跨国公司指南和联合国全球契约不同，ISO 26000 社会责任指南缺乏评价机制和惩戒机制。由于 ISO 26000 社会责任指南的基础在于企业社会责任是一项纯粹的自愿责

① Danish Business Authority. "A comparison of 4 international guidelines for CSR." https://samfundsansvar.dk/sites/default/files/2015_ booklet_ 4_ guidelines_ csr.pdf.

② International Organization for Standardization. "ISO 26000-Social responsibility." https://www.iso.org/iso-26000-social-responsibility.html.

任，故标准仅就企业最佳行为作出指引，而不对具体的企业行为进行约束和惩戒，因此，其对企业的约束力较弱。

（四）联合国商业与环境指导原则

1. 联合国商业与环境指导原则的内容

联合国商业与环境指导原则是联合国关于政府和企业如何致力于人权发展，如何规范劳动者权利的规范性文件。联合国商业与环境指导原则适用于所有商业情形，并分为“保护、尊重和补救”三大主题，并在此之下设立了31项具体原则。

根据联合国商业与环境指导原则总则的相关规定，指导原则的基础在于以下三方面的认知：一是国家有义务尊重、保护、维护人权和基本的自由权；二是企业作为社会的特殊组织应发挥特殊作用，应遵守法律并尊重人权；三是权利与义务相匹配，且当权利受到侵害时，应有有效的补救措施。指导原则适用于所有国家、所有企业，无论其是否为跨国公司，无论其规模、领域、营业地、所有者以及结构。指导原则的目的在于加强商业和人权标准和实践，实现个人和社区的可视化目标，促进社会可持续全球化进程。

尤其是在联合国商业与环境指导原则的第二部分，其着重规定了企业尊重人权的责任，该部分包括五项功能原则：尊重人权、对人权概念的理解、禁止性行为、适用范围、人权事项的政策与流程融入；九项行为原则：政策声明、尽职调查、风险管理、政策融入、有效回应等。①

2. 联合国商业与环境指导原则对企业社会责任的影响

与其他三项典型例证不同，联合国商业与环境指导原则并非对企业社会责任的全面性指导，而是针对企业社会责任中人权保护的专门性指导，其具有以下特点：一是注重和企业的合作。其他三项例证中，尽管政府作为利益相关方，参与推动相关规则的制定与发展，但其本身却未对政府在推动企业社会责任中的职能进行规制。而指导原则在首章就明确了政府对于推动人权发展的职能，加强了行政领域与商业领域的协调合作，为人权发展建设提供了良好的公权力保障。二是明确了权利的救济。指导原则将补救措施进行了专章规制，包括但不限于国家司

① See Guiding Principles on Business and Human Rights. http：//www. ohchr. org/Documents/Publications/GuidingPrinciplesBusinessHR_ EN. pdf.

法申诉机制、国家非司法申诉机制及非国家救济机制的构建，并由此在国际软法规制向国内法转变的过程中，增强了软法对于企业人权行为的约束力。

同样，联合国商业与环境指导原则也难以克服软法规制路径下的一些共有或独有缺陷：一是其仅对人权事项进行了原则性规范，而缺乏具体的操作指引。指导原则通过 31 个原则对政府、企业在人权保护方面的功能与行为进行了规制。但对于人权保护中所面临的具体问题，其并未如 ISO 26000 社会责任指南或跨国公司指南般提供更为具体的可操作性指引。二是其仅是对现有国际立法中人权保护内容的抽象总结，对超越法律的人权保护责任指导性供给不足。指导原则并未在现有法律之上创制新的责任或义务类型，其更类似于对现有规则的系统梳理，因此，难以对超越法律的人权保护责任提供进一步指导。

（五）典型例证的对比分析

上述四项实践中常用的企业社会责任软法规制路径构建了负责任企业行为的国际共识。四者之间并非此消彼长或非此即彼互斥的关系，而是相互补充、相互促进的协同关系。当然，四者在内容、约束力、费用等方面也存在不同，以下是对其差异之处的概括和总结：

1. 典型例证的内容差异

四项典型例证主要针对人权、劳动力、环境、经济与商业事项、消费者事项、社区发展六方面的内容进行了规制，但不同例证之下，其具体内容具有偏向性。具体如表 5 所示：

跨国公司指南	ISO 26000	全球契约	指导原则
人权			
●保护与尊重 ●政治参与 ●政策 ●尽职调查 ●补救	●保护与尊重 ●政治参与 ●政策 ●行政补救 ●人权风险情形 ●申诉机制 ●歧视弱势群体 ●工作中的基本权利	●保护与尊重 ●政治参与 ●政策 ●尽职调查 ●补救	●保护与尊重 ●政治参与 ●尽职调查 ●补救

续表

跨国公司指南	ISO 26000	全球契约	指导原则
劳动力			
●雇佣关系 ●劳动者权利，包括参与工会与集体谈判权 ●强制劳动 ●童工 ●平等对待/就业歧视与岗位歧视 ●岗位健康与安全 ●雇用本地劳动者与职业培训 ●创造就业机会，加强培训机会 ●促进雇佣双方的协商与合作	●雇佣关系 ●劳动者权利，包括参与工会与集体谈判权 ●工作环境和社会保护 ●强制劳动 ●童工 ●就业歧视与岗位歧视 ●每周工作时间限制 ●工作健康与安全 ●工作晋升机会 ●本地工作创造和技能提升 ●社会对话	●雇佣关系 ●劳动者权利，包括参与工会与集体谈判权 ●强制劳动 ●童工 ●就业歧视与岗位歧视	●雇佣关系 ●劳动者权利，包括参与工会与集体谈判权 ●强制劳动 ●童工 ●就业歧视与岗位歧视
环境			
●预防措施 ●环境行为 ●环境友好技术 ●环境管理系统 ●雇员教育和培训 ●紧急计划	●预防措施 ●环境行为 ●环境友好技术 ●环境管理系统 ●雇员教育和培训 ●紧急计划 ●防止污染 ●可持续能源应用 ●气候变化的减缓和适应 ●保护和恢复自然栖息地	●预防措施 ●环境行为 ●环境友好技术	无
经济与商业事项			
●打击贿赂与勒索 ●参与本地政治活动 ●竞争 ●税收 ●信息公示	●公平经营 ●反腐败 ●负责任的政治参与 ●组织治理 ●公平竞争 ●透明度 ●尊重财产权 ●在价值链中提升社会责任	●反腐败 ●间接透明度和信息公示，要求企业进行年度报告	●商业关系 ●交流

续表

跨国公司指南	ISO 26000	全球契约	指导原则
消费者事项			
●消费者利益 ●公平市场 ●消费者健康和安全 ●消费者投诉及争端解决 ●个人数据及隐私保护	●消费者利益 ●公平市场 ●消费者健康和安全 ●消费者支持、投资及争端解决 ●个人数据及隐私保护 ●有效服务 ●可持续消费 ●教育和警示	无	无
社区发展			
●本地能力建设 ●就业机会 ●雇员培训 ●雇用本地员工 ●提供教育和培训 ●科学和技术	●参与交流与发展 ●教育和文化 ●岗位创造和技能提升 ●技术发展和获得 ●福利和收入创造 ●健康 ●社区投资	无	无

表 5 软法规制路径典型例证的内容对比

2. 典型例证的适用范围差异

跨国公司指南主要针对经济合作与发展组织成员国及六个自愿遵守跨国公司指南国家境内的跨国公司，而 ISO 26000 社会责任指南、联合国全球契约、联合国商业与人权指导原则适用于所有行业、所有区域的企业。

3. 典型例证的适用费用差异

由于国际标准、国际准则均属于智慧创造，其目的在于通过制定者的专业性知识、技能为使用者提供更好的行为指导，故部分国际标准或国际准则会针对其使用者收取一定的版权或服务费用。在上述四项典型例证中，根据国际标准化组织网站的公示，获取 ISO 26000 社会责任指南需要支付 198 瑞士法郎（约合人民币 1332 元)① 的价格，而跨国公司指南、联合国全球契约、联合国商业与人权

① 参见国际标准化组织官方商城，https://www.iso.org/standard/42546.html。该价格为纸质版本、PDF 及 ePub 电子版本、PDF 版本中任意一项的价格。该汇率为 2018 年 2 月 27 日 XE 网站公布的全球汇率。

指导原则则允许公众免费获取。由此，当企业，尤其是中小企业在选择适用软法规制路径时，也应将软法规范的获取成本纳入考量范畴。

第三节　软法规制路径中国化的经验与反思

软法规制路径的制定宗旨在于就企业社会责任问题达成全球性共识，减少企业社会责任的地区差异，促进企业社会责任的全球性提升。作为联合国的常任理事国与世界经济合作与发展组织的 20 年合作伙伴，我国积极借鉴国际经验，通过国内标准制定、国内规范性文件出台等方式深化了软法的中国化展开，并为世界范围内的软法规制路径提供了丰富的实践经验。

一、软法规制路径的中国经验

软法规制路径的中国化展开主要包括三种途径：一是形成体系化的企业行为指南，典型例证为 GB/T 36000-2015 社会责任指南国家标准；二是形成意见式的指导意见，典型例证为《关于中央企业履行社会责任的指导意见》；三是形成行业性的管理体系，典型例证为 CSC9000T 中国纺织企业社会责任管理体系。

（一）企业社会责任指南国家标准

"企业社会责任标准是居于综合契约方协同推动下，经过企业与契约各方之间较量和多重动态博弈后的隐形契约和显性契约安排。"[①] 为有助于企业开展社会责任实践，达到"对社会和环境负责任"的崇高理想，促进经济、社会、环境的可持续发展，国家质量监督检验检疫局与国家标准化管理委员会于 2015 年联合发布了 GB/T 36000-2015 社会责任指南国家标准，以为企业社会责任行为提供必要的、充分的指导。

① 刁凡宇："企业社会责任标准的形成机理研究——基于综合社会契约视阈"，《管理世界》2013 年第 7 期。

GB/T 36000-2015 社会责任指南国家标准是我国社会责任系列标准的组成部分，主要强调“是什么、如何做、做哪些”[①] 的问题。其全面介绍了社会责任的背景，明确阐述了社会责任的原则，充分梳理了社会责任的实践，具体提出了社会责任的实现方式。GB/T 36000-2015 社会责任指南国家标准的主体部分在于提出了组织治理、人权、劳工实践、环境、公平运行实践、消费者问题、社区参与和发展七大整体考虑、相互依赖的核心主题，在各主题下分设了具体议题，并在每一具体议题下阐释了议题描述和相关行动与期望等内容，以为企业社会责任的展开提供更好的实践指引。

GB/T 36000-2015 社会责任指南国家标准在图 8 中对其主要内容进行了总结：

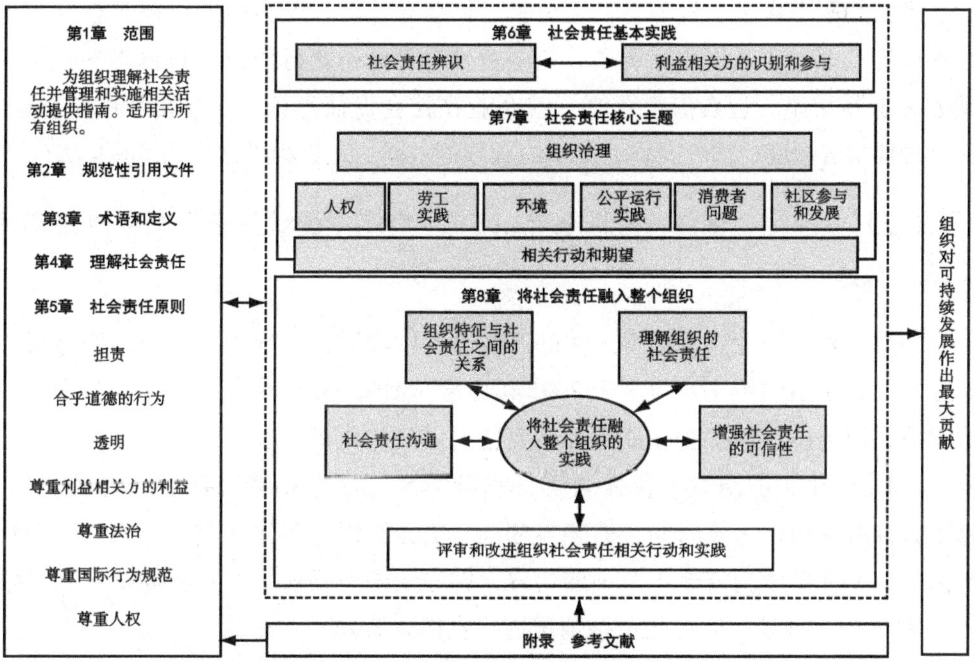

图 8　GB/T 36000-2015 社会责任指南国家标准内容概览[②]

① 参见国家质量监督检验检疫局、国家标准化管理委员会：《GB/T 36000-2015，社会责任指南国家标准》，中国标准出版社 2015 年版，第 VII 页。

② 国家质量监督检验检疫局、国家标准化管理委员会：《GB/T 36000-2015，社会责任指南国家标准》，中国标准出版社 2015 年版，第 IV 页。

（二）《关于中央企业履行社会责任的指导意见》

“中国针对国有企业和出口公司的政府指令将企业社会责任视为构建和谐社会与提升国际形象的重要途径。”① 为促进企业认真履行社会责任，实现企业与社会、环境的全面协调可持续发展。国有资产管理委员会于 2007 年颁布了《关于中央企业履行社会责任的指导意见》，以促进中央企业的社会责任承担水平。

《关于中央企业履行社会责任的指导意见》共包含四个部分、二十个条文：第一部分为指导意见，包含四个条文，阐述了中央企业履行社会责任的必要性和重要性；第二部分为指导思想，包含三个条文，阐述了中央企业履行社会责任的总体要求和基本原则；第三部分为主要内容，包含八个条文，就企业在诚信经营、盈利能力、产品和服务水平、资源与环境保护、创新和技术、安全生产、职工权益、公益事业等方面的实践提出了要求，对企业社会责任的履行作出了具体指导；第四部分为主要措施，包含五个条文，就企业在社会责任意识、社会责任体制机制、社会责任报告制度、国际合作、党组织领导等方面的意识和举措指明了具体方向。

（三）企业社会责任行业标准（以 CSC9000T 中国纺织企业社会责任管理体系为例）

为促进中国企业更好地融入国际产业链和供应链，提升中国企业的国际形象和竞争力，中国纺织工业协会于 2005 年出台了 CSC9000T 中国纺织企业社会责任管理体系以为中国纺织企业践行社会责任提供具体化指导。

CSC9000T 中国纺织企业社会责任管理体系主题包括管理体系、劳动合同、童工、强制劳动、工作时间、薪酬与福利、工会组织与集体谈判权、歧视、骚扰与虐待、职业健康与安全十方面的内容，并在附录中提供了《CSC9000 自我评估表》用于企业对其社会责任承担情况进行自律式管理。

CSC9000T 中国纺织企业社会责任管理体系向纺织业制造商阐释了如何停止使用陈旧的管理方法，在社会责任和职业培训领域提高员工的积极性和主动性，在提高企业社会责任履行水平的同时，提升企业的生产力水平。

---

① Michel Doucin. “Corporate Social Responsibility: Private Self-Regulation is Not Enough.” World Bank. http://documents.worldbank.org/curated/en/731511468325284128/Corporate-social-responsibility-private-self-regulation-is-not-enough.

（四）软法规制路径的中国特色

1. 公权力色彩下的软法规制路径

软法规制路径的中国特色之一在于浓烈的公权力色彩。长期以来，我国商事领域的监管具有较强的“母爱主义”色彩，而国有企业、中央企业等企业形式的保留也在一定程度上展现了企业的社会属性。因此，正如《关于中央企业履行社会责任的指导意见》所阐述的“践行企业社会责任不仅是企业的使命和责任，也是社会的期盼和要求”。市场经济模式形成后，国民的低收入水平和逐渐消失的社会保障机制之间可能形成一定的矛盾，危及社会的稳定与秩序。为防止市场化高速发展过程中产生的不稳定现象，中国政府将企业社会责任视为摆脱政治困境的一种方式：企业应当参与构建社会安全网络，防止不稳定因素爆发。由此，以政府为代表的公权力在推动企业社会责任中发挥了重要的作用，软法规制路径背后带有浓厚的公权力色彩。

2. 功利主义主导（Utilitarian Approach）下的软法规制路径

软法规制路径的中国特色之二在于功利主义主导。一方面，鉴于我国实践中充斥着大量以奖惩机制为基础的企业社会责任公共政策及默示规范，加之我国经历了较长一段时间政企不分、产权不明的历史，及长期以来“命令-控制”式的商事监管思路，我国企业对于公共政策具有天然的顺从性。在这一背景下，企业遵循软法规制路径很大程度上并非出于道德上和发展需求上的自愿，而是出于对公共政策优惠措施的功利化利用。另一方面，我国公共政策确也为社会责任的功利主义路径提供了可能。突出表现为公共政策中，针对企业社会责任制定的大量奖惩性规范，包括表彰建立、公共采购项目评价、失信“黑名单”公示等。例如，2007 年以来中国红十字基金会协同七个有关部委组织了企业社会责任论坛，向对人道主义事业给予巨大支持的企业颁发奖项。

二、软法规制路径的中国反思

软法规制路径的本初在于对企业社会责任为一种自愿责任的认知，由此，以软法规制企业社会责任的实现前提有二：一是企业有践行社会责任的动力，二是社会期待企业社会责任的氛围。在我国，企业社会责任的软法规制路径却是由政府主导推动的，因此，存在如下两个问题：

（一）部分企业缺乏社会责任的发展动力

1. 部分民营企业缺乏社会责任内在驱动

软法规制路径下，企业社会责任承担水平的提高取决于企业的自愿决策。即便在政府主导型的软法规制路径中，政府的影响力也更多地体现于对中央企业、国有企业的行政监管上，对于民营企业的规制程度相对较低。与此同时，我国部分民营企业的价值追求与企业社会责任的价值导向也存在冲突：企业社会责任发起于大中型企业，要求管理人员具有较高的认知水平、职业技能和奉献精神，注重企业的长期发展；我国部分民营企业资本较少、规模较小，获政府政策、资金支持较少，管理人员认知水平有限，其注重资本的短期回报。是故，我国部分民营企业缺乏企业社会责任的价值追求和内在驱动。

从现实表现来看，相较于中央企业、国有企业的社会责任水平，民营企业还存在较大的差距。根据 2017 年《企业社会责任蓝皮书》对中国企业 300 强的盘点中，即便是被列入 300 强的大中型民营企业，其企业社会责任发展指数也仅为 29.7 分，仅达到了国有企业社会责任发展指数的一半。企业社会责任发展指数排名前 50 的企业中，仅有 7 家民营企业。①

2. 部分外资企业缺乏社会责任发展动力

软法规制路径下，企业社会责任的发展动力源于其对有力政策的支撑和良好社会回应的追求。新兴市场国家聚焦于发展经济水平，以至于企业社会责任长期处于一个“低水平”的状态，无论是政府、企业还是社会，均将企业社会责任视为一项企业的自愿奉献，很难形成良好的社会责任培养氛围。即便存在政府主导下的软法规制路径推动，其也仅限于对上市公司或国有企业的要求，而缺乏对外资企业的促进。因此，本身具有较高企业社会责任水平的外资企业，在新兴市场国家有时反而呈“水土不服”的趋势。某些情境下，其不仅没有带动新兴市场国家提高其社会责任整体水平，甚至利用新兴市场国家企业社会责任立的低法

① 参见新民晚报：“《企业社会责任蓝皮书》盘点中国企业 300 强社会责任发展指数”，http：//shanghai.xinmin.cn/xmsq/2017/11/07/31331722.html。根据《企业社会责任蓝皮书》的披露，国有企业的社会发展指数为 58.7 分。企业社会责任发展指数前 50 的企业中，上榜的 7 家民营企业为：华为投资控股有限公司（第 9 位）、阿里巴巴集团控股有限公司（第 11 位）、中国民生银行股份有限公司（第 15 位）、TCL 集团股份有限公司（第 34 位）、内蒙古伊利实业集团股份有限公司（第 45 位）、海航集团有限公司（第 46 位）、中兴通讯股份有限公司（第 48 位）。

治状态，将新型市场国家作为其逃避社会责任承担的避风港。

从现实表现来看，相比国有企业、民营企业社会责任发展指数呈良好上升的态势，外资企业在我国的企业社会责任发展指数中呈现出了大幅度的下滑。根据2017年《企业社会责任蓝皮书》对中国企业300强的盘点，外资企业企业社会责任发展指数仅为23.9分，该得分不仅落后于民营企业，甚至还不到国有企业得分的一半。从发展趋势来看，从2016年到2017年，国有企业与民营企业企业社会责任发展指数均有所上升，唯有外资企业呈现出负增长的态势。在社会责任发展指数前50的企业中，外资企业仅占8家。① 此外，我国外资企业社会责任发展指数存在较大的地区差异，韩国、日本的外资企业社会责任发展指数较高，而欧美及其他国家外资企业的社会责任发展指数则低于平均值。

（二）我国企业社会责任的成长氛围不浓厚

软法规制路径的规制途径在于为企业社会责任承担方式提供原则性或可操作性指引，并通过市场声誉机制或社团管理机制对企业行为进行“软约束”，以达到提高企业社会责任水平的效果。由此，软法规制路径还依赖于对企业社会责任成长有利的良好氛围。

1. 企业社会责任成本转嫁的认同感不足

从短期效果来看，承担企业社会责任属于企业的支出项。企业家并非慈善家，根据戴维斯企业社会责任模型的第四点，“企业不可能在完全于社会有利而于经济不利的事项上提供资金。满足社会需求事项的成本应通过提高产品或服务价格转嫁给消费者”②。由此，仅有消费者愿意接受并愿意支付企业因承担社会责任而提升的产品或服务价格，才能在一定程度上激发企业社会责任的内在动力，培养企业社会责任的良好氛围。

然而，在大多数新兴市场国家，价格因素是消费者考量的关键。根据一份对

---

① 参见新民晚报：“《企业社会责任蓝皮书》盘点中国企业300强社会责任发展指数”，http：//shanghai.xinmin.cn/xmsq/2017/11/07/31331722.html。根据《企业社会责任蓝皮书》的披露，企业社会责任发展指数前50的企业中，上榜的6家外资企业为三星（中国）投资有限公司（第4位），现代汽车（中国）投资有限公司（第8位），LG中国（第17位），英特尔（中国）有限公司（第22位），松下电器（中国）有限公司（第23位），台达（中国）（第26位），浦项（中国）投资有限公司（第30位），佳能（中国）有限公司（第31位）。

② Davis, Keith. “Can business afford to ignore social responsibilities?” California management review 2.3 (1960).

超市的消费者调查统计，44.7%的受调查者认为价格是他们进行商品选择的重要因素。[①] 可以假设，一旦企业产品或服务的价格因企业承担社会责任而有所上涨，其可能因超出了部分消费者的经济承受能力或消费认知，而丧失部分市场。故，在以产品或服务价格为竞争中心的新兴市场国家，低社会责任水平企业可能因为价格的优势获得大多数消费者的选择，高社会责任水平企业可能因为价格的提升丧失大多数消费者的青睐。由此，将导致企业社会责任领域“柠檬市场”现象的出现。

2. 我国舆论对企业社会责任的长期关注不够

市场声誉机制是软法规制路径“软约束”的重要手段，其实现前提在于社会舆论对企业社会责任的长期、连续关注。然而，由于我国仍处于企业社会责任发展的初级阶段，舆论对于企业社会责任的关注仍以热点式、爆发式为主。无论是三聚氰胺事件还是万科捐款事件，其在事件之初均引起了媒体、网络的热烈讨论，但随着事件的发酵，其关注度逐渐下降，对于事件的后续处理，舆论缺乏关注度。对于非热点事项，舆论更是少有人问津。根据欧盟委员会的一份调查显示，58%的中国调查对象表示其对于企业社会责任的表现既不知情，也无意了解，[②] 这一比例在所有被调查的27个欧盟国家和5个非欧盟国家中是最高的。

由此，总体而言，目前我国舆论对于企业社会责任的关注程度较低，无法形成有效的市场声誉机制，故软法规制路径在我国的适用存有一定限制。

---

① 吴世军、孙伟、郭海峰：“消费者超市选择的影响因素研究”，《中国商贸》2009年第6期。

② EU-Commission. “How companies influence our society: Citizen's View.” Flash Eurobarometer 363 (2013).

第四章
企业社会责任的反身法路径

反身法（reflexive law）路径是目前企业社会责任领域应用最为广泛的一种立法路径。美国“伯克利学派”代表人物诺内特（Nonet）和塞尔兹尼克（Selznick）在《转变中的法律与社会：迈向回应型法》中指出了“作为‘自治型法’的法治正在向一种‘回应型法’转变”。[①] 德国学者卢曼（Luhmann）也强调了社会系统的“规范封闭，认知开放”，并提出了“系统与环境之间不存在投入-产出的联系，而是通过递归的、自我指涉的运作，自己生产和再生产构成自身的要素”。[②] 实践中，大量法学家也开始意识到，随着社会的复杂化和发展的多变性，以结果导向（outcome-oriented）的监管模式越来越无法满足社会的需要，而以过程导向（process-oriented）的监管模式逐渐成为发达国家的主流监管路径。企业社会责任作为反身法适用的最主要领域之一，也经历了从“企业社会责任”到“企业社会回应”的过程。本章将系统梳理反身法理论的产生和发展及其在企业社会责任领域的应用，并评析反身法路径的优劣性，以挖掘企业社会责任的反身法路径对我国企业社会责任立法的借鉴意义。

①② 杜健荣：“法律系统的自治——论卢曼对法律自治理论的重建”，《中南大学学报（社会科学版）》2008年第4期。

第一节　反身法的理论证成

一、反身法的理论形成

（一）现代法律的三种表现形式

反身法理论的创造者特伯纳·冈瑟（Teubner Gunther）认为，法律的发展包含三种类型：形式法（formal law）、实质法（substantive law）和反身法。形式法的发展强调了大量规则的创制和适用。通过规则设置，私法主体能够追求内心的真实意思并依据该真实意思创设合同。随着时间的推移，州立法主义发展，实质法成了主流立法形式。实质法的发展强调州政府“有目的的、目标导向性的干预”[①]。不同于形式法的允许自治，实质法聚焦于如何通过监管和标准来达到预设目标。

举例而言，形式法的应用主要出现于合同法、继承法领域。合同法以合同自由为基本原则之一，“充分尊重当事人的意志，允许当事人依法充分表达其意思”[②]。当事人可以依据自身的需求在不违反法律强制性规定的情况下自主决定合同的相对方、合同的形式和合同的内容。当合同当事方出现争议时，司法审判人员仅需要判断合同是否依法成立、合同当事方的行为是否符合合同的约定即可。同样，在继承法领域，以遗嘱继承为例，被继承人同样可以自主决定如何进行财产分配，法律应当保障当事人的意思自由。然而在实质法领域，法律就会预设合同当事方或者遗嘱的具体选择，以确保某种社会效果的达成。例如在我国合同法领域，为防止某些垄断行业哄抬物价，“法律通常会同时对合同内容进行强制干预，规定依据强制缔约方式所形成的合同内容有国家或行业标准的，依该标

① Teubner, Gunther. “Substantive and reflexive elements in modern law.” Law and society review (1983).

② 马俊驹、余延满著：《民法原论》，法律出版社 2010 年版，第 497 页。

准确定；无此标准的，则按合理的标准确定。”[①] 这种强制干预主要应用于水电费、公交车票价等与民生国计高度相关的领域，通过剥夺合同一方确定价格的自由意志，实现保护公民利益、维护社会稳定之目的。同样地，在继承法领域，法律通过预设未出生胎儿“预留份”的制度设计，达到了保护胎儿财产权的目的。

（二）社会复杂化背景下实质法的适用危机

然而，依赖大量的实质法进行社会事务的监管引起了特伯纳·冈瑟所述的“干涉主义政府危机（crisis of the interventionist state）”。这种危机产生的根源在于实质法无法满足日益多元化的社会需求。特伯纳·冈瑟“自创生（Autopoietic）”的观点是卢曼系统论的发展。[②] 依据现代系统论的观点，随着社会的发展和社会的复杂化，其由传统的基于地缘种族的横向、同质的“社会分化”转变为使等级化的各阶层析出的纵向、异质的“阶层分化”再转变为现代社会复杂性增长下的横向、异质的“功能分化”。[③] 在功能分化理论下，社会根据功能的不同被分为不同的子系统，例如科学、宗教、家庭、教育、政治和法律等。每一个子系统有自己的世界观和方法论。法律不再是社会的中心，而仅仅是独立且平行于其他功能性子系统的另一项功能性子系统，其融合其他社会子系统的制度中心地位也不复存在。

在社会复杂化、功能多元化的背景下，大量实质法的应用产生了两大问题：“规范限制（cognitive）”和“规范立法（normative legitimacy）”。[④] 规范限制主要涉及特伯纳·冈瑟所说的“立法化（juridification）”背景下大量实质法应用下所产生的问题。当社会的复杂程度超越了干涉主义的有效控制范围时，规范限制的问题就产生了。特伯纳·冈瑟提出“法律和官僚机构无法纳入足够丰富的社会现实模型，使其能够有效应对经济管理危机”。此外，追求完全以法律来规制社会问题可能导致一个庞大的法律体系的产生，这一庞大的法律体系将超越任何个体的认知能力。由此，法律本身的行为指引作用将不复存在。

---

① 冉克平：“论强制缔约制度”，《政治与法律》2009 年第 11 期。

② 张骐：“直面生活，打破禁忌：一个反身法的思路——法律自创生理论评述”，《法制与社会发展》2003 年第 1 期。

③ 鲁楠、陆宇峰：“卢曼社会系统论视野中的法律自治”，《清华法学》2008 年第 3 期。

④ Orts, Eric W. “Reflexive environmental law.” Nw. UL Rev. 89 (1994).

规范立法问题主要是指“立法从构成立法系统的民主化程序分离”。[①] 随着实质法的大量增加，立法者将无法协调和重组规制同一行为的不同法律之间的关系。这就会造成大量立法重复和立法浪费的现象出现。此外，当立法过于复杂、立法体系过于庞大的时候，执法部门就拥有了更多的法律适用自主权和法律解释权，这在一定程度上增加了执法者“权力寻租”的风险。

（三）反身法理论的形成

为回应“干涉主义政府危机”，反身法应运而生。和实质法相同，反身法也干涉社会过程，但不同的是，其并“不对实质结果负全部责任”。[②] 反身法通过“自主规制（regulated autonomy）”寻求了一条形式法与实质法之间的道路。一方面，反身法允许私法主体自主决定其所追求的结果；另一方面，其通过构建程序指引私法主体的行为，并以此来干涉社会进程。

根据卢曼系统论的观点，反身法“通过塑造内部话语的程序和其与其他社会系统协调的方法塑造和重塑半自治社会系统（semi-autonomous social system）”。反身法是必要的社会融合机制。不同于实质法追求中心化的、社会层面的路径，其通过去中心化的社会子系统层面达到这一目的。这一做法能够“在不丧失社会多元化优势的前提下促进社会的融合”[③]。由此，法律认知到了其作为一项功能性子系统在监管其他功能性子系统时的不足，并通过其他子系统的反身过程来促进其自身的功能完善。

反身法的实质是程序法，并指向“自我监管”。与实质法通过直接的行为监管来达到预设目标的形式不同，反身法通过程序要求影响决策和沟通过程，而最终的决策权仍在私法主体手中。反身法的目的在于通过企业对其行为的社会回应鼓励其自我反身进程的形成。

由此，可以发现，反身法与形式法和实质法都存在显著的区别：和形式法相比，形式法认同合同当事方之间的事先分配，反身法追求确保议价能力平等的对话机制和法律结构；和实质法相比，实质法希望达到某种特定的合同结果，而反身法仅设置确保议价进程中各方利益和外部因素将会被列入考量的过程。

---

① Orts, Eric W. “Reflexive environmental law.” Nw. UL Rev. 89 (1994).

② Teubner, Gunther. “Substantive and reflexive elements in modern law.” Law and society review (1983).

③ Teubner, Gunther. “Corporate fiduciary duties and their beneficiaries.” Corporate Governance and Directors Liabilities. KJ Hopt and G. Teubner. Berlin, de Gruyter (1985).

二、反身法理论下企业社会责任的范式转变

反身法理论指导下，企业社会回应制度的倡导者提出了从企业社会责任到企业社会回应的范式转变。[①] 希望促进企业社会责任与企业发展的有效融合，加强企业提高社会责任承担的自主性。但传统的企业社会责任和企业社会回应制度，均因缺乏对企业的必要指引而受到学界的诟病。由此，反身法理论又在企业社会责任和企业社会回应的基础上发展了整合性社会契约的新范式。

（一）传统范式：企业社会责任

企业社会责任的基本理念是“企业有责任让社会变得更好”。[②]马克·S. 施瓦茨（Mark S. Schwartz）和阿奇·B. 卡罗尔提出了企业社会责任的“三域模型”,[③] 认为企业社会责任包括：经济责任、法律责任、道德责任，且三种责任之间互有交集。其中，经济责任主要是指企业有义务生产优质产品、提供良好服务，有义务提供具有良好报酬的工作岗位，有义务盈利以维系企业生存。通过履行上述义务，企业能够促进社会经济福利的提高。企业的法律责任包括三个层次：遵守法律、避免民事诉讼和参与立法改革。企业的法律责任可能来源于立法机关、执法机关和司法机关，其可能约束包括股东、消费者、雇员、供应商在内的所有企业利益相关者。

企业社会责任还表现为通过适当的、无需法典化的行为满足社会期待。例如，尽管法律从未要求企业承担慈善捐赠的责任，但在某些特定历史事件下，舆论期待拥有巨大利润的企业能够承担捐款责任。最典型的事件如 2008 年的汶川大地震，地震发生后，万科集团董事长王石因在企业内部设立了“普通员工的捐款以十元为限”的制度，被舆论冠以“王十元”“铁公鸡”的称号，而受“捐款门”事件的影响，万科 2008 年的品牌价值比上年缩水了 12. 31 亿元。[④] 此外，法律往往落后于社会规范，故企业还有着推动社会期待成为立法要求的责任。最

---

①② Frederick, William C. “From CSR1 to CSR2: The maturing of business-and-society thought.” Business & Society 33. 2 (1994).

③ Schwartz, Mark S., and Archie B. Carroll. “Corporate social responsibility: A three-domain approach.” Business ethics quarterly 13. 4 (2003): 503-530.

④ 刘珍、闫岩峰：“从汶川地震看企业的社会责任”，《商场现代化》2008 年第 30 期。

后，企业有“关于社会对于商业无明确信息的”[①] 任意性责任。例如，社会可能期待企业通过其资源和技术促进教育发展，但社会对于企业如何促进教育发展却无明确期待。

企业社会责任适用情形的复杂性和多变性让学者意识到：寻求一个可操作的、明确的企业社会责任的定义是不现实的。基于此，学者对于企业社会责任的讨论开始聚焦于具体的企业社会责任议题。

（二）发展范式：企业社会回应

克里斯托弗·D. 斯通（Christopher D. Stone）提出的过程导向型的企业社会责任与企业社会回应机制高度关联。企业社会回应是指“企业回应社会舆论压力的能力”[②]，“当人们搜索组织的机制、程序、安排和行为的模式，并将这些模式统一收集，其就能判断该组织对于社会压力回应能力的大小。”[③] 约翰·博特赖特（John Boatright）以一个生动的比喻来揭示企业社会责任和企业社会回应的区别：当看到一起交通事故的时候，“一个有责任的驾驶员会停下来提供一切可能的帮助；而一个有回应能力的驾驶员会打开闪光灯，带上工具和路障带等，并时刻准备提供必要的帮助”[④]。因此不同于对于危机或完成责任的下意识反应，企业社会回应机制下，企业通过程序的完善参与危机，并以一种“高效的、人性的、可操作的方式”[⑤] 进行危机应对。企业需要回应的社会期待包括经济、法律、政治、道德和其他任意性责任。

利益相关者理论同样认为企业应回应受企业行为影响的社会舆论的期待。企业利益相关者通常包括“股东、债权人、雇员、供应商、消费者、政府部门、相关的社会组织和社会团体、周边的社会成员”等。[⑥] 利益相关者理论的基本观点是：“由于企业不仅依赖于也影响着大量的团体，因此这些特定团体中的个人

---

① Schwartz, Mark S., and Archie B. Carroll. “Corporate social responsibility: A three-domain approach.” Business ethics quarterly 13.4 (2003).

②③⑤ Frederick, William C. “From CSR1 to CSR2: The maturing of business-and-society thought.” Business & Society 33.2 (1994).

④ Boatright, John R. Ethics and The Conduct of Business, 6/e. Pearson Education India, 2000, at 390.

⑥ 金海平：“股东利益至上传统的颠覆——国外公司利益相关者理论评价”，《南京社会科学》2007 年第 3 期。

或组织应对自己的权力寻租和企业经营对其的影响更加注意。”① 为提高利益相关者管理的有效性，企业必须有相应的程序来识别利益相关者并对其期待进行回应。因此，不同于回应社会的期待，企业实际上回应的是利益相关者的期待。②

关于利益相关者利益是否应当在公司决策中被考量的法律论战出现于20世纪30年代伯利和多德的论战中，两人关于“企业管理层到底是谁的受托人”问题的争论旷日持久，成为公司法历史上的一次经典论战。而这一论战于80年代的收购浪潮中逐渐被美国立法明确。美国特拉华州高等法院认为，董事和管理层在确定收购要约构成的威胁性时可以考虑利益相关者的利益。此后，美国有一半以上的州通过立法确定了利益相关者利益应在要约收购中纳入考量的观点。

（三）完善范式：结合软法规制路径的整合性社会契约

然而，无论是企业社会回应机制还是利益相关者理论，都未提供一个明确的准则来引导企业进行管理。企业社会回应机制未为管理提供一个标准或设置一个目标，以引导企业回应社会压力；而利益相关者理论未提供一个准则告知企业如何权衡和协调不同利益相关者之间的利益。③

为解决这一问题，整合社会契约理论（integrative social contracts theory）④ 应运而生。该理论认为，基于商业的人工属性，我们可以在经济环境中自由塑造规则。任何的社会团体和组织都可以设立自己的规则，而其成员也可以选择放弃自身的经济行为规则。这些规则必须是“真实的”“合法的”。“真实的”是指组织成员同意接受这一标准且其有权在不接受该标准的情况下退出组织；“合法的”是指其不违背人类生存等基本的、最低的社会规范。由此，整合社会契约理论就可构成利益相关者理论的基础：首先，通过组织或团体规范谁是利益相关者以及企业应对利益相关者承担怎样的义务；其次，当规范冲突时，适用主要的法律标准；当规范空白时，企业可以自主进行决策。同时，这种规范空白将会引发制定

---

① Frederick, William Crittenden. Values, nature, and culture in the American corporation. Oxford University Press on Demand, 1995, p. 213.

② Nasi, Juha, et al. “The evolution of corporate social responsiveness: An exploratory study of Finnish and Canadian forestry companies.” Business & Society 36. 3 (1997).

③ Dunfee, Thomas W., and Thomas Donaldson. “Contractarian business ethics: Current status and next steps.” Business Ethics Quarterly (1995).

④ Donaldson, Thomas, and Thomas W. Dunfee. Ties that bind: A social contracts approach to business ethics. Boston: Harvard Business School Press, 1999, pp. 235-262.

新的规范的讨论，而这恰恰体现了软法规制路径的思路。由此，整合社会契约理论便通过引入软法规制，加强规范的制定和完善弥补了社会回应机制和社会契约理论的缺陷。

第二节　反身法路径的发展和实践探索

反身法路径的本质在于通过信息披露机制，保障企业与利益相关者的沟通机制，在此基础上通过利益相关者的选择机制，促进企业社会责任的整体提升。对于反身法的实践效果，中国人民银行首席经济学家马骏表示："一旦企业开始公布其环境信息，人们就会发现资金流向的改变。某些曾经投资于污染行业的资金将会转向投资绿色企业。而这不花费政府一分一毫。其唯一的要求是企业公示其环境信息。"①由于反身法路径能够以监管成本最低化的方式提高企业社会责任的整体水平，因此，尤其为监管部门所青睐和推崇。

总体而言，反身法路径的效用发挥存在两个前提：一是企业和利益相关者之间的有效沟通机制，即利益相关者能够知晓企业社会责任的承担情况且企业能够知晓利益相关者对其社会责任承担情况的满意度及期待；二是企业回应机制，即促进企业对利益相关者的期待进行回应。一般而言，前者是通过立法保障予以实现的，而后者则是通过市场机制予以实现的。

一、企业社会责任反身法路径的产生及发展

（一）企业社会责任反身法路径的产生原因

如前所述，在社会价值多元化和不断革新的背景下，以结果导向为基础的实质法难以构建一个有效的监管体系。反身法路径的产生原因恰恰在于实质法对复

① Daniel Gutman. "China Seeks to Export Its Green Finance Model to the World." IPS. http://www.ipsnews.net/2017/07/china-seeks-export-green-finance-model-world/.

杂化社会的监管失效。其具体表现为：

1. "立法化"趋势下的认知限制

"立法化"问题在企业社会责任的监管问题中尤为明显。[①] 对于企业可能影响社会的重要领域的全面监管，并使得该监管系统能够有效涉及企业的各种情形，并真实反映社会现实将会产生一个庞大的法律体系。该法律体系的复杂性超越任何一个个体的认知，因此，企业很难依据明确的法律指引以遵守法律的要求。此外，庞大的法律体系使得立法和执法机关难以协调大量关于控制企业行为的法律之间的关系，增加了其制定相冲突法律的风险。

2. 立法的滞后性

立法需要反应时间，所以实质法具有"滞后性"。立法者从识别什么是负责任的法律行为到立法者制定规则要求企业履行负责任的法律行为之间必然存在时间差。而由于社会价值处于不停的变化之中，这种时间差问题将会长久地存在。这就意味着，在实质法生效以前的一段时间内，失责的企业行为是被允许的。

3. 立法的高成本

企业社会责任的实质法规范增加了立法成本。当企业社会责任的法律系统过于复杂的时候，立法机关就不得不将一部分的立法和释法职权交由执行机关。此外，在企业社会责任领域，立法的成本可能大于其收益。[②] 通过实质法的方式规制企业社会责任带来的必然结果是创设大量的执法机关以保证法律的落实，同时，这也将增加司法机关的裁判负担。

4. 实质法监管语言对于社会价值塑造的实效

在这个价值多元化的社会，很难就希望法律塑造一个怎样的价值达成一致。例如，环境法领域，所有人可能会认同应当禁止废水、废气、废渣的过量排放，但是对于什么叫作"过量"，可能不同的人就会有不同的观点。最终，人们不得不以一种概括的、原则性的语言进行立法，而在这种模糊的立法语言之下，争议各方又将就其所拥有的权利和承担的义务展开争论，最终的结果是，立法机关继续通过立法对概括立法进行解释，这就进入了"立法化"下庞大法律体系产生的循环。此外，实质法指向的是企业应承担何种义务，而不是鼓励企业承担社会

---

① Teubner, Gunther. "Substantive and reflexive elements in modern law." Law and society review (1983).

② Stone, Christopher D. "Where the law ends: The social control of corporate behavior." Harper & Row, 1975.

责任。由此造成的另一个结果是，企业仅仅会满足法律对其的强制性要求，而缺乏以新方法解决现有问题的驱动力。

（二）企业社会责任反身法路径的发展历程

实质法对于企业社会责任的监管失效唤起了法学界对反身法的追求。在美国证券交易委员会（SEC）发布的企业责任职工报告中，以构建对利益相关者的信义义务和允许利益相关者参与决策的方式来推动企业社会责任的发展。① 与该报告同时产生的是学界对以“利益相关方”条款来规制企业社会责任的批判。反对观点主要有二：一是认为这一条款能够使管理层的失责行为隐藏在法条之后，该观点认为，管理层对所有人负责等同于管理层对所有人不负责。② 二是认为让利益相关方参与企业决策的做法不切实际。③

由此，美国法学界认为，合理的立法模式不应局限于对董事会结构的改变，而应对企业日复一日的决策程序施加有效影响。因此法律应当要求企业“在决策框架中将外部冲突内部化，以将工人、消费者、和社会公众的非经济利益纳入决策考量”。④ 同时法律也应当意识到，不同规模、不同行业、不同地缘的企业面临的具体情况不同，因此企业需要尽可能地对其所处的特殊情形进行具体回应。正如整合社会契约理论提出的，“我们所需要的是企业与其利益相关者达成协议确定什么是负责任的企业行为，并遵守这一协议”。⑤

当然，反身法并不意味着企业社会责任领域内的立法应当像合同法那样塑造企业和利益相关者之间的平等关系。“我们需要的是回应人类的需求而不是权力的均衡”。⑥ 因此，在企业社会责任领域，立法无需创造“法律均衡主义”，而应旨在促进企业与其利益相关者的沟通交流机制。此外，反身法的引入也不意味着完全摒弃实质法。其实质意义在于“法律应当放弃全面社会计划的理念，因为这

---

① See Securities and Exchange Commission, Staff Report on Coporate Accountability.

② Hartman, Rima Fawal. “Situation-Specific Fiduciary Duties for Corporate Directors: Enforceable Obligations or Toothless Ideals.” Wash. & Lee L. Rev. 50 (1993).

③ Shapiro, Irving S. “Power and accountability: The changing role of the corporate board of directors.” Pittsburgh, Pa.: Carnegie-Mellon University Press; New York, 1979, p. 437.

④ Teubner, Gunther. “Corporate fiduciary duties and their beneficiaries.” Corporate Governance and Directors Liabilities. KJ Hopt and G. Teubner. Berlin, de Gruyter (1985).

⑤ Donaldson, Thomas, and Thomas W. Dunfee. Ties that bind: A social contracts approach to business ethics. Boston: Harvard Business School Press, 1999, pp. 235-262.

⑥ Teubner, Gunther. “After legal instrumentalism.” Dilemmas of law in the welfare state 3 (1986).

是乌托邦且不现实的。”①

不同于传统立法依赖于实质法，反身法路向旨在提高对程序的依赖。埃德温·M. 爱泼斯坦提出，“企业社会政策进程是一个决策制定系统。在这个系统之下，经理层参与和考量营商政策的后果与其行动之前的选择”。② 这就要求其必须将社会福利、利益相关者利益和相关的组织或团体规范纳入考量。

为达到反身法路径下社会回应的目标，最有效的方式在于通过企业社会责任报告减少信息不对称问题，并由此帮助利益相关者做出正确的判断。在社会责任报告的机制下，法律并不直接对企业行为的结果进行规制，但却引导企业“严肃地、创造性地、联系性地”③思考如何变得更加有社会责任感，如何提高其社会责任的承担水平。

二、企业社会责任反身法路径的实现机制

相比强制性立法路径，反身法路径的重要优势在于通过市场机制实现利益相关者利益、企业利益和股东利益之间的平衡。其认同企业社会责任是企业的自愿性责任，并允许企业在遵守法律的基础上自由选择遵守哪些社会责任、在何种程度上遵守社会责任。在企业社会责任法律化的四种路径中，反身法赋予了企业最大的自主权。由此，反身法路径确立了“社会责任报告+遵守或解释规则”的实现机制，并通过“认定-措施-评价-报告-反馈-改善”的规制流程（具体如图 9 所示）以实现企业社会责任的自我促进。

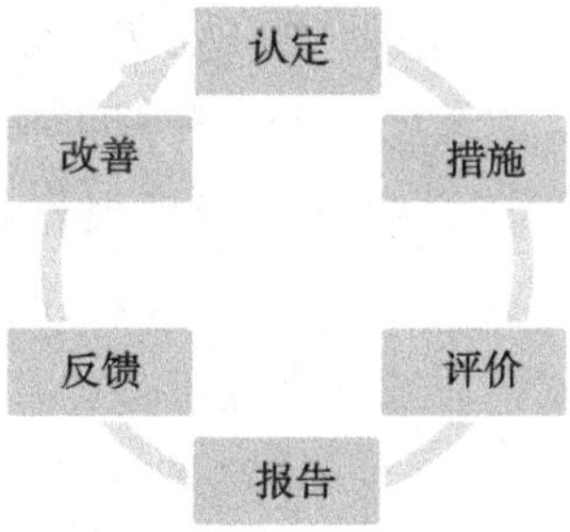

图 9　反身法路径的实现机制

① Teubner, Gunther. “After legal instrumentalism.” Dilemmas of law in the welfare state 3 (1986): 299.

② Epstein, Edwin M. “The corporate social policy process: Beyond business ethics, corporate social responsibility, and corporate social responsiveness.” California management review 29. 3 (1987).

③ Orts, Eric W. “Reflexive environmental law.” Nw. UL Rev. 89 (1994).

（一）企业社会责任报告制度

1. 企业社会责任报告制度的全球趋势

（1）企业社会责任报告数量稳定上升

根据毕马威会计师事务所2015年关于企业社会责任报告的统计，自1993年至2015年的近20年间，全球企业社会责任制度的实施情况不断提升。1993年，在其统计的世界41个主要国家的前100位企业（以下简称N100企业）中仅有12%发布了企业社会责任报告，1999年世界前250位（以下简称G250企业）的企业中仅有35%发布了企业社会责任报告，至2015年，已有73%的N100企业和92%的G250企业发布了企业社会责任报告。企业社会责任报告的发展趋势具体如图10所示：

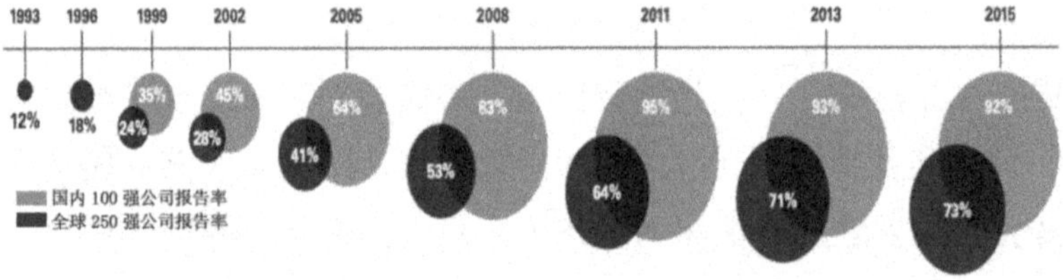

图10 国家前100和全球前250企业社会责任报告指数①

（2）亚洲地区企业社会责任报告指数居全球领先地位

同时，企业社会责任报告指数呈现出了明显的区域化特征。其中，亚洲国家无论是在现有企业社会责任报告比例还是在企业社会责任报告增长比例上都居于全球领先地位，呈现出了良好的发展态势；美洲企业社会责任报告比例和企业社会责任增长比例居于次位；欧洲企业社会责任报告水平在初始阶段具有较高水平，但在增长程度上显得后劲不足；而中东非地区的企业社会责任比例则在近年来呈现出下降的趋势。各区域企业社会责任报告指数如图11所示：

① See the KPMG Survey of Corporate Responsibility Reporting 2015.

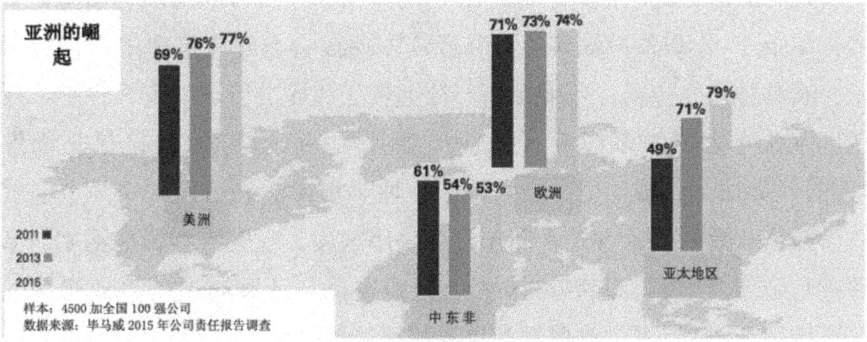

图 11　2011 年至 2015 年各地区企业社会责任报告指数①

（3）企业社会责任报告中综合性报告比例较低

尽管大多企业已逐渐将企业社会责任信息写入其年度报告中，但这种信息大多为片面性的，企业社会责任报告中的综合性报告比例较低。根据毕马威会计师事务所的统计，全球主要国家中，综合性企业社会责任报告比例最高的国家为南非（91%），这是由于综合性企业报告是南非企业社会责任报告的强制性要求；其次是荷兰、西班牙，其综合性企业报告比例为 27%；再次为日本（21%）和瑞典（13%）。部分国家企业社会责任信息作为年度报告一部分的比例较高，而综合性企业社会责任报告的比例较低。例如：英国 90%的企业将企业社会责任信息作为年度报告的一部分，但仅有 9%的企业采用了综合报告的模式；马来西亚 99%的企业将社会责任作为年度报告的一部分，但没有一个采用综合报告的模式。②

2. 企业社会责任报告的典型立法例

（1）欧盟非金融事项报告制度的立法实践

欧盟委员会在 2012 年的《欧盟公司法及公司治理行动计划》（Action Plan on European Company Law and Company Governance）中强调了加强信息披露和加强利益相关者参与③。欧盟委员会认为企业社会责任是一种自愿责任，并辅之以大型企业/公众公司非金融事项报告的立法模式。这一立法模式要求企业公示其社会责任的承担情况，但并不强制规定企业必须承担社会责任或企业必须承担怎样的社会责任。根据欧盟委员会关于非金融事项报告④的说明：欧盟法要求雇员人数

①② See the KPMG Survey of Corporate Responsibility Reporting 2015.

③ See COM (2012) 740/2.

④ See Directive 2014/95/EU.

达到500人的上市公司、银行、保险公司及其他被公权力部门认为承担社会公共利益的大型企业/公众公司就其经营和管理中的社会、环境事项中的特定信息进行公示。其具体内容包括：环境保护、社会责任和雇员待遇、人权保护、反贪污反腐败、董事会构成的多样性（包括年龄、性别、教育背景和专业背景等事项）。在公示方法上，欧盟委员会采取了一种非常灵活的态度，认为企业能够选择其认为最为有效的公示方式，即企业可采用国际、欧盟或本国准则来对其非金融事项进行公示。同时，2017年6月，欧盟委员会还颁布了“企业环境和社会信息公开准则”，以促进企业根据其自身情况选择准则的适用。自2018年起，欧盟6000余家所涉大型企业/公众公司必须在其年度报告中包含非金融事项陈述。

（2）法国企业社会责任报告立法实践

法国企业社会责任报告因其完备性而具有典型的代表意义。其主要经历了三个阶段：一是2001年法国《新经济规制法》（Les Nouvelles Regulations Economiques，以下简称NRE法案）阶段。该法被视为法国企业社会责任报告制度的先锋法，其要求上市公司在其年度报告中披露其企业活动中对环境和社会影响采取的措施，并于2002年具体规定了30项具体议题。[①] 然而，NRE法案未规定任何制裁措施，总体上给了企业较大的灵活性，因而，在具体披露时，某些类别的信息存在披露不足的情况。二是法国《新环保法》（Grenelle II Act）阶段。该法第225条规定了上市公司强制性企业社会责任报告制度，其主要内容包括：①至2013年12月31日所有雇员超过500人的企业应按要求提交报告；②社会、环境、可持续发展领域的42项议题应当在报告中被提及；③在具体议题下，企业有权选择与其最相关的指数；④“遵守或解释规则”的应用；⑤其对报告的范围和质量提出了更严格的要求；⑥报告应经过第三方独立机构的认证。[②] 在这一阶段，企业社会责任报告的质量要求、范围要求、强制性要求、制裁手段均得到了立法的提升。三是2012年9月国家环境会议的结论。本次会议达成了如下共识：①通过可持续报告加强企业行为中环境、社会、治理（ESG）事项的透明度；②确

① See Egan, Mary Lou, et al. “France's Nouvelles Regulations Economiques: Using Government Mandates for Corporate Reporting to Promote Environmentally Sustainable Economic Development.” Retrieved November 21 (2003).

② See Ministère des Affaires Etrangères-France. “The French legislation on extra-financial reporting: built on consensus”. https://www.diplomatie.gouv.fr/IMG/pdf/Mandatory_reporting_built_on_consensus_in_France.pdf.

认了可持续报告的全面披露，关于上市公司和非上市公司之间的差异性规定将被取消；③构建多元化利益相关者的国家企业社会责任平台，以促进关于企业社会责任各项议题的持续性对话。[①] 通过 11 年的努力，法国已就企业社会责任报告机制达成了广泛的共识，并构建了较为完善的企业社会责任报告制度。

（3）挪威企业社会责任报告立法实践

挪威是全球企业社会责任践行最佳的国家之一。但在 2013 年以前，挪威企业并无公示非金融事项信息的一般义务，企业社会责任报告属于一项完全自愿事项。2013 年 6 月 1 日，挪威通过了具有强制性效力的可持续性报告规则，要求大型企业就其如何在其经营战略中融入社会责任的信息进行公示[②]。这在挪威企业公示制度中具有里程碑式的意义。根据挪威 2013 年审计法案的规定，除小型企业外的所有企业的管理层均应在其年度管理报告中对其经营行为进行公正评论，对其原则性风险进行描述。此外，管理报告还必须包括非金融性事项[③]：审计法案第 1-5 条中规定的大型企业具有非金融性事项报告的义务，非金融性事项应当包括企业如何将人权、社会、雇员事项、环境和反腐败政策融入其经营战略、日常经营和利益相关者关系中，承诺其将进一步报告如何将这些政策转化为行动，政策取得的成果以及对未来的期望。

由此，挪威的企业社会责任报告是一项对董事会及管理层成员的要求，其要求大型企业的管理层解释其是如何将企业社会责任事项融入经营战略的。然而，从实施效果上来看，“各企业信息公示的深度不同，有些企业距离完全符合规范还有一段距离”[④]。

3. 企业社会责任报告的实施要求

为实现企业社会责任报告通过利益相关者对企业的反应促进企业自主提高其社会责任承担的目的，企业社会责任报告应做到：一是促进企业系统了解其行为将如何影响其他社会主体，二是确保信息公开且利益相关者可根据公开的信息对

---

① See Ministère des Affaires Etrangères-France. “The French legislation on extra-financial reporting: built on consensus”. https://www.diplomatie.gouv.fr/IMG/pdf/Mandatory_reporting_built_on_consensus_in_France.pdf.

② See GRI. “Regulating for a more sustainable future: New Norwegian CSR regulation entered into force”, https://www.globalreporting.org/information/news-and-press-center/Pages/Regulating-for-a-more-sustainable-future-New-Norwegian-CSR-regulation-entered-into-force.aspx.

③ See the Accounting Act (regnskapsloven) § 3-3c.

④ See the KPMG Survey of Corporate Responsibility Reporting 2015.

企业进行褒奖或批判，三是企业可通过该机制了解社会对其行为的期待。由此，企业社会责任应包含以下几个要求：

（1）强制性

在自愿企业社会责任报告制度下，企业“报喜不报忧”[①] 的现象易屡禁不止。而在强制性要求下，企业应连续性、持续性地公布其企业社会责任承担状况，以防止企业社会责任沦为企业的市场营销手段。当然，企业社会责任报告也需要考虑企业的负担能力。对于中小企业而言，企业社会责任报告将增加其负担，因此，仅应强制要求一定规模以上的企业出具企业社会责任报告。

（2）规范性程序

首先，企业应当进行企业价值陈述，创设并持续更新其企业价值；其次，应当建立数据收集程序，包括与利益相关者的对话机制及与企业本身的对话机制；最后，企业应建立关于社会责任报告的全面机制，企业员工应将企业社会责任报告程序融入其职业程序。

（3）利益相关者导向

不同利益相关者对企业社会责任承担的关注点不同，例如消费者更关注企业的产品性能、质量、价格，社区更关心企业的慈善捐赠，雇员更关心薪酬、职业培训等。企业社会责任报告应针对不同的利益相关方设置不同的章节，并指明其如何满足了不同利益相关者的社会要求。

（4）第三方独立机构认证

应要求独立、可靠的审计机构对企业社会责任报告进行审计，以确保报告的真实性。由此，科学的程序设置和合理的政策制定才具有意义。与企业社会责任的审计一样，企业社会责任的认证也应该设立独立、可靠的认证员。

（5）年度报告制度与社会公示制度的运用

认证后的企业社会责任应向社会进行公示。报告应该包含社会审计的基本结论和管理层对于企业社会表现的说明。企业社会责任的公示制度应当置于证券法的公示框架体系内。

（二）遵守或解释规则

在非金融事项报告的基础上，欧盟各成员国还结合欧盟 2006/46/EC 指令在

---

① 张蒽、翟利峰、王志敏、王梦娟等著：《中国企业社会责任报告 2016》，经济管理出版社 2017 年版，第 2 页。

企业社会责任领域发展出以“遵守或解释”为原则的公司治理办法，并将其作为欧盟公司治理的核心要素之一。如西班牙证券市场委员会于2014年发布了《西班牙上市公司良好治理准则》，在规则制定过程中，专家委员会指出：“应当区分强制部分和自愿部分，其中，强制部分由西班牙公司法规定，自愿部分应遵循‘遵守或解释’原则。”该法允许企业自主决定是否执行治理规则推荐的行为，但如果其选择不执行，那么其应当作出解释，使利益相关者能够充分了解企业行为。① 瑞典公司治理委员会于2016年颁布的《瑞典公司治理准则》中也指出：“相较公司法和其他法律法规的最低标准，本规则以一种更为自主的方式界定了良好公司治理的标准。这一界定的关键是‘遵守或解释’机制。这意味着，企业不需要在任何时候都遵守本规则的任何条款，允许其根据自身的实际情况自主地选择替代路径。只要它们对其未遵守的行为进行公示，描述他们的替代路径，并解释他们如此做的原因。”② 英国金融报告委员会制定的《英国公司治理准则》更是将“遵守或解释”原则作为其首要原则，并着重强调：“‘遵守或解释’原则是英国公司治理的奠基石。其从本准则确立之初就扮演着重要角色，也是本准则灵活性的基础。该原则被企业、股东广泛接受，也得到了国际社会的一致认可……该原则是本规则的核心内容，以何种路径对其进行适用应是董事会讨论的核心内容，因为这一问题与他们如何根据本规则进行经营行为休戚相关……”③ 法国《新环保法》同样认可了“遵守或解释”规则的应用。而在欧盟成员国之外，韩国《公司治理最佳实践准则》第2.3条规定“在年度报告中，公众企业应该解释其公司治理和本准则之间的区别、造成这种区别的原因以及未来转变的计划”④；此外，即便是在实施强制性企业社会责任的印度，“遵守或解释”规则也得到了立法的肯定。

“遵守或解释”规则的机理在于践行反身法路径让市场决定每一个企业是否符合社会对其社会责任践行标准的理念。其杜绝了传统“命令-控制”监管模式下“一刀切”的规范方法，而是通过“市场制裁”的方式对企业社会行为进行约束，即利益相关者对企业社会行为不满，则投资者可能出售其股份、雇员可能选择其他企业、消费者可能选择其他产品或服务等。

---

① See CSR, Principle 24 of The New Good Governance Code, CSR http://www.activesustainability.com/opinion/CSR-principle-24-of-the-new-good-governance-code/.

② See the Swedish Corporate Governance Code, Sector 1: 5.

③ See the UK Corporate Governance Code: Comply or explain.

④ Code of Best Practice for Corporate Governance, South Korea, 2003.

三、反身法路径的实施效果

企业社会责任报告模式的本质在于社会回应机制的运用。立法者保障的仅仅是企业社会责任信息的公开透明，而对于企业社会责任的促进与承担，立法者更希望通过市场机制交由投资者和消费者予以解决。尽管通过市场声誉机制和企业回应机制，反身法路径取得了一定的效果，促进了企业社会责任的自主提升。然而，由于反身法路径赋予了企业高度的自主性，其规制难以避免地存在巨大的漏洞，甚至在某些情况下阻碍了企业社会责任的发展：

（一）股东和管理层利用法律漏洞规避社会责任

企业社会责任反身法路径的消极后果之一是股东和管理层利用法律漏洞规避社会责任。常见的做法是，“产业链上游可能以责任移转方式，通过跨地域投资和产业空间转移可以回避所在国家或地区的企业社会责任压力”①。而在撰写企业社会责任报告之时，这些企业社会责任承担不足的企业又往往以华丽的辞藻对事实进行修饰。根据对环境报告的相关调查显示，企业社会责任承担最为不足的企业往往拥有最完美的报告。②

（二）企业阻碍有利于社会责任发展的技术革新

企业社会责任反身法路径的消极后果之二是企业阻碍有利于社会责任发展的技术革新，这一点在环保领域尤其明显。由于改良生产技术，增加环保设备需要企业付出大量成本，在秉持自愿的原则下，企业难有环保的动力。政府间气候变化专门委员会指出，目前有很多技术具有减少温室气体排放量的潜力，但这些技术的应用有较大阻碍，股东利益的最大化的理念被认为是其中一项障碍。③

---

① 杨力：“企业社会责任的制度化”，《法学研究》2014 年第 5 期。

② Sjåfjell, Beate. “Why law matters: corporate social irresponsibility and the futility of voluntary climate change mitigation.” European Company Law, Vol. 8, (2011).

③ Intergovernmental Panel on Climate Change. Working Group 3, “Climate change 2007: mitigation: contribution of working group III to the fourth assessment report of the intergovernmental panel on climate change: summary for policymakers and technical summary.” Cambridge University Press, 2007.

（三）企业社会责任易沦为“洗绿剂”

企业社会责任反身法路径的消极后果之三是企业忽略社会责任的核心内容，导致企业社会责任沦为一种营销手段或“洗绿剂”。在反身法路径下，越来越多的企业期冀通过慈善捐赠以获得市场声誉，而忽略了对其经营战略、日常经营中企业社会责任的践行。例如，根据《京东企业社会责任报告2004-2013》①，京东集团于2010年4月开展了“京东进取超越”奖学金项目，支持北理工足球队的发展。然而，对足球队的支持和京东本身的商业运营（例如，如何对待其员工，如何对待其合同相对方的工人，如何促进环保等）并无关联。其属于社会慈善事业。尽管从广义上说，社会慈善属于社会责任的一部分，也应当得到政策支持。然而，这终究属于企业的外部事项，并非企业社会责任的核心内容。现实中，对大多数企业而言，公益捐赠能够提高其社会声誉，在一定程度上具有广告效应。因此在企业社会责任为自愿责任的前提下，企业更愿意进行慈善事业，而不愿从商业运营的角度出发改善社会责任。这一偏向性行为不仅使企业社会责任沦为一种商业营销方式，还让报告公示、消费者反馈、管理层决策等核心企业社会责任促进手段难以发挥其效用，更让企业认为通过慈善事业等手段获得企业社会声誉可以掩盖其在环境、人权、产品、社会等方面企业社会责任承担不足的事实，使得企业社会责任中的非核心责任沦为企业行为的“洗绿剂”。

第三节　反身法路径中国化的经验与反思

反身法路径解决了传统“命令-控制”式规制中监管不足、监管混乱以及监管成本过高的缺陷，通过企业社会责任信息公示的方式促进企业与利益相关者的沟通，并通过市场声誉机制和社会回应机制促进企业社会责任的自主提高，高度契合了我国目前商事制度改革中简政放权、政府监管由事前监管向事中事后监管转变、充分发挥市场机制的内容，因而，为我国监管部门所认可并适用。然而，

① 见https：//gongyi. jd. com/subject/detail_ mk_ pwp_ 51e5ff9cca27fe2c2bebff3c_ 0. html。

相比欧盟各国的高企业社会责任水平，我国企业受规模、市场份额等因素的限制，总体处于企业社会责任发展的初级阶段，我国企业的利益相关者对于企业社会责任表现的关注度与发达国家也有一定的差距。由此，反身法路径在我国的适用还需其他路径的补充。

一、反身法路径的中国化经验

（一）我国反身法路径的规范性文件

1. 企业社会责任报告制度的要求性规定

我国涉及企业社会责任报告的规范性文件包括两个类型：一是强制性企业社会责任报告。例如国资委《关于中央企业履行社会责任的指导意见》第十八条规定有条件的企业“要定期发布社会责任报告或可持续发展报告，公布企业履行社会责任的现状、规划和措施……”根据该意见，企业社会责任报告和可持续发展报告对于有条件的央企而言是一项强制性义务。然而，对于“有条件的企业”的范围以及企业社会责任报告的内容，该意见中却并未给出明确答复。二是自愿性企业社会责任报告。该类型的要求主要体现为证券交易所的指引性规则。例如《深圳证券交易所上市公司社会责任指引》（以下简称《深交所指引》）第五条规定公司应“自愿披露公司社会责任报告”，又如《上海证券交易所上市公司环境信息披露指引》（以下简称《上交所指引》）第三条规定其鼓励上市公司“及时披露公司在承担社会责任方面的特色做法及取得的成绩，并在披露公司年度报告的同时在本所网站上披露公司的年度社会责任报告”。相对于中央企业社会责任披露部分强制的规范方式，我国对上市公司企业社会责任报告采用的是自愿性披露的规范方式。同时，相比对于中央企业社会责任信息的原则性要求，证券交易所在其指引中还就社会责任报告的范围和内容进行了进一步的详细规范。

2. 企业社会责任报告制度的可操作性规定

为促进企业更好地履行社会责任报告制度，我国在要求性规定的基础上还就企业社会责任报告的具体范围等内容作出了可操作性的规定，其同样可分为两个类型：一是证券交易所关于社会责任报告内容的可操作性规定，例如深交所指引第七章中规定了企业社会责任报告至少应当包括：职工保护、环境污染、商品质量、社区关系等方面的社会责任制度建设和执行情况，遵守或解释规则，改进措施和计划[①]。又如上交所指引第五条规定了公司可根据自身特点决定企业社会责任报告的具体内容，但报告至少应当包括公司在促进社会可持续、环境及生态可持续、经济可持续方面的工作。二是国家质监局和国家标准委联合发布的GB/T 36001-2015《社会责任报告编写指南》，其对企业社会责任报告提出了“完整全面、客观准确、明确回应、及时可比、易读易懂、获取方便”的基本要求，并认为企业社会责任报告应当包括组织概括、组织核心价值观与发展理念、组织最高管理者的社会责任承诺、社会责任战略、社会责任识别与沟通以及GB/T 36000-2015《社会责任指南》标准下各主题及下属议题的绩效信息。相对于证券交易所对于企业社会责任报告的规定，《社会责任报告编写指南》对企业社会责任报告的一般性要求、编制流程、具体内容等方面给予了更为系统、具体的指导。

（二）我国反身法路径的实施效果

1. 企业社会责任报告的高数量水平

我国在企业社会责任报告监管层面融合了国际社会政府主导型社会责任报告制度（如法国、印度尼西亚、南非）和交易所主导型社会责任报告制度（如巴西、马来西亚和新加坡）两种制度，因此在政府和交易所双管齐下的规范机制中，反身法路径下我国企业社会责任报告的突出效果在于社会责任报告的高数量水平。自2013年起，我国企业社会责任报告的发布指数就在73%的全球企业社会责任报告平均指数之上，并在近年来一直维持着稳定上升的趋势。根据中国企业社会责任报告评级专家委员会统计，至2016年11月其共收到1710份企业社会责任报告，相比2006年的32份，增长了53倍[②]，呈现出“井喷式”的增长态势。高数量水平企业社会责任报告带来的直接优势就是有效“减少了中国投资者信息不对称的情况”[③]，完善了企业和利益相关者之间的沟通机制。

2. 企业社会责任报告的质量仍有待提高

尽管我国企业社会责任报告的数量喜人，但在质量上，仍有很大的提升空间：

---

① 参见《深交所指引》第三十六条。

② 张蒽、翟利峰、王志敏、王梦娟等著：《中国企业社会责任报告2016》，经济管理出版社2017年版，第2页。

③ Hung, Mingyi and Shi, Jing and Wang, Yongxiang “The Effect of Mandatory CSR Disclosure on Information Asymmetry: Evidence from a Quasi-Natural Experiment in China.” Asian Finance Association (AsFA) 2013 Conference.

一是我国企业社会责任报告的认证水平较低。在2016年的1710份企业社会责任报告中，仅有158份进行了第三方认证[①]，这个数据远远落后于法国（96%）、韩国（86%）、希腊（70%）、英国（61%），甚至低于世界主要国家前100企业社会责任报告第三方认证42%的平均水平。[②] 二是对负面信息的披露十分有限，“报喜不报忧”的现象仍存在。2016年的数据几乎所有企业都集中于慈善捐赠方面，[③]而在企业社会责任报告中包含社会责任负面信息的报告仅有575份，其中，仅有54家企业具体阐述了一些不负责企业行为原因、经过、解决办法及未来规划。此外，企业社会责任负面信息的公示也存在企业类型上的差异。55.3%的外资企业公布了企业社会责任负面信息，50.3%的国企公布了企业社会责任负面信息，而民营企业中公布企业社会责任负面信息的不足50%。[④]

二、反身法路径的中国化反思

（一）基于我国社会经济特殊性的反思

1. 我国企业承担企业社会责任的整体意愿较低

如前所述，企业自愿承担社会责任的前提在于“利益大于成本”的正收益，具体而言，企业自愿承担社会责任应满足以下两个条件：一是企业社会责任的承担不会减少企业的利润水平，这是企业愿意承担社会责任的底线；二是企业承担社会责任能够比逃避社会责任获取更多的利益，这是企业愿意承担社会责任的动力。对于第一个条件而言，企业社会责任是否会影响企业利润水平取决于企业的规模和市场份额。对于大规模企业而言，其拥有良好的供应商和稳定的市场，其融资更为便利，资金周转能力也占有优势。由此，对于着眼于长期利益的大规模企业而言，短期的企业社会责任支出导致的产品或服务成本上升并不会引起企业利润的下降，相反，市场声誉的良好反馈反而有利于企业的长期利益。由此，对于大规模企业而言，与其说企业社会责任是一项支出，毋宁说企业社会责任是一

①④ 张蒽、翟利峰、王志敏、王梦娟等著：《中国企业社会责任报告2016》，经济管理出版社2017年版，第5页。

② See the KPMG Survey of Corporate Responsibility Reporting 2015.

③ 徐炜：“中国上市公司企业社会责任实施的现状研究——以企业的社会责任报告为例”，《首都经济贸易大学学报》2009年第2期。

种投资。

然而，我国存在大量的民营企业，尤其是中小规模民营企业或者是初创阶段的小微企业。对大多数中小规模企业或小微企业而言，其缺乏良好的供应商和稳定的市场，议价能力较低，融资难度较高，其市场竞争的最大优势在于通过压低成本获得价格优势。由此，其更关注于企业的短期利益和企业的资金周转。而企业承担社会责任恰恰是增加了其短期成本和经营负担，因此，在缺乏强制性法律手段或政策性奖惩机制的前提下，空谈中小企业的社会责任而忽略中小企业的长期发展是毫无意义的。因此，基于我国劳动力密集型的产业结构和大量中小企业甚至小微企业存在的事实，相比欧美国家，我国企业在自愿承担企业社会责任的内在驱动力上有所不足。

2. 我国社会对于企业社会责任的期待较低

限制我国企业社会责任反身法路径实现的另一个因素在于我国社会对于企业社会责任的期待较低。一方面，受以经济发展为中心的长期政策性影响，我国社会对于企业责任的期待主要在于经济责任层面。作为发展中国家，我国长期处于社会主义初级阶段，并在近 40 年的时间里树立了“以经济建设为中心”的发展目标。尽管 21 世纪以来，我国在政策层面上已通过“又快又好”向“又好又快”的经济发展模式转变，科学发展观的提出，创新、协调、绿色、开放、共享的新发展理念促进了经济增长模式的转变，希望“自上而下”地培育企业社会责任的成长氛围。但无论对于企业还是对于公众，企业经济利益的最大化追求似乎已经成为企业的本职工作，无论是投资者还是管理层，其更关注于企业的股票价格而并非企业的社会责任。而以欧美为代表的成熟市场国家，其已经历社会运动带来的从经济利益到综合性利益的转变，通过“自下而上”的运动方式，在长达半个多世纪的时间内逐步构建并完善了企业社会责任理念。与此同时，其还建立了一套相对成熟的信息披露机制和信息沟通机制。由此，无论是政府还是公众均对于企业社会责任有较高的接受度。

另一方面，受我国收入水平和福利水平的限制，社会更关注企业为利益相关者的经济利益。企业社会责任水平的提升过程中势必会将部分社会责任产品转嫁到商品或服务的价格中，由此，仅有当其利益相关者认同社会责任承担状况较好、费用相对较高的企业产品或服务时，企业才有动力及能力提升企业社会责任水平。从世界各国企业社会责任的发展水平来看，国民人均收入排名全球前十的瑞士、挪威、新加坡、丹麦、冰岛、美国也都具有较高的企业社会责任水平。而我国作为发展中国家，国民人均收入水平仅排世界第70位。与发达国家还有较大的差距。故对于雇员而言，其更倾向于工资待遇好的企业，对于消费者而言，其更倾向于质量良好、价格低廉的产品。若企业因承担环境、人权等社会责任而丧失了价格优势，则其很有可能丢失一定比例的市场份额。由此，价格因素和薪资因素是公众产品、服务或企业选择的重要因素，而对于涉及公共利益的资源、环境等因素，则其可能成为公众选择的限制因素。

由此，受社会理念和社会人均收入水平的影响，我国社会对于企业的经济能力关注显然大于对于企业社会责任的关注。甚至在企业社会责任概念提出之初，还有学者认为企业社会责任的实质是“企业办社会”，而不应得到支持。是故，在这一背景下，企业社会责任的市场声誉机制无法构建，相比欧美国家，我国企业在自愿承担企业社会责任的外在促进力上有所不足。

（二）基于信息披露有效性的反思

对于反身法路径中国化的另一层反思在于对信息披露制度本身的效用质疑。尽管信息披露目前是企业行为领域最为推崇的监管方式，但无论是欧洲学者还是美国学者，都已开始反思反身法路径对于企业行为的规制不足。挪威奥斯陆大学的比埃塔·斯约菲尔教授认为在反身法路径下，企业可能通过社会责任报告的修饰，以最小的成本规避企业社会责任的承担。① 而美国芝加哥大学法学院的欧姆瑞·本·沙哈尔（Omri Ben-Sharhar）教授则认为强制披露制度本身就是“一个萝蕾莱（Lorelei），将立法者们引向监管失败的暗礁”②。欧姆瑞·本·沙哈尔教授认为，强制披露失败的根本原因在于其建立在一条脆弱的因果链上，仅有当监管者、信息披露者、信息披露对象均能熟练扮演自身角色的前提下，该制度才能获得成功。但事实上，对于监管者而言，其必须科学界定哪些信息应当披露，应以何种方式披露等规则；对于披露者而言，其必须理解监管部门制定的各项披露规则；对于披露对象而言，其必须从大量的信息中提取有效信息并进行合理反馈；对于现代社会浩如烟海的数据信息而言，完成“筛选-识别-分析-反馈”的

① See Sjåfjell, Beate. “Why law matters: corporate social irresponsibility and the futility of voluntary climate change mitigation.” European Company Law, Vol. 8, (2011).

② 【美】欧姆瑞·本·沙哈尔、卡尔·E. 施耐德著，陈晓芳译：《过犹不及——强制披露的失败》，法律出版社2015年版，第4页。在神话中，萝蕾莱是一位女性水神，其地位类似于美人鱼。传说，萝蕾莱利用自己的曼妙歌声将水手引到礁石附近，导致水手走向死亡。

工作无疑是一项浩大的工程，几乎超出了任何一个人的认知。哪怕是一项简单的iTunes软件下载，也“扩展成为32英尺的小字体合同”[①]。在这一情形下，几乎信息披露的每一个环节都存在损耗。强制披露成为美国应用最多但效用最少的监管方式。不仅如此，强制披露还会在实践中造成“劣法驱逐良法”的不利情形，抑制了监管部门寻求其他更为有效的监管方式的路径。

对于旨在简政放权、发挥市场监管的中国商事监管者而言，反身法路径几乎完美契合了当下商事制度改革的思路，监管者和理论研究者迫不及待地论证了其对于当今中国企业行为监管的重要意义，并急不可耐地将其运用于商事监管实践中。这对于我国的政府职能固然具有重要的意义。然而，对于信息披露的盲目追捧却极容易造成实践中的监管失效。我国正处于监管思路转型的“十字路口”，应从欧美国家对于反身法路径的反思中汲取经验，通过强制性立法等综合性立法工具的应用对反身法路径的缺陷进行修补具有重要的意义。

① 【美】欧姆瑞·本·沙哈尔、卡尔·E. 施耐德著，陈晓芳译：《过犹不及——强制披露的失败》，法律出版社2015年版，第6页。

第五章 企业社会责任的可持续公司法路径

随着反身法路径下以社会回应机制促进企业社会责任发展的弊端逐渐暴露，欧盟提出了“可持续商业”的概念，并于2012年颁布了名为“欧洲公司法和公司治理——促进股东积极参与和公司可持续发展”① 的行动计划，在该行动计划中，欧盟委员会、欧盟议会和欧盟经济、社会事务委员会均认为，企业应关注长期利益，“公司法和公司治理框架均应有利于明智的、可持续的、包容性的经济增长”②。在此基础上，来自奥斯陆大学法学院的比埃塔·斯约菲尔教授主持了欧盟“可持续公司法”项目，认为“一切照旧模式注定通往不确定的未来”③，其反对将环境、社会等企业社会责任事项视为企业的外部事项或其他事项，认为应通过“外部责任内部化（Internalizing Externalties）”④ 的方式将经济、社会、环境事项融入企业决策，以促进企业长期利益和社会利益的“双赢”发展。

比埃塔·斯约菲尔教授尤其关注公司法在促进可持续目标实现中的作用，并提出了企业社会责任的可持续公司法路径。她认为“企业在经济发展中扮演着重要角色，如果欧盟想要实现可持续发展目标，则欧洲企业必须在其中发挥重

①② COM/2012/0740 final.

③ Sjåfjell, Beate. “Achieving Corporate Sustainability: What is the Role of the Shareholder?” University of Oslo Faculty of Law Research Paper No. 2016-10.

④ Sjafjell, Beate. “Internalizing externalities in EU law: why neither corporate governance nor corporate social responsibility provides the answers.” Geo. Wash. Int'l L. Rev. 40 (2008).

要作用"[1]。然而，在目前的讨论框架下，企业社会责任的问题在公司法领域内往往被视为一项“其他问题”[2] 而少有人问津，反而在环境法、人权法领域被予以了更多关注。甚至在公司法和公司治理的讨论中，企业社会责任的议题被强大的“股东至上”主义和如何保障股东权利最大化的讨论所阻碍。因此，应通过加强法律介入的方式树立企业可持续发展的观点，重新界定公司法的目标和公司治理体系中股东、董事及管理层和职工的角色，通过公司治理改革增强企业社会责任承担的内部动力。

基于此，本章将介绍可持续公司法路径的产生原因和发展历程，着重关注可持续公司法路径下股东、董事及管理层以及职工的角色转变和职责明确，分析可持续公司法路径的现实效果，探讨其在中国本土化展开的可能与障碍，以期为我国企业社会责任法律化的路径探讨提供有利建议。

第一节 可持续公司法路径的产生及发展

可持续公司法路径（sustainable company law approach）是对反身法路径的革新。诚然，反身法路径通过社会回应机制的方式有效促进了企业社会责任的自主提高，但同时，非金融报告也变成了一个“任人打扮的小姑娘”。企业将其作为市场营销和危机应对的工具，并花费大量时间就报告的内容进行粉饰。这导致反身法的立法路径下，企业不仅不能从根本上提高社会责任承担水平，反而通过对企业社会责任的夸大宣传“洗白”了其产品或服务质量不佳带来的市场负面效应。

一、可持续公司法路径的内涵及特点

（一）企业可持续性和可持续企业

在反身法路径践行的几十年后，依旧不断出现的环境问题、社会问题几乎宣

---

① Sjafjell, Beate. “Internalizing externalities in EU law: why neither corporate governance nor corporate social responsibility provides the answers.” Geo. Wash. Int'l L. Rev. 40 (2008).

② 罗培新：“善治须用良法：社会信用立法论略”，《法学》2016 年第 12 期，第 104-112 页。

告了“一切照旧（business as usual）”商业模式的失败。与此同时，愈加国际化的营商环境和愈加开放化的舆论环境激起了社会对企业社会责任的强烈需求。在外部性监管为主的传统企业社会责任促进手段遭遇“天花板”后，以“外部责任内部化”为手段的企业可持续性和可持续企业的概念逐渐得到了理论界和实务界的认可。

企业可持续的核心内涵在于促进企业社会责任和公司治理的融合，正视企业社会责任和企业经济利益之间的内在联系，其认为企业的价值创造应包含三个方面：“一是环境可持续，即保障支撑人类生存的生态系统的长期稳定与恢复力；二是社会可持续，即促进对人权的尊重和发展；三是经济可持续，即满足稳定的、有恢复力的社会的经济需求。”①

在此基础上，北欧公司法学者进一步定义了可持续企业，认为可持续企业包括利益相关者价值、利益相关者建议、社会及环境事项的公示、促进可持续的薪资制度、长期负责的投资者、可持续的目标和战略六个方面的要素，具体如图12所示：

图12　可持续公司的构成元素②

① Sjåfjell, Beate. “Achieving Corporate Sustainability: What is the Role of the Shareholder?” University of Oslo Faculty of Law Research Paper No. 2016-10.

② Vitols, Sigurt, and Norbert Kluge. The Sustainable Company: a new approach to corporate governance. Vol. 1. ETUI, 2011. pp. 24-25.

其中，利益相关者和可持续的多层次概念是可持续公司的核心指导原则；可持续的目标和战略的设置是实现可持续公司的实践方法；利益相关者建议应纳入公司的决策考量；社会及环境事项的公示是保障可持续公司实现的外部程序；可持续为导向的薪资制度是促进可持续公司实现的内部动力；长期负责的投资者是可持续公司得以实现的所有权基础。

（二）可持续公司法路径的内涵及特点

1. 可持续公司法路径的内涵

在企业可持续性和可持续企业的概念确立后，北欧学者进一步提出了企业社会责任可持续公司法路径的构想。不同于前几种路径将企业社会责任视为企业的外部负担或企业的营销工具，可持续公司法的实质是加强法律尤其是公司法对于社会责任的干预，通过“外部责任内部化”① 的方法将经济、社会、环境三项社会关联因素融入公司法的核心决策和风险管理，通过对公司法目标、股东角色重塑及董事（管理层）角色重塑的方式促进企业社会责任和公司治理的融合，从而实现企业、社会、环境的可持续发展。

2. 可持续公司法路径的特点

可持续公司法路径融合了反身法、强制法及标准化的特点，可谓是一个“集大成者”，其主要具备以下几个特点：

（1）强制性规则与任意性规则的结合

可持续公司法路径是对反身法路径下自愿企业社会责任的改进。其特点之在于加强了法律对于企业社会责任的强制性干预，具体而言，表现一是针对大中型企业，非金融事项披露由自愿披露改为强制披露；表现二是将环境工程学中“地球界限（planetary boundaries）”的概念引入公司法作为企业行为的最低标准。

但同时，在企业捐赠等道德义务上，其仍旧保留了反身法路径下自愿企业社会责任的原则。可持续公司法路径本身并不要求企业在“地球界限”的标准外承担企业社会责任，而是通过对公司利益的解释、对企业社会责任和企业盈利能力之间关系的论证、对企业社会回应机制的营运，促进企业自主提高企业社会责

① Sjåfjell, Beate. “Achieving Corporate Sustainability: What is the Role of the Shareholder?” University of Oslo Faculty of Law Research Paper No. 2016-10.

任水平。

（2）短期利益向长期利益的转变

可持续公司法路径的最大特点即可持续性，其既不向商业社会所追求的短期可见的经济利益妥协，也不如强制性企业社会责任那样将社会利益置于公司利益之上，而是追求股东利益、公司利益和社会利益的一致性，形成经济利益、社会利益、环境利益全面协调可持续的发展。

可持续公司法路径的核心在于对“公司利益”一词的理解。在美国 1919 年著名的道奇诉福特汽车公司一案中，密歇根州最高法院认为，公司董事会对股东承担受信义务（fiduciary duties），其只能通过不同手段实现股东利益而不得改变股东利益这一目标本身。由此，“福特先生提高产品质量，增强社会责任的想法固然可敬，却因其中无法看到对股东的可视化利益难以得到法院的支持”[①]。然而，在 2015 年后欧洲各国的公司治理准则改革中，“长期性”一词成为商业社会法律规范的主导。企业利益由此从以股东经济利益为主导的短期利益向以利益相关者为主导或股东利益为主导兼顾利益相关者利益的长期利益过渡。良好的社会责任承担水平被证明有利于吸引高质量的劳动者，增强与消费者的良好关系，提高企业的市场声誉，并由此提高企业的市场竞争力，故有利于企业的长期利益。

对公司利益的解释由短期利益向长期利益的转变为将企业社会责任融入公司法中的“商业判断规则”或董事、股东受信义务奠定了基础，是可持续公司法实现的重要突破之一。

（3）企业社会责任与公司治理的融合

公司法的传统理论下，公司治理和企业社会责任属于相互独立又相互排斥的领域：公司治理侧重于讨论股东利益的保护，并由此衍生出中小股东利益平衡、股东会和管理层权责分配等问题；企业社会责任侧重于讨论公司的对外支出，在“股东至上”主义下，被认为应由环境法、劳动法、人权法等外部性法律进行调整。由此，公司法和外部法律之间出现了断层，而这一断层的传统弥补方式是通过强制性立法将部分企业社会责任转化为企业法律义务，从而使低限度的企业社会责任成为公司合规性的一部分。然而以强制性立法约束企业行为的弊端在于无论是股东会还是董事会都在竭尽全力地利用法律漏洞和异地注册的方式逃脱社会责任的约束，从而不利于区域经济和企业社会责任的长期发展。

---

① See Dodge v. Ford Motor Co., 170 N. W. 668, 204 Mich. 459, 204 Michigan 459 (1919).

可持续公司法领域通过论证企业社会责任对长期利益的有利性和长期利益本身的合法性及对“公司利益”一词的再解释将社会责任事项融入公司法中，并通过公司目的的立法更改、董事角色和股东职能的重塑实现“外部责任内部化”，促进企业社会责任和公司治理的全面融合。自此，企业社会责任和公司治理不再是两套独立的体系，而是相互促进、相互融合的公司治理体系。

二、可持续公司法路径的产生背景

（一）可持续发展目标与商业发展的融合

1. 可持续发展目标的提出

1987年世界环境与发展委员会在《我们共同的未来》的阐释中首先提出了“人类在不损害下一代人需求的前提下满足当代人需求的能力”的可持续发展概念。[①] 1992年，联合国在里约召开环发大会，“可持续发展的理念逐渐形成并被国际社会所接受”[②]。2015年，联合国通过了17项可持续发展目标，旨在将“消除贫困、保护地球和确保繁荣”[③] 作为2015年到2030年新的全球可持续发展议程的一部分。可持续发展议程要求各成员国主动承担责任，建立实现可持续发展目标的国家框架，并对目标的执行情况进行跟踪和审查，最终实现“促进可持续、包容和公平的经济增长，为所有人创造更多的机会，减少不平等，提高基本生活标准，促进社会公平发展和包容性，推动自然资源和生态系统的综合和可持续管理”[④] 的可持续发展目标。在具体实现路径上，联合国在17项可持续发展目标项下设立了169项具体目标，就上述17项可持续发展目标进行了更为细致化、数据化的规定，为17项可持续发展目标的实现提供了明确的指引方向。

作为联合国安理会常任理事国，我国同样致力于联合国可持续目标的实现。自1992年巴西里约热内卢召开联合国环境与发展大会，就可持续发展道路达成共识以来，中国逐渐寻求可持续发展的本土化路径。1994年，我国发布《中国

① Report of the World Commission on Environment and Development: Our Common Future, Part 1, 2, I.

② 彭斯震、孙新章：“全球可持续发展报告：背景、进展与有关建议”，《中国人口·资源与环境》2014年第12期。

③④ 联合国：“可持续发展目标——17个目标改变我们的世界”，http://www.un.org/sustainabledevelopment/zh/sustainable-development-goals/。

21世纪进程——中国21世纪人口、环境与发展白皮书》；1996年我国将“可持续发展”和“科教兴国”确立为国家发展的两大战略；2012年我国发布《中国可持续发展国家报告》，对我国可持续发展的总体情况进行了总结和部署以促进可持续道路的本土化实现；2016年，中国发布“十三五”规划，将可持续发展议程纳入国家战略之中。

2. 可持续发展目标与商业的融合

在联合国和各成员国政府的努力下，可持续发展业已成为一项全球性战略。各国政府在促进全球可持续目标的本土化转化过程中也逐渐意识到，“脱离商业和金融的贡献，环境、社会、经济的可持续性将无法达成”①。由此，通过商业力量和市场手段促进可持续发展目标的实现成为可持续发展全球性战略下的一个重要议题。关于企业可持续性、可持续公司法等促进公司治理与企业社会责任融合的子议题也不断发酵。

其中，最具有典型意义的是联合国全球性契约。该契约“将企业、劳工组织、政府、学术界等诸多行为体汇集起来，以切实举措推动了社会与经济的可持续发展”②。联合国全球性契约2017年的主题报告为“可持续发展的商业解决”，旨在通过政府-私人合作，将17项可持续目标“共同且全面的框架转化为明确的行动和创新的解决路径”③。根据该报告，通过产品和技术创新、新产品新技术的供应、就业岗位的创造以及通过国际贸易促进人口和文化的交流，企业在促进可持续发展目标的实现过程中扮演了重要的角色。在2015年后，企业不仅应创造有利于企业的价值，也应创造有利于社会的价值。“除此之外，企业还应持续创造新的经营模式并对有利于可持续发展的技术、商品、服务进行投资”④。瑞典企业联合会2004年的一份报告中也指出了企业对于可持续发展的重要性，认为企业将在“（1）提供消费者无法或不愿自己生产的产品或服务；（2）创造就业岗位；（3）持续开发新产品、提供新服务、研究新工业；（4）投资新技术和雇员技能；（5）构建并传播国际标准，例如环境标准；（6）传播不同领域的‘优秀实践’，例如环境和安全作业”等方面促进人类生存环境的提升。⑤

---

① Sjåfjell, Beate. “Achieving Corporate Sustainability: What is the Role of the Shareholder?” University of Oslo Faculty of Law Research Paper No. 2016-10.

② 孙伊然：“联合国全球契约：十年回顾与展望”，《现代国际关系》2011年第8期。

③④ UN Global Compact Report: Business Solutions to Sustainable Developments, 2017.

⑤ Svenskt Näringsliv, “Questions and answers on the role of business in society.”

基于此，在政府指引、企业自发和舆论压力的环境下，越来越多的企业加入到促进可持续目标实现的努力中。截至 2017 年，全球已有 9413 家企业加入了联合国全球契约，通过“复合多边主义”① 的模式致力于环境污染、社会矛盾等问题的解决，促进可持续路径下经济、社会、环境的共赢发展。

（二）社会各界对于可持续企业的期待

对于现代社会而言，“企业毫无疑问地对经济和生活具有重大影响”②：从积极角度而言，其能够生产或提供有利于社会发展和社会保障的产品或服务、提供就业岗位、促进技术发展和能源创新等；从消极角度而言，其对利益的单一化追逐也可能导致对人权侵害、环境污染等社会、环境的破坏。无论是政府、公众还是企业自身，都对于企业在实现可持续目标中的贡献充满期待。

1. 政府期待降低社会管理成本

联合国前秘书长潘基文在评价联合国全球性契约时曾说“在联合国契约之下，企业成为关键的合作伙伴。我们已经看到，通过创新与协作，再加上负责任的商业实践，就能推动强有力的变革。现在，我们需要全世界更多的企业投身到可持续发展的进程中，共同承担起一个创造美好世界的责任。”③ 政府的功能之一在于促进社会公平，然而尽管企业缴纳的税款将有利于政府部门实现财富的再分配，并将税款用于环境改善、社会保障等项目，但“政府可能存在腐败、低效甚至向私主体掠夺等问题”④。相较之下“企业员工相比政府职员能够更好地就资金流向进行判断”⑤。希望通过企业社会责任建立良好市场声誉的企业将社会责任支出挪作他用的可能性更小，其也更容易识别有效的社会责任项目。由此，政府希望通过政策引导的方式促进企业主动承担法律规则之外的社会责任，转移部分政府压力，降低部分政府成本，并实现经济、社会、环境的可持

---

① 孙伊然：“联合国全球契约：十年回顾与展望”，《现代国际关系》2011 年第 8 期。

② Schaltegger, Stefan, Florian Lüdeke-Freund, and Erik G. Hansen. “Business cases for sustainability: the role of business model innovation for corporate sustainability.” International Journal of Innovation and Sustainable Development 6. 2 (2012).

③ 联合国全球契约：“影响力：变革商业，共创美好世界。” https://www.unglobalcompact.org/docs/email_ downloads/2016_ 01_ 13/IMPACT_ Content_ Excerpt_ ZH. pdf。

④ Ferrell, Allen and Liang, Hao and Renneboog, Luc. “Socially Responsible Firms.” European Corporate Governance Institute (ECGI) - Finance Working Paper No. 432/2014.

⑤ Dharmapala, Dhammika, and Vikramaditya S. Khanna. “The Impact of Mandated Corporate Social Responsibility: Evidence from India's Companies Act of 2013.” (2016).

续发展。

2. 企业期待获得利益相关者支持

在代理理论的传统观点下，“公司为股东谋取最大利益属于理所当然”①，但随着可持续发展理论的出现，愈来愈多的企业开始意识到经济、社会、环境的可持续发展是相辅相成的，企业的长期发展离不开社会的稳定和环境的完善。依据利益相关者理论，“企业对利益相关者的利益要求必须作出反映；倘若公司忽视其社会责任，那么它的长久生存和持续发展就很成问题”②。法经济学家的研究也进一步证明，“企业社会责任与资本主义的核心价值相一致。企业社会责任能够通过提升企业价值和股东财富，为投资者创造更多的财富”③。

由此，企业希望通过自我参与企业组织和企业共同体的方式，以自愿的方式承担社会责任，提高可持续发展水平，促进企业长期利益和社会利益的共同发展。而随着联合国全球性契约的普及，也有越来越多的企业投身于实现可持续发展路径的事业中。

3. 公众期望提升社会福利

2013 年，欧盟委员会曾以 34 个欧盟及非欧盟国家的公民为对象进行了一次以“企业如何影响社会的调查”，该调查反映了公众对于企业的期待及对企业现有贡献的评价。调查显示，欧盟 52%的调查对象认为企业在社会发挥了积极作用，远低于中国（59%）、美国（60%）和巴西（79%）；在关于企业相比十年前是否对其社会影响给予了更多关注的问题上，欧盟仅有 40%的调查对象选择了“是”，而在非欧盟国家巴西（74%）、中国（65%）和印度（62%），更多的人对企业的社会关注给予了肯定。④ 基于此，几乎全球的公众均对企业之于社会的积极作用及企业社会责任的发展有所期待。作为企业社会责任最主要的利益相关方之一的社会公众，期冀通过企业履行社会责任提升改善劳动者环境，提升社会福利，促进社区发展，从而提高国民的生活质量和环境水平。

---

① 施天涛著：《公司法论》，法律出版社 2014 年版，第 403 页。

② 胡鸿高：“企业社会责任：政府·企业·利益相关者”，载楼建波、甘培忠编：《企业社会责任专论》，北京大学出版社 2009 年版，第 43 页。

③ Ferrell, Allen and Liang, Hao and Renneboog, Luc. “Socially Responsible Firms.” European Corporate Governance Institute (ECGI) - Finance Working Paper No. 432/2014.

④ See EU-Commission. “How companies influence our society: Citizen's View.” Flash Eurobarometer 363 (2013).

（三）公司治理与“外部性”观点阻碍企业可持续发展

现有关于公司的讨论似乎走向了两种截然不同的路径：一是大量关于公司治理和立法手段的讨论，其主要关注于投资者（股东）、企业董事及管理层与股东之间的关系问题，该讨论路径旨在保护股东利益的最大化；二是关于企业社会责任运动影响下的企业社会责任的讨论，其主要关注于受企业行为影响的利益相关者的讨论，包括雇员、外部员工、本地社区和环境利益等。

在公司治理层面，按照现代公司治理的观点，企业不过是股东的财产，是实现股东利益最大化的工具之一。由此，在目前及可预见的将来，公司治理的讨论都将集中于传统代理框架下“如何促进董事或管理层行为符合股东利益”①。换句话说，公司治理的焦点在于如何促进企业经济利益的最大化和股价的提升。然而，这种讨论存在一个突出的问题，即其把目光局限于企业内部和企业和社会之间存在的复杂关系中的一小部分。由此，在这一讨论背景下，公司治理对于企业社会责任而言是一项“必要而不充分条件”。②

而在企业社会责任层面，尽管以部门立法的方式对企业社会责任事项进行外部监管并通过国家强制力的保障促进企业社会责任提升在一定历史时期内取得了重大成效。但这一以公共政策为基础的“外部性”的监管方式很快就达到了“企业社会责任的天花板”③。这种“天花板”效应源于外部性监管的三个缺陷：一是以“利用各地区的市场机会和异质性资源”④ 为导向的跨地区企业兴起后，企业的实际运营地往往脱离了企业注册地监管规范的监管而选择向企业社会责任监管更为松散甚至是毫无监管的发展中国家进行生产、经营的转移；二是“外部性”监管具有一定的局限性和滞后性，立法者“无法对企业的一切行为进行跟进，也无法对企业行为带来的潜在环境后果进行预测”⑤；三是受制于外部监管压力的企业往往将企业社会责任视为外部负担，由此，其会通过寻找法律漏洞、

①⑤ Sjafjell, Beate. “Internalizing externalities in EU law: why neither corporate governance nor corporate social responsibility provides the answers.” Geo. Wash. Int'l L. Rev. 40 (2008).

② Cornelius, Peter, and Bruce Kogut. “Creating the Responsible Firm: In Search for a New Corporate Governance Paradigm.” German LJ 4 (2003).

③ Albareda, Laura, Josep M. Lozano, and Tamyko Ysa. “Public policies on corporate social responsibility: The role of governments in Europe.” Journal of Business Ethics (2007).

④ 宋渊洋：“制度距离、制度相对发展水平与服务企业国内跨地区经营战略——来自中国证券业的经验证据”，《南开管理评论》2015年第3期。

将产业转移到低水平监管地区等方式逃避承担企业社会责任或减少承担企业社会责任。

显而易见，现有的公司治理讨论陷入了一个以“多数股东为核心”而将利益相关者视为“外部方或利益影响方”的讨论框架，而这一讨论框架并不利于企业社会角色的讨论。[①] 当企业社会责任的承担无法为股东带来可预期的利益时，其很有可能为企业所舍弃或逃避，故现有的将企业社会责任和利益相关者视为“外部性”事项的讨论模式并不利于企业社会责任水平的提高，企业社会责任的倡导者们应寻求一条新的路径，促进外部责任与内部战略的结合。“典型的大型制造业企业，不再由股东所定义，而应由管理层监督下的雇员生产的产品和管理层以上的董事会制定的企业政策所定义”。[②]从企业长期发展的视角看，从公司法角度重塑公司目标和内部治理结构，构建企业社会责任与企业发展相结合的可持续公司法路径实有必要。欧盟委员会在可持续发展联席会也再次强调了法律法规介入对于可持续发展目标下促进企业社会责任的重要作用：“公共政策对于促进企业社会责任和构建将环境、社会事项融入经营的商业框架具有重要作用。企业应在其欧盟及世界各地的经营中采用积极路径推进可持续发展。”[③]

三、可持续发展的公司法导入

根据比埃塔·斯约菲尔教授的论述，可持续公司法路径实现方法为“外部责任内部化”，其实现主要包括四方面的内容：一是重塑公司法目标，由确保股东利益的最大化转为促进公司长期利益的最大化；二是重塑董事及管理层角色，董事的角色由股东的代理人转为企业的管理者，赋予董事及管理层以公司长期利益为考量的职责标准；三是重塑股东角色，通过股东提案权等机制促进可持续目标的实现。

（一）公司法目标的重塑

“股东至上”原则是现有公司法的默认原则，也被认为是实现可持续公司的

①② Sjafjell, Beate. “Internalizing externalities in EU law: why neither corporate governance nor corporate social responsibility provides the answers.” Geo. Wash. Int'l L. Rev. 40 (2008).

③ Green Paper: Promoting a European Framework for Corporate Social Responsibility, 2001.

最大障碍。[1] 而"股东至上"原则之所以能在公司法有着"至高无上"的地位，一是因为传统代理理论将股东视为企业的所有人，而董事及管理层仅是股东的代理人，公司沦为股东利益最大化的工具；二是公司法未就企业的社会目标进行规定，这就导致了"股东至上"原则作为一项社会标准充斥在公司法的每一个角落。由此，重塑公司法目标，将企业的社会目标纳入企业行为对于可持续公司法路径的实现至关重要。

传统公司法认为，企业的核心目标在于"促进利润的最大化"。在目前绝大多数国家的公司法立法中，所谓的"利润最大化"均是指公司利益的最大化，而未有国家明确"股东利益最大化"。所谓的"股东利益最大化"是代理理论下，学者对于公司法目标的解释之一，其性质应为一项社会规范而非法律规范。在可持续公司法的视野下，应改变传统商业的模式，就"公司利益"一词进行重新定义。可持续公司法的倡导者认为"应将实现可持续公司法则不可侵犯某些生态限制的基本认知纳入公司法"[2]，在实现社会目标和可持续发展的框架内追逐企业利润。[3]

由此，公司法的目的应由原本的股东导向转变为股东利益与利益相关者利益相结合，由对单一经济利益的追逐转变为对经济、环境、社会可持续发展的追求。比埃塔·斯约菲尔教授认为，应将环境工程学中的"地球界限"概念融入公司法目标，认为应将欧盟公司法的目的指令修改为：

"公司的目的是在地球界限内创造可持续价值的同时尊重投资者和其他利益相关者的利益。"[4]

这一修改的关键在于其提出了"可持续价值（sustainable value）"这一概念，并通过"地球界限"概念的引入，限定了该价值创造所需遵循的范围，并认为，这一范围是企业行为必须遵循的硬性标准（non-negotiable boundaries）。"可持续价值"聚焦于长期利益和包容性：一方面，其与仅聚焦于股东利润的短期利益相对；另一方面，其在追求股东利益的同时还注重保护其他投资者及包括但不限于雇员、债权人、合同相对方在内的其他利益相关者的利益。与此同时，

---

①② Sjåfjell, Beate. "The Role of Business Law in the Jigsaw Puzzle of Sustainability." University of Oslo Faculty of Law Research Paper No. 2015-20.

③ Bob Willard. "Better is Not Good Enough: Toward True Corporate Sustainability." http://www.greattransition.org/publication/better-is-not-good-enough.

④ Sjåfjell, Beate. "Achieving Corporate Sustainability: What is the Role of the Shareholder?" University of Oslo Faculty of Law Research Paper No. 2016-10.

该条文对“可持续价值”和“其他利益相关者”的概括性规定，又能够使立法者和司法者通过法律解释将更广阔的社会影响纳入公司法中。相比传统的企业社会责任概念，“可持续价值”不仅要求企业以“符合人类安全的方式”经营，而且要求企业以“符合人类安全”且“合适”的方式经营。[①] 其将可持续目标倡导的经济、社会、环境内部相互联系的理念纳入公司法，从长期利益的角度考量企业发展，促进企业利益、社会利益、环境利益的共赢发展。

（二）董事会义务的重塑

传统公司治理理论认为董事及管理层是股东的“代理人”，其应服务于股东利益的最大化。但在可持续公司法路径中，董事“在负责任的企业发展中扮演着重要角色”[②]。董事及管理层是企业的执行机关，也是企业经营战略的制定者。为实现可持续目标在企业内部的更好实践，应将修订后的公司法可持续目标融入董事会的职责中。公司应形成以长期利益、生态循环为基础的可持续商业计划，应“将社会、环境、道德、人权和消费者权益纳入商业经营和核心战略，并加强与利益相关者的联系，旨在为所有者/股东创造股份价值的最大化的同时促进利益相关者和社会利益的最大化；识别、防止、减少可能的不利影响”。[③] 经济合作与发展组织对于跨国公司的指南中也支持将可持续发展纳入董事会义务。由此，在可持续公司法的框架下，有关董事职责的条文应被修改为：

“公司董事应保障创造以生态循环为基础的可持续价值。由此，董事应根据企业主要经营领域的生态循环分析、采取并定期修订企业的长期经营计划。”[④]

具体而言，公司法应将董事制定并修订企业长期经营计划作为一项强制性规则，以促进企业合规和企业竞争之间的平衡，而国家性、地方性或行业性准则应决定根据企业的经营计划，哪些相关的绩效考核指标应当被应用。可持续商业计划应当明确企业将如何在“地球界限”范围内实现以生态循环为基础的价值创造。应制定确保企业追逐长期利益的标准化设计以降低成本并促进公平竞争环境

① Sjåfjell, Beate. “The Role of Business Law in the Jigsaw Puzzle of Sustainability.” University of Oslo Faculty of Law Research Paper No. 2015-20.

② COM (2011) 681 final, 5.

③ COM (2011) 681 final, 6.

④ Sjåfjell, Beate. “Achieving Corporate Sustainability: What is the Role of the Shareholder?” University of Oslo Faculty of Law Research Paper No. 2016-10.

的形成。同时，可持续计划中应包括需要实现的目标以及企业年度报告中可能涉及的相关影响的绩效表现。企业的长期目标可被拆分为短期的实现步骤，并依据企业的实际实施状况持续地反思和修订。

（三）股东角色的重塑

作为企业的权力机构，股东（尤其是股东大会）的角色和职责同样应在可持续公司法的框架下被重塑。股东角色重塑的主要意义在于积极和消极两个方面：从积极方面看，股东应当通过股东大会促进可持续目标在企业范围内的提升；从消极方面看，股东不应以直接或间接的方式干扰董事会实施可持续公司法路径的改革。由此，有关股东大会职责的条文应被修改为：

"股东大会决议应有利于企业在'地球界限'范围内创造可持续价值目标的实现；股东大会不应通过以非公平方式有损企业在'地球界限'范围内创造可持续价值的决议。"[①]

同时，可持续公司法认为，股东大会应将董事会制定的可持续商业计划纳入其年度审计范围中，"像对待金融报告一样严肃地对待非金融事项报告"[②]。此外，还应注重可持续目标实现过程中的私力救济，例如当股东大会在分配或并购决策中通过了不符合可持续商业计划中有利于企业长期可持续的决议时，应允许利益相关方就该决议进行诉讼，要求法院撤销该决议或确认决议无效。当然，以上路径是一条非常具有"试验性质"[③]的路径，其在制度构建方面还有诸多的不成熟。但不可否认的是，将可持续目标纳入股东决议、促进股东决策行为符合可持续发展的公司法目标，应成为可持续公司法路径实现的一个重要组成部分。

第二节　可持续公司法路径下的董事会义务重塑

"董事会是指依法由股东会选举产生，代表公司并行使经营决策权的公司常设

---

①②③ Sjåfjell, Beate. "Achieving Corporate Sustainability: What is the Role of the Shareholder?" University of Oslo Faculty of Law Research Paper No. 2016-10.

机关”[①]。作为企业的常设机关、执行机关和经营决策机关，董事会的发展路径选择至关重要。通过对董事会义务的重塑，以对“公司利益”的再解释和“外部责任内部化”的方式将经济、社会、环境等企业社会责任相关因素融入企业的风险管理和经营决策中，对于企业社会责任可持续公司法路径的实现至关重要。

一、董事会的角色定位与一般义务

现行各国公司法下的默认规则依旧依托于代理理论和信托理论，认为公司是股东利益最大化的实现工具而董事会是公司的“高级雇员”，其首先应当服务于公司利益。而关于“公司利益”的界定，无论是大陆法系还是英美法系，均未就此达成一致意见。

（一）董事会的角色定位

董事会是企业最高执行机关，并拥有政策制定、战略制定和监督的职责。在以“外部责任内部化”的方式将企业社会责任融入企业经营管理的过程中董事会扮演着核心角色。各国立法在关于董事会职责和地位的表述方式和内容上存在不同，例如“有的国家采取列举式明确授予董事会各项职权；有的国家则采取排除式规定必须由股东会行使的重要权力，除此之外的权力则由董事会行使；而有的国家立法未对董事会职权作出具体规定，而将其赋予公司章程去规定”[②]。但各国立法均认同“董事会的核心职责是保护和促进公司的利益”[③]。

（二）董事会的一般义务

在董事会核心职责的要求下，各国公司法衍生出了对董事会法定义务的规范。在盎格鲁-美洲[④]的法律体系中，股东会的义务可概括为受信义务。该义务来源于信托理论或代理理论。该理论认为股东是企业的所有者，而作为管理人的董事及董事会不过是股东的代理人或受托人，因此，其对股东具有“基于‘委

①② 赵旭东著：《公司法学》，高等教育出版社 2006 年版，第 383 页。

③ Sjåfjell, Beate and Anker-Sørensen, Linn. “The Duties of the Board and Corporate Social Responsibility (CSR).” Nordic & European Company Law Working Paper No. 10-40.

④ Anglo-America，又称“英语美洲”，主要包括美国和加拿大，和“拉丁语美洲”对应。

托-代理’关系所发生的‘代理人’对‘委托人’的管理责任”[①]。

受信义务之下又可分为勤勉义务（duties of care）和忠实义务（duties of loyalty）两项具体义务。勤勉义务涉及企业管理中的代理问题，其是指企业中的“管理者应当以适当的注意管理公司以免损害公司利益”[②]，其要求董事会成员和经理投入充分的意见、精力和勤勉以管理企业，建立信息和监管系统，监管企业经营，并拥有足够的技能和经验来有效履行其职责。[③] 忠实义务是指“公司中的管理者应将公司利益置于自己利益之上”[④]，即董事会成员的个人利益应服从于企业利益，尤其是在交易中，董事会成员的物质或经济利益与企业利益相冲突的时候。简而言之，受信义务的主旨在于董事会应向股东和公司履行“诚信（good faith）义务”，以其认为最有利于企业的方式履行职责。

我国公司法同样规定了董事会的受信义务，例如《公司法》第一百四十七条第一款规定“董事、监事、高级管理人员应当遵守法律、行政法规和公司章程，对公司负有忠实义务和勤勉义务”。

（三）董事会义务讨论的分歧与共识

通过上文讨论可知，无论是盎格鲁-美洲的普通法立法模式还是大陆法的立法模式，关于“公司利益”这一概念的讨论似乎成为董事会义务讨论中不可回避的话题。各国立法均认可董事会对公司利益负有义务，我国2009年发布的《上海证券交易所上市公司董事选任与行为指引》在第四章中同样规定了董事履行职务应从“公司最佳利益出发”。[⑤] 然而，如果要对这一概念进行更进一步的划分，即公司利益到底等同于股东利益还是利益相关者利益，则在各国公司法领域内至今未能定分止争。以米尔顿·弗里德曼为代表的自由主义经济学家认为“公司利益”等同于股东利益，因为“公司是股东的公司，股东总是风险的最大承担者”[⑥]，要求董事会对利益相关者承担受信义务会导致董事会因害怕承担风险而在履职时消极怠工，故不利于公司的发展。与此同时，环境法、劳动法等部门法也以外部规范的形式对利益相关者的利益进行了保护，因此，并无必要在“公司利益”中纳入利益相关者的概念。而利益相关者理论则认为，现代大

---

①②④ 施天涛著：《公司法论》，法律出版社2014年版，第392页。

③ Carsten Gerner-Beuerle & Edmund-Philipp Schuster, Mapping Directors Duties.

⑤ 参见梁爽：“董事信义义务结构重组及对中国模式的反思”，《中外法学》2016年第1期。

⑥ 施天涛著：《公司法论》，法律出版社2014年版，第403页。

型公司的出现导致了企业对社会、社会对企业之间的相互依赖性增强。企业经营活动本身也将导致大量社会、环境问题的出现。在“股东至上”的神化背景下，以外部规范来约束董事会行为的方法显然不切实际。由此，关于“公司利益”的内涵，各国立法中均存在“立法上的暧昧”和“司法上的反复”等问题。[①]

其中，大陆法系和英美法系对于“公司利益”的内涵分歧尤为突出：大陆法系的立法遵从二元化的公司目标和利益相关者导向的立法传统，故其认可“公司利益”既包括股东利益也包括利益相关者利益；而英美法系的立法遵从一元化的公司目标，认为“公司利益”等同于“股东利益”。但随着21世纪可持续目标、可持续发展概念的提出，大陆法系和英美法系立法传统的冲突逐渐减少，并逐渐就某些问题达成了共识，包括但不限于：第一，所有立法都认为公司利益应以经济利益为核心，无论是在公司利益层面还是股东利益层面。第二，关于“公司利益”抑或“股东利益”的分歧正在逐渐走向融合。例如，2006年英国公司法案第172-173条规定，董事应具有“善意”和独立的判断力，为促进“企业的成功”和股东的整体利益，其应当关注企业的长期利益，包括雇员利益、其与“供应商、消费者和其他主体的关系”以及“企业经营活动对社区和环境的影响”。又如“美国41个州的州立法都通过了利益相关者条款，授权管理层如同考虑股东利益一般考虑利益相关者利益。”[②][③] 第三，上述立法均通过商业案例或商事审判规则的方式赋予董事会一定的自由裁量权以判断如何提升企业的核心利益。由此，无论是在大陆法系国家还是普通法系国家[④]，企业社会责任的提升在现有立法框架内仍具有一定的空间[⑤]。第四，但在实践中，企业利益的边界难以确定，同时，受“股东至上”这一社会规范的影响，董事会成员并不会充分利用企业社会责任的提升空间。

---

① 施天涛著：《公司法论》，法律出版社2014年版，第404页。

② Millon, David. “Redefining corporate law.” Ind. L. Rev. 24 (1990).

③ Painter-Morland, Mollie. “Triple Bottom-Line Reporting as Social Grammar: Integrating Corporate Social Responsibility and Corporate Codes of Conduct.” Business Ethics: A European Review, Vol. 15, No. 4, pp. 352-364, October 2006. 但“股东至上”原则仍是英国2006年公司法案的主要原则。

④ 以成文法为基础的大陆法系国家，对于“公司利益”的解释空间主要通过法律解释进行。

⑤ See e. g. Carsten Gerner-Beuerle & Edmund-Philipp Schuster, Mapping Directors Duties, § 2.02 [C].

二、企业社会责任语境下的董事会义务界定

（一）企业社会责任语境下的义务内涵

1. 义务内涵的三个层次

正本清源，在讨论企业社会责任语境下董事会的现有义务或董事会的应有义务前，首先应对“义务”一词的法律定性进行厘清。本书认为，对于企业社会责任语境下的义务内涵包括三个层次：第一是有强制执行力保障的法律义务，这也是效力最强的一种。该义务的形成通常会经过法院的审判。“但有些情况下案件并不提交法院审理，甚至在很多情况下，基于当事人的程序或权限设置，排除了法院对于该商业案件的介入。但是，缺乏判例法本身并不构成责任的非法性”。[①] 缺乏法律强制力保障的义务也并非“无源之水，无本之木”[②]。第二是不具有强制执行力的法律义务，即第一种情形之外的法律义务。例如未经法院审判的合同义务、自然之债下形成的义务等。第三是法律框架内的道德义务。该义务主要包括两个层面。一是法律空白时用于补充法律规定的道德义务，二是法律规定相冲突且法律位阶理论无法解决这一冲突时，用以进行法律选择的道德义务。例如，被称为民法“霸王条款”的诚实信用原则和公序良俗原则等。

2. 企业社会责任语境下董事会义务的内涵

本书所阐述的企业社会责任语境下的董事会义务涵盖了上述三个层次。对于董事会企业社会责任的界定应由静态的法律义务范式向法律义务与道德义务相结合的动态、综合义务范式转变：首先，董事会应当遵守各国立法旨在提升企业社会责任的监管规则，该规则属于强制性的法律义务。其次，从商业判断的角度看，若承担企业社会责任对于企业而言是利益最大化的做法，则董事有义务在遵守第一点中所述的强制性规则之外承担企业社会责任。最后，同样从商业判断的角度出发，企业社会责任已从一个明确的法律义务上升为一项遵守法律且超越法律的义务。这一点的突破口在于，尽管当经济利益和商业伦理发生冲突时，企业

① Sjåfjell, Beate and Anker-Sørensen, Linn. “The Duties of the Board and Corporate Social Responsibility (CSR).” Nordic & European Company Law Working Paper No. 10-40.

② 刘星：“法律‘强制力’观念的弱化——当代西方法理学的本体论”，《环球法律评论》1995 年第 3 期。

显然会选择经济利益。但在可持续公司法路径下，董事会的时间视角发生了变化：董事会考虑的利益期间越长，则企业社会责任和企业盈利之间的冲突越小。①

（二）企业社会责任语境下董事会义务的具体界定

1. 遵守法律的企业社会责任义务

各国理论界和实务界均持有的观点之一是，遵守环境法、劳动法、消费者权益保护法等社会和环境利益的法律是董事会“明确的义务”②。无论是卡罗尔最初的“金字塔模型”还是改良后的“三域模型”，均将法律责任作为企业社会责任内涵的一部分③。我国在讨论企业社会责任的内涵时，也有学者在早期的讨论中认为企业社会责任主要是指“企业对于社会所应承担的法律责任”④。然而，近年来，随着企业社会责任本身内涵的拓宽，学界似乎已将遵守法律作为企业社会责任的一个既定规则，而更多转向对超越法律的企业社会责任的讨论。

然而，法律遵守并非一个“顺理成章”的事实，忽略法律遵守进而直接进行超越法律的讨论并不能促进企业社会责任问题的更好解决。事实上，在法律遵守层面，仍有大量的问题亟待解决：一方面，注重将法律遵守作为企业社会责任的核心有利于改善缺乏法律遵守意识的情形，从而促进企业社会责任在法律框架内的解释与适用。⑤ 欧盟委员会工作文件指出，“尽管欧盟颁布了大量促进企业社会责任中环境和人权事项的监管规定，但对于这些法律的执行和解释是孱弱的”⑥。根据欧盟委员会 2004 年的一项调查，就违反欧盟法提起诉讼的企业和案件中，仅有不到三分之一就违反了欧盟环境法提起诉讼；而到 2005 年，该数据

① “It's Time：The Temporal Dimensions of Responsible Investing：Summary of the Proceedings An international Symposium：June 20-21，2013，University of British Columbia.” http：//www.law.ubc.ca/files/pdf/en-law/symposium2013.pdf.

② Sjåfjell，Beate and Anker-Sørensen，Linn. “The Duties of the Board and Corporate Social Responsibility（CSR）.” Nordic & European Company Law Working Paper No. 10-40.

③ See Carroll，Archie B. “A three-dimensional conceptual model of corporate performance.” Academy of management review 4.4（1979）.

④ 常凯：“论企业社会责任的法律性质”，《上海师范大学学报（哲学社会科学版）》2006 年第 5 期。

⑤ See Lambooij，Tineke Elisabeth. Corporate social responsibility：legal and semi-legal frameworks supporting corporate social responsibility：developments 2000-2010 and Case Studies. Diss. Faculty of Law，Leiden University，2010.

⑥ See the Commission Staff Working Paper on the Implementation and Enforcement of Community Environment Law.

仅为四分之一。[①] 在中国，若以“公司社会责任”“企业社会责任”为题在司法裁判文书网进行搜索，能搜索到的法院援引《公司法》第五条对所涉企业进行裁判的案例数量为0。在学术界，学者也曾就企业社会责任是否仅仅是“虚构的裁判幻想”[②] 进行了质疑。另一方面，需要指出的是，就法律遵守本身的内涵而言，其不仅包括对于法条文字表述的遵守，还应包括对法律精神和法律原则的遵守。其是“公司的一项法定义务”，“具有法律原则的功能”和“法律平衡的功能”[③]，因此，即便在这一部分暂且先不讨论其可裁判性的问题，至少应当肯定企业应当遵守“社会责任条款”。更准确地说，企业应当真正遵守“企业社会责任条款”。基于此，“偷工减料（cutting corners）、照搬照抄式的遵守（boiler-plate compliance）以及评估不遵守带来的金融危机的风险”[④] 都不是真正的法律遵守。

恰恰相反，尽管从短期表现来看，对企业社会责任条款的遵守可能并不符合经济利益的最大化，董事会也有权且应当坚持对企业社会责任条款的真正遵守是一项法定义务。为确保对企业社会责任条款的真正遵守，根据《联合国关于商业和人权的指导性原则》的相关原则，“应对企业社会责任事项进行尽职调查，以促进社会和环境等企业社会责任事项融入企业的核心风险管理之中”。[⑤] 需要指出的是，董事会利用不同国家对于企业社会责任监管严格程度不同，通过经营转移的方式规避企业社会责任的事实，尽管看似遵守了实际经营地企业社会责任条款的文本与精神，其在本质上同样不属于对企业社会责任条款的真正遵守。为促进该问题的解决，公司法应要求董事会履行经营地、注册地的法律义务，并以“将社会普遍接受的道德标准融入法律”[⑥] 的方式，将国际企业社会责任标准融入公司法，以减少企业利用各国法律规定不同规避企业社会责任承担的可能。

2. 商业判断规则或商事审判解释下的企业社会责任义务

相较法律遵守和超越法律的道德义务，商业判断规则下的董事会义务在定位

---

① See the Commission Staff Working Paper, Sixth and Seventh Annual Survey on the Implementation and Enforcement of Community Environment Law.

②③ 蒋大兴：“虚构的裁判幻想？——校验企业社会的可裁判行”，载楼建波、甘培忠编：《企业社会责任专论》，北京大学出版社2009年版，第291页。

④⑥ Sjåfjell, Beate and Anker-Sørensen, Linn. “The Duties of the Board and Corporate Social Responsibility (CSR).” Nordic & European Company Law Working Paper No. 10-40.

⑤ See the UN “Protect, Respect and Remedy” Framework for Business and Human Rights.

上似乎有些摇摆不定。普通法系国家，商业判断规则源于法官对其“在商业领域不如董事专业”[①] 的认知，故商业判断规则的实质是一种司法排除规则。而在成文法国家，商业判断的规则的实质只能依靠法院的商事审判或司法解释得以实现。

具体而言，若从“长期”的角度考量，商业判断规则之下，是否支持董事会选择承担企业社会责任的经营方案呈现两个方面：一方面，当不同商业方案具有同样的经济利益时，董事会将选择尽可能满足利益相关者需求的方案，这其中自然包括超越企业社会责任部门法强制性规定的部分。但这一商业判断规则下的义务核心并非出于董事会对企业社会责任抑或是道德责任本身的追求，而是为了契合公司法提升企业经济利益的核心规范。另一方面，商业判断规则也不必然支持董事会履行社会责任义务。例如，“当董事会假设公众永远不会知晓其采用了非道德的营利性经营，因此该经营不可能对企业市场声誉造成不利影响”[②] 时。

由此，商业判断规则之下，尽管可以解释董事会对社会、环境的责任承担超越法律的社会责任有利于企业长期利益，但这种长期利益难以预见，故在“股东至上”的狭隘视野下并不确定能得到商业判断规则的支持。解决这一问题的突破口在于通过法律介入的方式增加企业违反超越法律的道德义务的成本，促进董事会将违反企业社会责任的行为纳入企业的风险管理之中。

3. 超越法律的企业社会责任义务

通过对遵守法律的企业社会责任义务和商业判断规则下的企业社会责任义务的分析可知：在“股东至上”仍是公司法主要文化的前提下，单纯地依靠其他部门法“外部性”的强制性规定和商业判断规则的路径并不能长期促进企业社会责任的提高。在“股东至上”的文化背景下，即便各国公司法中“公司利益”的表述给了企业社会责任提升的空间，董事出于对“股东至上”文化的敬畏也难以将企业社会责任融入核心经营决策中。由此，“应通过法律介入的方式促进商业由‘一切照旧’向可持续路径转变”。[③]

实践中，欧盟委员会在其关于企业社会责任的文件中，已首次认识到了公司法对于企业社会责任的监管空白。在欧盟委员会 2011 年的文件中，其明确了

① 卢静：“论商业判断规则在公司分红诉讼中的适用”，《河北法学》2017 年第 12 期。

②③ Sjåfjell, Beate and Anker-Sørensen, Linn. “The Duties of the Board and Corporate Social Responsibility (CSR).” Nordic & European Company Law Working Paper No. 10-40.

"通过企业社会责任，企业可对欧盟协议可持续发展的目标和具有强劲竞争力的社会市场经济作出重要贡献"①。在该条款的基础上，欧盟委员会明确了欧盟公司法的作用在于促进经济发展，通过促进跨境经营和投资的行为提升市场的融合度以及保护企业各方的利益。

在此基础上，可以明确的是，董事会扮演着解锁公司法下企业社会责任提升空间的关键角色。通过董事会将环境、社会等企业社会责任事项融入企业核心经营，企业可最终走向可持续发展的道路并促进社会的可持续发展。而在公司法中明确董事可排除"股东至上"文化，将企业社会责任事项融入企业核心决策和核心经营中的权力革新，也是可持续公司法路径实现的重要内容。由此，需要进一步讨论的问题在于如何通过公司法促进董事会义务的重塑。

三、董事会企业社会责任义务的重塑

（一）董事会企业社会责任义务的理论重塑

1. 公司治理与企业社会责任讨论：分化走向融合

从历史角度观察，关于董事会的企业社会责任义务的讨论呈现出一种"两分法（dichotomy）"② 的态势：一方面，从各国公司法的文本来看，企业社会责任的承担和公司法的目的在文义解释上并不冲突。从逻辑结构来看，公司法的目的在于提升公司利益，而企业社会责任的承担有利于提升企业和利益相关者的关系，从而提升公司利益。而公司利益提升意味着股价的提升，故也符合股东利益。另一方面，从各国公司法实践来看，受"股东至上"这一社会规范的影响，公司利益的内涵被曲解，公司被理解为股东利益最大化的工具，公司利益很大程度上也和股东"可见的"利益画上了等号。企业社会责任被认为是"代理问题和对企业资源的浪费"③。在董事会义务的层面，董事会在进行是否有利于公司利益的判断时不自觉地会越过公司本身，而直接判断是否直接有利于股东利益。在司法

① COM (2011) 681 final, s. 1. 2.

② Sjåfjell, Beate and Anker-Sørensen, Linn. The Duties of the Board and Corporate Social Responsibility (CSR). Nordic & European Company Law Working Paper No. 10-40.

③ Ferrell, Allen and Liang, Hao and Renneboog, Luc. "Socially Responsible Firms." European Corporate Governance Institute (ECGI) -Finance Working Paper No. 432/2014.

裁判时，“法院不会允许董事完全忽略股东的利益而偏爱利益相关者的利益”① (具体如图 13 所示)。

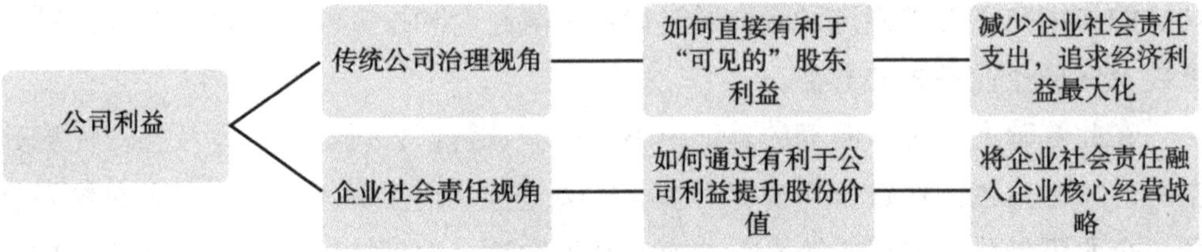

图 13　公司治理与企业社会责任的背离

当周期性的经济危机爆发，经济学者和法学家们逐渐开始认识到传统理论下，企业社会责任讨论和公司治理讨论两极分化带来的不利后果。有效市场假说（Efficient Capital Market Hypothesis）认为金融市场是以全面信息为基础②的观点受到了质疑。欧盟委员会任命的欧盟公司法未来思考小组（Reflection Group on the Future of EU company law）于 2011 年在布鲁塞尔发布的报告中指出了 EMH 失败的原因为“有效管理的两大最有力机制，杠杆和股票薪酬，本身就允许或会导致扭曲或冲突的管理决策和对于短期利益和过度冒险的强化。”③

解决这一问题的关键在于改变以往短期化（short-termism）的视角，而从长期利益的角度统一企业利益、股东利益和社会利益之间的关系，并将环境、社会等企业社会责任事项内化于董事会义务的企业风险管理和核心战略部分，从而促进公司治理和企业社会责任从“两极分化走向逐步一致”。④

2. 企业社会责任义务的发展空间：他律介入自律

伴随着公司法目的从短期化视角向长期化视角的转变，理论界和监管部门对于董事会应在何种程度上承担企业社会责任义务的认知也有了新的突破。以欧盟委员会对企业社会责任的定义为例。迄今为止，欧盟就企业社会责任进行过两次

① Alissa Mickels. “Beyond Corporate Social Responsibility: Reconciling the Ideals of a For-Benefit Corporation with Director Fiduciary Duties in the U. S. and Europe.” Hastings Int'l & Comp. L. Rev. 271, 2009, p. 7.

② 有效市场假说（Efficient Capital Market Hypothesis，EMH）是一种投资理论。其认为，“击败市场（beat the marcket）”是不可能的，因为股市效率导致股票价格会包含和反映所有相关信息。See Efficient Market Hypothesis-EMH, Investopedia, https://www.investopedia.com/terms/e/efficientmarkethypothesis.asp.

③ European Commission, Report of the Reflection Group on the Future of EU Company Law, http://ec.europa.eu/internal_market/company/docs/modern/reflectiongroup_report_en.pdf.

④ Sjåfjell, Beate. “Editorial. Towards a Sustainable European Company Law.” Amicus Curiae, Society of Advanced Legal Studies, Issue 78, p. 1, London, Summer 2009.

官方定义。第一次是2001年，欧盟委员会认为，企业社会责任是指：

"企业应以自愿的方式将社会和环境事项融入其商业经营和其与利益相关者的相互关系中。"①

欧盟委员会在其2001年的企业社会责任定义中将企业社会责任定义成一种自愿责任，体现出了明显的"政府规制俘获理论（Capture Theory of Regulation）"倾向。该定义下，欧盟对于企业社会责任自愿性的规制"是为了满足产业对规制的需要而产生的，规制的设计和实施主要是为受规制产业的利益服务的"②，其"与其说是为了社会公益的目的，毋宁说是特殊的利益集团寻租的结果"③。具体而言，尽管该定义的出现在客观上促进了企业社会责任水平的提升，但本质上，自愿性责任的界定更多的是出于对商业团体"不要给我们立法，多关注我们做了什么"④ 言论的妥协，也是公司治理和企业社会责任讨论分化背景下，监管者对于"股东至上"这一社会默认规范的妥协。

而2011年企业社会责任的定义几乎全盘否定了2001年的版本，其认为企业社会责任并非"自愿"而是一种"责任"。这就意味着，企业社会责任是企业经营对社会应有责任的一个内部组成部分，而非企业可自由选择的"自留地"。在2011年的企业社会责任定义中，欧盟委员会要求企业：

"应当设置将社会、环境、道德、人权和消费者事项融入其商业经营和促进与利益相关者联合的核心战略中的程序，旨在最大限度地为其所有者/股东、利益相关者和社会创造股份价值的最大化；（以及）识别、防止和消除其可能产生的负面影响。"⑤

相比2001年欧盟关于企业社会责任"自愿"的表述，2011年欧盟再次对企业社会责任定义时采用了"应当"一词，似乎是想将企业社会责任作为企业以及董事会/股东会的法定义务。然而，由于欧盟委员会在后续的讨论中未对该定义进行进一步的解释，而义务本身包括"法律义务"和"道德义务"，"应当"一

① Green Paper: Promoting a European Framework for Corporate Social Responsibility, 2001.

②③ 廖进球、陈富良："政府规制俘获理论对规制者的规制"，《江西财经大学学报》2001年第5期。

④ Sjåfjell, Beate. "Why Law Matters: Corporate Social Irresponsibility and the Futility of Voluntary Climate Change Mitigation." European Company Law, Vol. 8, Nos. 2-3, pp. 56-64, 2011.

⑤ COM (2011) 681 final, s. 3.1.

词也并不能必然解释为一种强制的法定义务。[①] 甚至在第 3.1 条后文的论述中，欧盟委员会对中小企业的社会责任采用了“任意性”的倾向，对大型企业的社会责任采用了“鼓励（encourage）”的表述，都让企业社会责任有停留于道德义务的余地。但无论如何，2011 年欧盟企业社会责任定义的重要特点之一在于完全摒弃了“自愿责任”的措辞，从规制俘获主义走向了政府干预主义，使得立法介入对于企业社会责任的规制成为可能，也为各国立法改革中的董事会企业社会责任义务重塑奠定了基础。

（二）董事会企业社会责任义务的立法重塑

世界范围内对“股东至上”原则的反思和对企业社会责任的再定义为董事会企业社会责任义务的立法重塑提供了可能。这一重塑主要经过了两个时期：一是 2005 年起，大多发达国家对于董事会企业社会责任的义务重塑主要通过对“公司利益”的再解释得以实现。在该轮重塑中，环境、社会、人权因素等企业社会责任事项应在董事会进行经营决策时被考量。二是 2015 年起，个别发达国家已在其公司法或公司治理准则等立法文件中明确了董事会应聚焦公司的“长期利益”，通过“外部责任内部化”将社会、环境等企业社会责任事项纳入其核心决策和风险管理的义务，使公司法或公司治理准则成了企业社会责任和公司治理的“连结点”，进一步强化了董事会的企业社会责任义务。以下选取了三个具有典型意义的公司治理准则改革范本：

1. 英国董事会企业社会责任义务的立法重塑

在发达国家董事会义务的立法重塑中，最具有典型代表意义的是英国 2006 年的公司法改革，该法在其第 172 条中规定“董事应当以善意提升企业全体成员的利益并促进企业的成功”[②]，并在此基础上明确指出董事会的义务涉及对决策产生的长期后果的关注，对雇员、供应商等的关注，对社区和环境的关注，对通过高标准商业行为获取良好市场声誉的关注和对企业成员之间利益平衡的关注几个方面。然而，2006 年英国公司法改革“尽管其是朝着此正确方向的积极转折

① 欧盟委员会于 2011 年颁布的《2011-2014 年度欧盟企业社会责任更新战略》并不具有严格意义上的立法性质。“应当（should）”一词并不必然解释成一种强制性义务，也可解释成一种倡导性义务。例如，在第 3.1 条的后续论述中，即有“对于中小企业，尤其是微型企业，企业社会责任程序更倾向于是任意性的”的表述。See COM (2011) 681 final, s. 3.1.

② See the Companies Act 2006, s. 172.

点，但就如何准确地做出反应这一点，公司并没有接到任何实践指导或帮助”①。2017年12月，脱欧后的英国颁布了新的公司治理准则草案（Proposed Revisions to the UK Corporate Governance Code），草案的目的在于增强企业的社会使命，通过企业力量减轻社会的“不公平”现象。英国首相特蕾莎·梅（Theresa May）表示：“我希望看到大型商业的变化，大型商业的经营者应考虑外部者的需求和对公司进行质疑，考虑公司长远利益和对抗股东至上的非执行董事的需求。”②相比2006年公司法的模糊性和宽泛性，2017年草案的第1条明确了可持续发展路径下董事会对于企业社会责任的义务，其明确指出企业应对“股东和利益相关者负责”③，并规定“董事会应当以长远的视角评估企业存续和发展的基础。其应当在年度报告中说明如何考虑和协调可能对未来成功产生影响的机会和风险、企业运营模式的可持续性和公司治理如何促进其战略的实施”④。以此将社会、环境等外部事项内部化，促进董事会对企业社会责任的履行。

2. 荷兰董事会企业社会责任义务的立法重塑

荷兰2008年《公司治理准则》是对其2003年《公司治理准则》的修订，其明确了董事会履职应考虑利益相关者的利益，并将企业社会责任引入董事会义务。荷兰2008年《公司治理准则》规定：

“管理董事会⑤的职责在于管理企业，具体而言，其职责在于实现企业目标、践行企业战略、评估企业的风险状况、促进企业发展以及履行企业社会责任的相关事项。管理董事会就上述事项向监管董事会和股东大会负责。为履行其职责，管理董事会应当遵循企业和其关联企业的利益，并考量其利益相关者的利益。管理董事会应当及时向监管理事会提供监管理事会履行职责的所需信息。

管理董事会应对企业遵守首要和次要法律法规负责，管理与企业经营相关的风险以及为企业融资。管理董事会应向监管董事会和审计委员会报告相关事态发

---

① 张辉：“公司社会责任——法律的位置”，《中国商法年刊》2009年第1期。

② Gavin Hinks. “UK's draft new governance code has a social mission.” BOARD AGENDA. https://boardagenda.com/2017/12/08/draft-new-governance-code-social-mission/.

③ See Financial Reporting Council. Proposed Revisions to the UK Corporate Governance Code. Appendix A-Revised UK Corporate Governance Code. 2017. Section 1, Principle A.

④ See Financial Reporting Council. Proposed Revisions to the UK Corporate Governance Code. Appendix A-Revised UK Corporate Governance Code. 2017. Section 1, Provision 1.

⑤ 荷兰实行的是双层董事会（two-tier board）结构，其董事会包括管理董事会（management board）和监管董事会（supervisory management）。其中，管理董事会对应我国公司法中的董事会概念，而监管董事会对应我国公司法中的监事会概念。

展，并就内部风险管理和控制体系与上述两个部门进行讨论。"①

2016年12月，荷兰颁布了修订后的《公司治理准则》，该准则旨在"提升企业长期价值创造和企业文化的关注度"，并要求荷兰上市公司自2018年起依据新的《公司治理准则》就2017财政年的相关事项进行报告。荷兰公司治理监督委员会在2016年《公司治理准则》的第1条中指出："长期价值创造观点的制定和实施要求管理董事会和监管董事会通过主动选择正在实施战略的长期可行性以追求可持续的发展路线。关注长期价值创造是一个持续的过程，既要关注利益相关者的利益，又要考虑其所做出的决策。应当认识创新和新的商业模式的重要性并参与其中，以实现目标、抓住机遇、保持稳定。"②

同时，2016年《公司治理准则》还认为，管理董事会在进行风险管理时不仅应考虑金融因素，还应考虑非金融方面的风险。其在第3条中规定："管理董事会的报告不再只追求金融性的报告风险，其应当包含所有已被识别的实质性风险。这一路径符合最近向综合性路径的转变。例如，在整合报告中，企业应更多地对商业行为中非金融部分所面临的挑战、机遇和追求的目标进行关注和披露。"③

相较于英国，荷兰在将企业社会责任内化于董事会义务的目标更为明确。但同样地，尽管在2008年荷兰已将企业社会责任明确为董事会的义务，但其对于企业社会责任到底是企业的外部性责任还是内部性责任未进行定性。故在"股东至上"原则的控制下，董事会对于企业社会责任的履行仍会受到影响。而2016年《公司治理准则》要求董事会践行可持续发展路线，并将社会、环境等外部性事项纳入内部风险考核的范围，以此来完成外部责任的内部化，促进董事会企业社会责任的重塑。

3. 北欧国家董事会企业社会责任义务的立法重塑

以挪威为代表的北欧国家是全球最早提出可持续发展目标的地区，也是欧盟最早致力于可持续企业和可持续公司法的地区之一。以挪威为例，其将道德伦理和企业社会责任融入企业风险管理的做法已逐渐被欧洲其他国家所认同。"可持续公司法"路径也成为欧盟公司法近几年来的改革方向。

① See the Dutch Corporate Governance Code, 2008, II. 1.

②③ See the Dutch Corporate Governance Code has been updated greater focus on long-term value creation and culture, 2016.

同样地，北欧国家公司法认为董事忠实义务的履行对象是公司，董事会职责在于提升公司利益。[①] 但不同的是，北欧学者对可持续公司法路径构建下董事会企业社会责任义务的立法重塑体系化程度更强、要求更高。其认为可持续公司法路径下的董事义务“应区别于商业判断规则下的董事义务”[②]，其着重强调董事会的义务应包括在公司经营行为中适用“生命周期（life circle）”的分析方法并将企业社会责任事项融入内部控制和风险管理系统。由此，北欧公司法学者认为，应参照世界经济与合作发展组织颁布的《跨国企业准则》规定对董事会职责进行重塑，并就重塑后的董事会企业社会责任条文拟定给出了建议：

董事的职责在于以勤勉的方法促进企业目标的实现并确保企业行为在“地球界限”的安全范围内。董事会的义务在于制定企业战略、实施并监管企业管理。其中，董事会的监管职责包括：“（1）以生命周期为基础的企业核心业务构成的分析，以识别和消除重大社会、环境事项的影响，使企业行为保持在‘地球界限’的安全范围内；（2）适合企业业务范围和性质的内部控制和风险管理系统，包括对其控制实体的活动进行的风险管理；（3）尽职调查系统应当贯穿于企业及其所控制的实体和活动、常规供应商和供应链以确保企业活动在‘地球界限’的安全范围内。”[③]

和其他国家公司法一样，北欧国家公司法首先对“公司利益”进行了再定义，旨在以综合性、长期性的目光重新审视董事的角色定位。在此基础上，北欧国家公司法的创新意义有二：一是将“地球界限”理论导入公司法，使得董事会履行企业社会责任不再是一项笼统的概念，而有了具体的评价标准；二是明确了董事会企业社会责任的实现机制，包括内部控制和风险管理，为可持续公司法的实现路径提供了方法指导。受欧盟 2001 年“自愿责任”定义的影响，欧盟大多国家对董事会层面的企业社会责任立法保持着“谦抑性”，希望通过法律解释或商业判断等“暗示”的方式促进企业社会责任的提高。而北欧国家对于董事会企业社会责任的重塑显然否定了上述做法，而是通过加强法律介入的方式填补“公司利益”的解释空隙，以通过可持续目标在公司法和公司治理范畴内的全面推进以抗衡“股东至上”原则带来的深远影响。

---

① See Sections 6-12 and 6-13 of the Norwegian Companies Acts, section 1: 8 of the Finnish Companies Act.

②③ Sjåfjell, Beate and Mähönen, Jukka. “Upgrading the Nordic Corporate Governance Model for Sustainable Companies.” European Company Law, Volume 11, Issue 2, 2014.

（三）董事会企业社会责任义务的实现机制重塑

“反身法”路径下企业社会责任的实现机制依托于信息披露这一单一方式得以实现。然而，这种单一化的实现机制造成了企业更注重于“选择和描述而不是面对和行动”①。由此，可持续公司法路径认为，对于董事会企业社会责任义务实现机制的重塑应更加注重法律的介入和义务的明确，其包括两个方面：

1. 非金融事项报告的重塑

非金融事项报告是“反身法”路径下企业社会责任的实现机制，其“目标在于要求企业经营者将其所作所为公开于社会大众，使投资大众藉由这些信息选择投资标的，进而促使企业对于自身的行为负责”②。尽管非金融报告并非可持续路径下董事会企业社会责任实现的核心机制，但其有助于减少信息不对称的作用却又使得其成为可持续公司法路径得以实现的必要前提。可持续公司法路径对于非金融事项报告的重塑分为两个方面。

一是扩大非金融事项报告的披露范围。欧盟规定各成员国应当要求其企业就可能影响企业经济情形的环境和劳工事项进行披露。而对企业社会责任要求更高的挪威在信息披露的范围上更进一步，其要求企业就“劳工、性别平等及更广泛的反歧视工作、环境事项”③ 进行公示。此后，受到外部责任内部化理论的影响，可持续公司法路径明确了应将企业、环境事项融入董事会义务。以丹麦和挪威为代表的北欧国家进一步扩大了非金融事项报告的范围，认为大型企业应就其“将人权和劳工权利事项融入董事会义务的努力及其他社会利益、环境关注和反贪污”④ 事项进行报告。

二是加强对信息披露的强制性要求。强制性信息披露是反身法路径的最终目标，也是可持续公司法路径对于欧盟现有企业社会责任规制方式的改进。“对报告要求的强制性规范和对违规报告的适当审计和惩罚手段是改变当前信息披露缺陷的必需手段。”⑤ 在扩大非金融报告披露范围的基础上加强对信息披露的强制

---

①③④ Sjåfjell, Beate and Anker-Sørensen, Linn. “The Duties of the Board and Corporate Social Responsibility (CSR).” Nordic & European Company Law Working Paper No. 10-40.

② 刘连煜：“公司社会责任理论与股东提案权”，载楼建波、甘培忠编：《企业社会责任专论》，北京大学出版社2009年版，第498页。

⑤ Sjåfjell, Beate and Anker-Sørensen, Linn. “The Duties of the Board and Corporate Social Responsibility (CSR).” Nordic & European Company Law Working Paper No. 10-40.

性要求，有利于减少董事会对于报告进行选择和粉饰的可能性，以外部监管和市场回馈的手段促进企业社会责任水平的自主提高。

2. 内部控制和风险管理机制的引入

内部控制和风险管理机制“是企业在内部针对风险所采取的各种措施和手段”①，其“要求企业加强自身的风险管理，对内生于企业生产经营过程中的社会和环境风险给予主动、全面的关注”②，并以此作为董事会的法定义务。可持续公司法路径认为此举将有利于促进企业社会责任和公司治理主流讨论的融合，并促进董事会将企业对社会的影响纳入核心决策。欧盟议会在2013年的行动计划中支持了这一观点并指出：“为鼓励企业加强董事会多样性及给予非金融风险更多的关注，委员会将在2013年作出对审计指令的修改提案以加强对董事会多样性政策和风险管理的信息披露要求。”③

不同于传统企业社会责任理论和企业社会责任实现工具对于“企业对于社会的影响”的聚焦，依托于非金融事项报告及内部控制和风险管理机制的可持续公司法路径最突出特点在于其不仅关注“企业对社会的影响”，还聚焦于“社会对企业的影响”。在单一化的非金融报告机制被宣告失败后，内部控制和风险管理系统的引入随之应运而生了。内部控制系统认为“社会风险和其他风险一样，是企业风险的一种”④。当社会风险发生，企业的利益相关者会意识到该风险的存在，并向企业施加压力，要求企业改变其行为模式。“当聆听利益相关者关于企业社会责任的建议成为企业的竞争力时，对企业社会风险的管理就应更好地被融入企业战略中。”⑤

在具体实施上，内部控制和风险管理机制的实现需要董事会进行“自上而下”的改革。欧盟委员会认为“董事会对根据其战略制定风险档案和保持对风险的追踪以确保该机制的有效性负有首要责任。”⑥ 由此，董事会不仅应在其经营管理中关注金融风险，还应对社会、环境、人权、劳工等非金融风险进行关注，将企业社会责任融入企业战略目标和日常经营管理的每一环节，并根据现实

① 李莉：“论企业内部控制的风险管理机制”，《企业经济》2012年第3期。

② 赵斯昕、丁日佳、信春华：“基于社会责任的企业全面风险管理框架体系建构”，《商业研究》2012年第2期。

③ COM（2012）740 final，s. 2.1.

④⑤ Kytle，Beth and John Gerard Ruggie. 2005. “Corporate Social Responsibility as Risk Management：A Model for Multinationals.” Corporate Social Responsibility Initiative Working Paper No. 10. Cambridge.

⑥ COM（2011）164 final，s. 1.5.

需要修订其长期经营战略。此外，企业还应就企业社会责任的内部控制和风险管理进行尽职调查，“逐步建立和完善企业社会责任指标统计和考核体系”①，并完善企业社会责任的评价机制。

第三节　可持续公司法路径下的股东角色重塑

股东是企业的所有者和投资者。一方面，作为所有者，股东在企业内部有着“至高无上”的权力，股东的决策直接影响了可持续路径在公司治理内的实现；另一方面，作为投资者，股东能够“使原本投资于污染产业的资金重新流向环保领域”②，通过资金流向的改变支持可持续企业的发展，从而实现可持续路径在商业领域的总体实现。然而，在现有公司治理和可持续路径背道而驰的现实下，“股东至上”主义被认为是阻碍可持续公司法路径实现的“最大障碍”③。因此，在可持续公司法的框架下，讨论股东和投资者角色对是否能将企业社会责任融入公司治理具有重要意义。

一、现有公司法体系中的股东角色

尽管早在新千年伊始，以北欧法学派和大陆法系为主的国家就已在公司法立法中倡导董事会将企业社会责任融入企业的核心决策和战略。然而，立法的改变并未实质上促进实践中企业社会责任的提升。“股东至上”的社会规范被认为是阻碍企业从“一切照旧”向可持续企业路径发展的根本原因。由此，分析现有

---

① 赵斯昕、丁日佳、信春华：“基于社会责任的企业全面风险管理框架体系建构”，《商业研究》2012 年第 2 期。

② Daniel Gutman. “China Seeks to Export Its Green Finance Model to the World.” IPS. http：//www. ipsnews. net/2017/07/china-seeks-export-green-finance-model-world/.

③ Sjåfjell, Beate, Johnston, Andrew, Anker-Sørensen, Linn, Millon, David. “Shareholder Primacy：The Main Barrier to Sustainable Companies. Company Law and Sustainability：Legal Barriers and Opportunities.” Beate Sjåfjell and Benjamin J. Richardson (eds), Cambridge University Press, 2015；University of Oslo Faculty of Law Research Paper No. 2015-37.

公司治理框架下的股东角色及其对可持续公司法路径的消极影响是目前探讨公司治理转型和可持续公司法路径实现的前提与基础。

（一）现有公司立法中的股东角色

股东是指“基于对公司的投资或者基于其他的合法原因而持有公司资本的一定份额并享有股东权利的主体”，“是公司的最基本和最重要的成员构成”。[①]

从权利义务上看，根据各国公司法的相关规定，股东权利主要包括：出席或委托代理人出席股东大会行使表决权、选举权和被选举权、依法转让出资或股份的权利、知情权、建议和质询权、股利分配请求权、公司发行新股时的新股认购优先权、提议召开临时股东大会的权利、股东大会的召集和主持权、临时提案权、异议股东股份回购请求权、申请法院司法解散公司的权利、公司终止后的剩余财产分配请求权及股东派生诉讼权等权利；同时，股东需要承担遵守公司章程、向公司缴纳股款、对公司所负债务承担责任、不得抽回出资、填补出资等义务。

可持续公司法路径的概念提出后，欧盟的一种试验性观点认为应对股东角色进行更为宽泛的认定，尤其是在经济可持续方面。[②] 在公司治理范畴内，对于股东的讨论应超越权利本位的范畴，对股东义务同样予以关注。

（二）现有公司立法中的股东会角色

股东会是指“依法由全体股东组成的公司权力机构”[③]，其由全体股东组成，是企业必须依法设立的组织机构。在股东会中心理论中，“股东会也就是公司的最高权力机关，而董事会只不过是公司的代理人并受股东会的控制”[④]。

股东会的权利包括两个部分：一是股东会的法定权利。依据公司法的相关规定，股东会有权决定企业的“重大事项”[⑤]，具体包括：决定企业经营战略、董事会及管理层的任免与报酬、审批董事会及监事会报告、审批企业年度预算及决

---

① 施天涛著：《公司法学》，法律出版社 2014 年版，第 325 页。

② Sjåfjell, Beate. “Achieving Corporate Sustainability: What is the Role of the Shareholder?” University of Oslo Faculty of Law Research Paper No. 2016-10.

③ 赵旭东著：《公司法学》，高等教育出版社 2011 年版，第 371 页。

④ 赵旭东著：《公司法学》，高等教育出版社 2011 年版，第 381 页。

⑤ 施天涛著：《公司法学》，法律出版社 2014 年版，第 324 页。

算方案、增资减资事项、发行公司债、企业重大变更、章程修改等。二是股东会的章程权利。除法定权利之外，对股东积极参与企业决策与企业管理的情形，公司法保持着立法的谦抑性，允许股东会以章程的方式排除对公司法的相关规定进行补充和修改。例如我国《公司法》第三十七条股东会职权规定中的第十一项便赋予了股东行使公司章程规定的其他职权的权利。由此，实践中各国股东会的权利均大于公司法预设的范围。至于股东会权利的具体范围，则取决于股东的持股水平、股东对于企业事项的参与度以及其他相关的法律及企业文化等。[①]

从法律角度而言，股东会的法律地位与职权起码将在以下三方面对可持续企业或可持续公司法的实现及企业社会责任的战略性融入产生潜在影响：一是股东对于公司章程的决定性权力，二是股东对于董事会成员的任命及罢免权，三是某些立法例中股东对于董事会的直接指示。[②]

二、现有股东角色对可持续企业实现的消极影响

尽管从理论层面而言，股东或股东会基于其现有职权，具有通过投资选择和行使股东权利以促进企业社会责任发展的潜力。但从实践角度而言，现有股东角色对于企业社会责任而言更多的是一种消极影响。这种消极影响主要体现在两个方面：一是短期主义视角下，股东对于企业社会责任价值的否定；二是股东权利本位下，股东会对于董事会履职的干涉。

（一）短期主义视角下股东对于企业社会责任价值的否定

古典经济学时期，自由市场的理论认为“商业的社会责任在于增加其盈利”[③]。在此理论基础之上，普通法系和大陆法系对于公司治理目的进行了不同方向的理解：以英美为代表的普通法系认为企业的目的在于股东价值的最大化；而法国、德国、日本为代表的大陆法系尽管认为企业的目的在于平衡各利益相关

---

① 例如，是否存在董事会轮选制度等。See Fleckner, Andreas M., and Klaus J. Hopt, eds. Comparative corporate governance: A functional and international analysis. Cambridge University Press, 2013, pp. 126-144.

② 如芬兰、挪威公司法均采用了分层机制，并认为股东会是最高权力机关。由此，在特定情况下，股东会可直接对董事会发起指令。

③ Friedman, Milton. “The social responsibility of business is to increase its profits.” Corporate ethics and corporate governance (2007): 173-178.

者的利益，但由于公司治理监管规范中缺乏对于除股东之外的利益相关者的硬性保护，企业的目的最终仍难以避免地向股东价值最大化妥协。由此，“上述两种理解方式均无法促进企业的可持续发展”[1]。

与此同时，互联网和信息技术的发展增强了投资者对于股价关注的及时性，而经济危机的周期性出现更加剧了投资者对于长期持股的恐慌，上述现象最终造成了投资者持股时间的减少。以美国为例，美国投资者的平均持股时间由 1960 年的 8 年下降为了 2016 年的 8 个月。[2] 在股东持股短期化的趋势下，“短期化利益”的公司治理导向也在美国商业领域滋生：金融分析师和经营管理者开始更为关注于企业的季度业绩；美国 400 强的公共企业中 80%的首席财务官表示其愿意牺牲企业价值以满足季度业绩需要[3]；而“即使企业能够在五年内表现良好，股东也经常反对可能导致一年亏损的企业董事会或高级管理人员”[4]。由此，对企业目的之利益从股东利益的最大化进一步限缩为“短期盈利的最大化以促进股价的提升”[5]（如图 14 所示）。

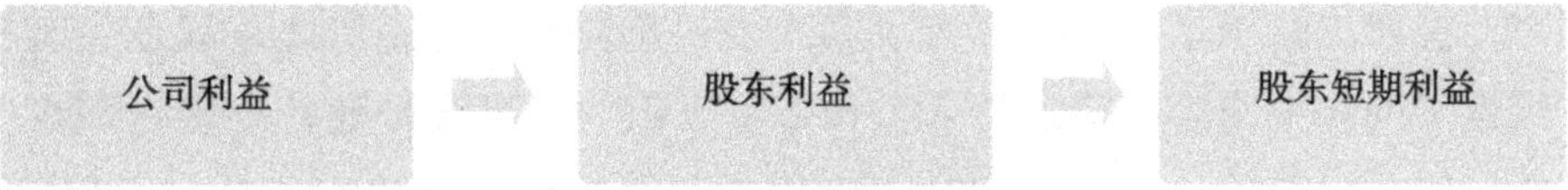

图 14　公司利益到股东短期利益的演变

在“短期化利益”的公司治理导向下，企业基于对季度盈利的维护，将不再愿意对产品研究、技术革新、劳工环境改善等短期支出进行投入。而企业社会责任恰恰要求企业就社会、环境等非金融事项进行投入。从短期化的视角观之，该行为无异于“从股东口袋里拿钱”[6]。其不仅不利于企业的业绩表现，甚至将影响企业的业绩表现，因此受到股东的反对。

（二）“股东至上”规范下股东会对于董事会履职的干涉

“股东至上”是英美企业理论的基本原则之一，其包括三个方面的内容：“第一，公司法的目的是谋求股东利益最大化；第二，股东利益与非股东利益发

①⑤　Michael J. Mauboussin, Alfred Rappaport. “Reclaiming the Idea of Shareholders Value.” https://hbr. org/2016/07/reclaiming-the-idea-of-shareholder-value.

②③④　Alana Semuels. “How to Stop Short-Term Thinking at America's Companies.” https://www.theatlantic. com/business/archive/2016/12/short-term-thinking/511874/.

⑥　Keith Evans. “What Are the Disadvantages of Corporate Social Responsibility?” https://bizfluent. com/info-8031857-disadvantages-corporate-social-responsibility. html.

生冲突时，应当首先保障股东利益；第三，对非股东利益相关者的保护不应当体现在公司法之内，而应当依靠劳工法、契约法等外部法律加以保护。”① 与此同时，基于传统公司法的所有权理论和代理理论，股东会在企业内部享有着至高无上的权力。在股东“短期化利益”和股东会权利至高无上的双重压力下，即便公司法通过原则解释或商业判断规则赋予了董事会承担企业社会责任的权利，董事会也不得不向股价和股东利益妥协，从而放弃企业社会责任的承担，转而致力于股东利益最大化的努力。股东会对于董事会履行企业社会责任的干涉主要体现在以下三个方面：

1. 公司章程的修订

在各国公司法的规定中，股东会均享有修订公司章程的职责。董事会的组成、职权和议事规则以及公司的目的又通常作为公司章程的强制性记载事项和任意性记载事项规定于公司章程中。② 这就意味着，公司章程有权决定董事会的自治范围以及董事会是否具有通过提升企业利益促进企业社会责任发展的职责。与此同时，公司法赋予了股东会制定及修改公司章程的权力。由此，股东会有权将可持续发展的相关内容明确地写入公司章程，以为董事会企业社会责任职权的行使提供保障。以我国为例，公司法明确规定了股东会具有“修改公司章程”③ 的职权。

然而，理论界理想的“乌托邦”总会受到现实的打击。由于受大多数股东的反对，所谓股东会对于企业社会责任发展的可能性在“短期化利益”的视角下反而成了董事会践行企业社会责任的最大障碍。实践中，更多的情形是，股东利用其对于公司章程的绝对权力，阻止董事会进行由“一切照旧”向可持续企业商业模式的转变。

2. 董事会成员的任命与除名

在绝大多数国家的公司法规定中，股东会均有权以直接或间接的方式通过“简单多数决”对董事会成员进行任命或除名。其中，直接任命或除名的典型代表为英国和中国。根据英国公司法的相关规定，“股东会可以通过普通决议的方式在董事任期届满之前撤销其董事职务”④。而在董事任命问题上，英国公司法

① 赵玲：“股东至上主义再思考”，《法学杂志》2009 年第 8 期。

② 施天涛著：《公司法论》，法律出版社 2014 年版，第 129 页。

③ 参见《公司法》第三十七条第十项。

④ See the UK Company Act, sec 168 (1).

规定，除第一任董事外，其他董事均应按照公司章程的规定任命，即或“通过股东会以普通决议的方式任命”[①] 或“通过董事决定的方式任命”[②]。同样，根据我国公司法的规定，股东会有权“选举和更换非职工代表担任的董事”[③]。间接任命或除名的典型代表为挪威和德国。该模式下，董事的任命或除名由公司大会（corporate assembly）或监督委员会进行。而公司大会或监督委员会的人员构成通常包含股东会代表和职工代表两个部分。基于通常该种模式下，公司大会赋予股东会代表在公司大会或监督委员会中更多的席位，由此，从实质角度上说，公司法在董事会成员的任命与除名问题上间接地赋予了股东会最终话语权。此外，以德国为例，公司治理准则还鼓励监督委员会建立任命委员会，该任命委员会仅由股东构成，负责就监督委员会向股东大会的推荐人选提出议案。实践中，公司立法赋予股东会的上述权力加剧了人们对于董事是股东的代理人的错误认知，也让人们误认为股东短期利益的最大化才是董事的主要甚至是唯一目标。尽管在一些股权分散的企业，由于股东达成更换或除名董事的一致行动的成本较高，上述任命或除名董事的权力并不经常使用。但只要该权利存在，董事在进行决策时就将倾向于满足股东的期待。

实践中，若要通过股东会的影响力促进董事会的决策制定向可持续企业的方向转变，则多数股东或持股5%以上的一致行动人应支持可持续企业的政策，但这对于股东而言实则仅仅是一个自愿履行的道德标准。在公司法对于公司的目的阐释和对于“公司利益”一词的文本解释缺位之时，上述权利“创造了一种强烈的认知，即股东是（公司）最重要的构成，并由此加深了股东至上主义的合法化”[④]。

3. 股东会对董事会的指令

除上述两种权利，在部分国家，公司法还赋予了股东会就整体或特定事项向董事会发布具有法定约束力指令的权力。以北欧国家为例，其公司治理框架具有严格的分层机制。其中，股东会为最高权力机关。由此，股东会多享有直接向董事会发布指令的权力。例如挪威，股东会通过简单多数决即可就除公司各机关分

---

① 现代示范章程（modern article）与旧版示范章程（Table A）中均规定了股东会以普通决议的方式任命董事的任命方式。

② 旧版示范章程规定了通过董事决定的方式任命董事的任命方式。但同时规定，如果以该种方式任命董事，被任命的董事应在下一届股东会上卸任，尽管其仍可以通过股东会普通决议的方式再次被任命。

③ 参见《公司法》第三十七条第二项。

④ Sjåfjell, Beate. “Achieving Corporate Sustainability: What is the Role of the Shareholder?” University of Oslo Faculty of Law Research Paper No. 2016-10.

工外的其他范围内对董事会发布指令[①]；在芬兰，除章程另有规定外，股东会在全体同意的情况下才能在法定范围内向董事会发布指令[②]。大陆法系国家中，也有部分国家的公司法赋予了股东会向董事会发布指令的权力：在法国，股东会可依法向董事会发布指令，但该指令不得剥夺董事会的全部管理性权力[③]；在西班牙，股东会有权向董事会发布指令或就特定的管理事项进行事先授权[④]。股东会对董事会发布指令权力的实质是公司法赋予了股东会干预董事会经营决策的权力。由此，在"短期化利益视角"多数股东反对企业社会责任与公司经营决策和核心战略的融合的情况下，公司法或公司治理准则赋予股东会的上述权力将直接否定董事会作出的有利于企业社会责任的经营决策。

而在普通法国家，基于股东的分散性和股东行为的高成本，"股东消极主义"的态度更为盛行，尽管法律同样赋予了股东会向董事会发布指令的权力，但这一权力在实践中却极少被使用。例如爱尔兰，尽管股东可以通过股东会投票执行"所有公司的职能"，但通常其会以公司章程这一内部监管的标准模式对董事会进行授权，并同时保留股东会向董事会发布指令的权力。[⑤] 又例如英国，通常公司章程规定股东会和董事会的权力分工，一般规则为将管理权授予董事会，但允许股东会在75%以上持股比例同意的情况下向董事会发布指令。[⑥] 在这一情形下，尽管股东会对董事会的指令权在大多情况下处于沉睡状态。但无论如何"沉睡的权力"均具有苏醒的可能，故其本身仍具有震慑作用。董事会始终难以知晓股东是否会通过指令权的方式直接干涉董事会的经营决策，由此，其在作出有悖于股东短期利益最大化的企业社会责任决策时，均会保持着谨慎的态度。

---

① Sjåfjell, Beate. "Sustainable Companies: Possibilities and Barriers in Norwegian Company Law." International and Comparative Corporate Law Journal, Vol. 11, issue 1.

② See the Finland AktG, s. 119 Ⅱ.

③ See Fleckner, Andreas M., and Klaus J. Hopt, eds. Comparative corporate governance: A functional and international analysis. Cambridge University Press, 2013, p. 475.

④ Olmedo, Elena Escrig and Munoz-Torres, Maria Jesus and Fernández Izquierdo, Maria Angeles and Soriano, Raul Leon and Rivera Lirio, Juana Maria and Ferrero-Ferrero, Idoya. "Sustainable Companies: Spanish Mapping Paper on Company Law Issues." University of Oslo Faculty of Law Research Paper No. 2012-36.

⑤ Clarke, Blanaid J., Irish Company Law Mapping Paper (November 20, 2012). University of Oslo Faculty of Law Research Paper No. 2012-35.

⑥ See Model Articles for Public Companies, Article 3 and Article 4.

三、股东会促进可持续公司法的试验性路径

概括而言，现有股东及股东会角色对于企业社会责任的企业融入与可持续公司法的路径形成的消极影响主要遵循以下逻辑：公司利益等同于股东短期利益最大化，由此，企业社会责任与公司利益不符；股东会是公司的最高权力机构，由此，股东会能够影响董事会作出有利于企业社会责任的经营决策。基于上述两点，实践中的股东会将阻碍企业社会责任和可持续公司法的实现。为解决上述问题，欧美在各自的法律文化和社会规范、公共政策的基础之上形成了股东受信义务和股东积极主义（shareholder activism）两条试验性路径。

（一）股东会促进可持续公司法的试验性路径

“法是生成的”[①]，其与社会历史环境、政治环境、经济环境和文化环境息息相关。立法者并非法律的“创造者”，而仅仅是法律的“发现者”。[②] 基于长期法律文化和经济导向的不同，欧洲大陆法系与英美法系就股东对于可持续公司法的促进作用形成了两种截然相反的路径：

1. 通过股东受信义务促进企业的可持续性

北欧国家和大陆法系国家的规范性文本具有“强烈的公权力色彩以及将经济、法律事项融入法律规则意愿的传统”[③]，很多国家甚至有公共的医疗或养老保险项目。体现在公司法实践中，欧洲大陆的公司法和社会规范基本认同公司的二元目标，认为公司及管理层不仅应关注股东利益，还应关注其雇员利益甚至是更广泛的社会利益。据调查，83%的德国和78%的法国公司高级管理人员认同公司属于所有利益相关者。[④] 故北欧国家和大陆法系国家具有将社会责任事项融入公司法规范的法律传统，典型的例证为德国、丹麦、捷克、荷兰、斯洛文尼亚、匈牙利、法国均以立法的形式作出了董事会中职工代表的相关规定。在此基础

① 葛洪义：“论法的生成”，《法律科学》2003年第5期。

② 参见萨维尼著：《论立法与法学的当代使命》，中国法制出版社2001年版，第7页。

③ Millon, David. “Corporate social responsibility and environmental sustainability.” Company Law and Sustainability: Legal Barriers and Opportunities. Ed. Sjåfjell Beate, Benjamin J. Richardson. Cambridge. Cambridge University Press. 2015. pp. 47.

④ Allen, Franklin, and Douglas Gale. Comparing financial systems. MIT Press, 2000. pp. 79.

上，其进一步形成了将社会、环境、人权事项融入公司治理，通过完善股东受信义务理论体系，抑制股东的部分经济权利，扩大股东对于企业社会责任事项义务的方式促进企业的可持续发展。

2. 通过股东积极主义促进企业的可持续性

在英美法国家，“股东至上”几乎已经是公司目的的主要概念。公司存在的意义在于促进股东利益的最大化。由此，公司治理的首要目标是维护股东利益的最大化，在此基础上再考量其他利益相关人的利益。据调查，76%的美国和 71%的英国公司高级管理人员认同公司属于股东所有。故，英美国家长期树立了一元化的公司目标导向，并无将企业社会责任事项纳入公司治理的传统。但随着社会运动的发酵和经济全球化的进程，英美国家的投资者逐渐加深了企业承担社会责任对企业长期存续与发展重要性的认识。由此，英美法国家立法机关顺应了机构投资者增加的现实及股东对于利益的视角将由“短期化”过渡为“长期化”的现实，认为应采用“股东积极主义”的理论体系。由此，公司法应尊重并保障股东主动介入董事会决策。

（二）通过股东受信义务实现可持续公司法路径

在公司利益从“短期化”视角向“长期化”视角逐步演变的理论进程中，欧盟多数国家立法认为，股东对于短期利益最大化的追逐将损害公司利益。由此，公司法应转变股东权利本位的视角，通过立法确立股东受信义务，确保股东对于公司利益的尊重，从而促进将企业社会责任融入公司法核心决策的可持续企业路径的实现。

1. 股东承担受信义务的应然性

股东是否应当承担受信义务是公司法是否能够通过确立股东受信义务实现可持续企业的讨论基础。传统公司法理论认为，股东作为公司的所有者，“无权以个人身份直接过问公司经营和事务，也不在该意义上参与公司经营管理。当然股东无须对公司承担受信义务。股东相互之间也无须承担受信义务”①。由此，与公司法对董事会及管理层科以大量受信义务不同，传统公司法认可股东可通过其所投资的公司实现自我经济利益，并认为除在个别特定条件下股东负有积极的义务外，大多数情况下，股东无须对特定经营事项进行决策但其拥有追求自身经济

① 施天涛著：《公司法论》，法律出版社 2014 年版，第 397 页。

利益的自由，并只需被动地接受公司赋予其的利润分配即可。

然而，实践中的股东并不永远处于消极、被动的状态。事实上，公司治理的结构为股东，尤其是控股股东提供了许多特权。例如，股东会有权对公司重大经营管理事项进行决议，而除了个别事项需经绝对多数同意外，一般事项仅需经过简单多数决即可。又或者，倘若控股股东的持股比例达到了绝对控股的程度，则在股东会层面，公司几乎成了该控股股东的“一言堂”。同时，由于公司法上“缺乏有效的权力制衡机制，控制股东为追求自身的利益而损害公司以及少数股东利益的事例层出不穷”[①]。以“股东至上”为中心的公司治理结构实质上为控股股东欺压或者危害公司利益和少数股东利益提供了机会。

由此，以德国、法国为代表的现代各国公司法在立法时多规定了以“股东不得滥用股东权利，以公司开支为自己或他人谋取利益”[②] 为内容的受信义务，并将是否损害公司利益作为判断多数股东是否滥用股东权利的法律标准。股东受信义务通常被视为股权平等原则的补充，其目的在于在现有公司治理结构下维护少数股东及公司的合法利益。实践中，股东的受信义务多适用于其在股东会中行使其股东权利的过程中，且更注重对于多数股东或控股股东的权利约束。然而，仍有部分国家在立法时对于股东受信义务无任何形式的规定，例如瑞士[③]。

2. 股东承担受信义务的义务对象

股东会通过自身的决策能够影响公司在特定事项上的目的和利益。由此，在股东承担受信义务具有应然性的基础上，更深层次的问题在于股东受信义务的对象应当指向其他股东抑或是既指向公司也指向其他股东。各国公司法立法在此问题上具有一定的争议，而该争议根源于该国立法例采用的是以各方利益相关者利益为基础的多元化视角还是以股东利益为主旨的一元化视角。

少数大陆法系国家认为，股东受信义务的对象应包括公司和其他股东的利益。例如德国联邦法院确立了股东忠实义务[④]，以禁止股东滥用其投票权侵害公

---

① 朱大明：“美国公司法视角下控制股东信义义务的本义与移至的可行性”，《比较法研究》2017 年第 5 期。

② Sjåfjell, Beate. “Achieving Corporate Sustainability: What is the Role of the Shareholder?” University of Oslo Faculty of Law Research Paper No. 2016-10.

③ Fleckner, Andreas M., and Klaus J. Hopt, eds. “Comparative corporate governance: A functional and international analysis.” Cambridge University Press, 2013, pp. 887-888.

④ Fleckner, Andreas M., and Klaus J. Hopt, eds. “Comparative corporate governance: A functional and international analysis.” Cambridge University Press, 2013, p. 521 and p. 545.

司整体利益。而普通法系国家尽管相较于大陆法系国家对于股东受信义务的规定相对较弱，但其却存在判例支持了认为股东的受信义务应指向公司和股东两个方面。以美国为例，传统公司法中并未规定股东有指向公司或其他股东的受信义务。但随着股东民主化（shareholder democracy）运动在美国的兴起，股东对于公司的经营管理事项不再扮演着“用脚投票”的消极形象，而开始越来越积极地介入公司事务中。尤其是控股股东，其在某种程度上也和董事会成员一样具有了损害公司和其他股东利益的可能性。基于此，美国于 1919 年首次在南太平洋公司诉博格特案（Southern Pac. Co. v. Bogert）中确认了股东受信义务，认为“公司的大股东对公司享有控制权。但是，当控制股东行使控制权时，他与少数股东、公司或者董事及员工之间形成了信义关系”①。我国《公司法》第二十条同样规定了股东受信义务指向公司利益和其他股东利益两个方面。② 并在此基础上就股东违反受信义务规定了救济手段。《公司法》第二十一条则特别规定了控股股东指向公司利益的受信义务。③

而多数大陆法系和北欧法系国家则认为，股东受信义务的目的在于通过公司法的强制性规范调整多数股东和少数股东的利益冲突。由此，股东受信义务的指向主要是其他股东（尤其是中小股东）：例如，挪威公司法规定“多数股东不得滥用股东权利压迫少数股东，但其缺乏将公司利益作为单独利益的具体规定”④；法国对于股东受信义务的规定则更为针对企业社会责任，其法院认为“若多数股东为了追求其自身利益而投票反对社会利益（l’intérêt social），则该多数股东行为可被定义为滥用股东权利。该救济手段在法国较为常见，但多用于保护少数股东的利益”⑤。

---

① 朱大明：“美国公司法视角下控制股东信义义务的本义与移至的可行性”，《比较法研究》2017 年第 5 期。

② 参见我国《公司法》第二十条第一款：“公司股东应当遵守法律、行政法规和公司章程，依法行使股东权利，不得滥用股东权利损害公司或者其他股东的利益；不得滥用公司法人独立地位和股东有限责任损害公司债权人的利益。”

③ 参见我国《公司法》第二十一条第一款：“公司的控股股东、实际控制人、董事、监事、高级管理人员不得利用其关联关系损害公司利益。”

④ Sjåfjell, Beate. “Achieving Corporate Sustainability: What is the Role of the Shareholder?” University of Oslo Faculty of Law Research Paper No. 2016-10.

⑤ Fleckner, Andreas M., and Klaus J. Hopt, eds. “Comparative corporate governance: A functional and international analysis.” Cambridge University Press, 2013, p. 444.

3. 股东受信义务的具体界定

在各国公司法立法增强了股东受信义务应然性和义务对象的综合性基础上，在股东受信义务范畴内应着重讨论的下一问题在于股东受信义务的具体界定。可持续公司法路径认为，应强化股东的受信义务并讨论股东受信义务下股东会对于董事会行为的监督作用：

（1）股东有义务维护公司合法利益

界定股东行为是否符合受信义务的标准之一在于股东行为是否符合公司合法利益。这一简单表述的背后应包含两个层次的内容：一是股东不得损害公司利益；二是股东应维护公司利益的合法性。前者是一项消极义务，即公司利益优先于股东自身利益，股东不得滥用其股东权利损害公司利益；后者是一项积极义务，即股东应发挥其监管职责，确保股东会决策合法的同时监督董事会行为的合法性。

由此，在股东受信义务项下，其对于公司合法利益的维护主要包括以下内容：其一，股东不得在故意违反法律法规的基础之上形成促进公司利益的股东会决议，即股东会自身决议的合法性；其二，若股东会明知董事会作出的年度决算不符合法律法规，则股东会不得通过该年度决算及董事会以此为基础作出的利润分配方案；其三，基于股东会对董事会的监管职责，股东会应考量董事会当下及未来确保公司遵守法律的能力及期冀，若董事会的运营模式本身存在违反法律法规的风险，则股东会有义务对董事会成员进行更换。

（2）股东有义务发掘董事会的违法行为

既然股东具有维护公司利益合法性及监督董事会作出合法经营决策并履行合法经营行为的义务，则下一个与之而来的问题是，股东会是否具有发掘董事会潜在违法行为的义务以及股东会应在何种程度上挖掘董事会的潜在违法行为。一个可能的路径是，股东会应跟踪了解媒体对于公司的公开报道以及监管部门对于公司的公开处罚。“目前大多国家的立法例认为股东会应具有（追踪董事会潜在违法行为）的义务，如果其立法例中本身不具有，则应对股东会的该项义务进行立法”[①]。而这一义务得以落实的基础在于董事会或审计能够在股东会审议年度决算或利润分配方案之前加强对公司信息的披露。

① Sjåfjell, Beate. “Achieving Corporate Sustainability: What is the Role of the Shareholder?” University of Oslo Faculty of Law Research Paper No. 2016-10.

我国《公司法》在公司治理结构上采用了股东会、董事会、监事会和高级管理人员四者共同构成的组织结构。“四者形成了一定的制衡关系，这种制衡关系是通过明确划分股东会、董事会、监事会和高级经理人员各自的权利、责任和利益而形成的”[①]。由此，尽管董事会需要向股东会负责，但与大多国家的立法例不同，我国公司法缺乏股东会对董事会行为监督义务的明确规定，而是由监事会履行监督职责，并就相关问题对股东会进行提案。然而，在董事会直接对股东会利益负责，且股东会能够通过董事会成员任命、罢免、薪酬调整等方式约束董事会行为的情况下，通过公司法公司治理结构的调整，在监事会之外明确股东的受信义务，强化股东会对于董事会行为的监督作用，有利于约束董事会行为的合法性。

（3）特殊情形下股东会应反对董事会违背道德作出的行为及决议

股东受信义务第三个层次的思考在于股东在明知或合理怀疑董事会制定的利润分配方案存在违背道德的风险时，股东会是否有义务反对该利润分配方案。法律实证主义认为“法律与道德分离”[②]，由此，几乎所有国家在立法中均不认为董事会基于违反道德而作出的行为或决议效力将受到影响。然而，在可持续公司法的视角下，法律和道德的界限变得逐渐模糊。由此，在特殊情形下，股东会有义务反对董事会违背道德作出的利润分配方案，以维护公司的长期、合法利益。对此，可持续公司法提供了两条将道德引入股东受信义务的可能路径：

一是将对遵守法律的解释由狭义的“遵守法律规则”扩展为“遵守法律规则和法律原则”，由此将某些道德义务纳入法律原则的范畴内。在企业层面，最为典型的是关于税收问题的讨论。在“巴拿马文件（Panama paper）”[③] 和“天堂文件（paradise paper）”[④] 事件泄露的文件信息中可见，部分跨国大型企业存在设立离岛企业以逃避税务的现象，且该现象日趋常态化。董事会认为该行为属于“税收优化”[⑤]，其能在合法的前提下减少公司缴税支出，增加公司经济利益。

---

① 王新：“什么是公司法人治理结构”，《求是》2000 年第 2 期。

② 【英】H. L. A 哈特著，翟小波译，强世功校：“实证主义和法律与道德的分离”，《环球法律评论》2001 年夏季号。

③ Brooke Harrington. “Panama Papers: The Real Scandal Is What's Legal.” https://www.theatlantic.com/business/archive/2016/04/panama-papers-crimes/477156/.

④ Jonty Bloom. Panama Papers: 10 things we've learned. http://www.bbc.com/news/business-35979313.

⑤ B. R. I. S Group. “The difference between tax planning and tax optimization.” https://bris-group.com/difference-tax-planning-tax-optimisation/.

而可持续公司法路径的倡导者则认为，该行为利用了各国立法不同的“漏洞”，实质上是对法律原则和法律精神的违反，并不属于真正的合法行为。故在股东有义务维护公司合法（法律规则和法律原则）利益的义务项下，股东会不得通过对董事会相关行为或决议的审批。

二是通过合同等私法手段将企业参与的道德性契约纳入企业合法利益的范畴。一般而言，公司对于其所加入的道德性契约的遵守更多源于一种自愿性行为，而非法律上的义务。“（股东会决议）与《经济合作与发展组织准则》等道德准则相悖通常不会引起法律风险，只会导致公司声誉的下降。但在特殊情况下其也会引起独立的法律责任，例如公司的合同交易方强调公司对于道德性准则的认可并将其写入了合同中。”[①] 在此种情况下，公司的道德义务不再是一项自愿的一般性义务，而是一项特定的合同条款。对合同条款的遵守属于公司遵守法律的一部分，其对股东、董事会及管理人员均具有约束力。由此，当一般性道德义务成为特定合同条款时，基于股东受信义务，股东会应当反对董事会违反合同项下道德义务作出的行为或决策。

4. 股东受信义务下可持续公司法路径的实现

若我们认同股东应成为受信义务的主体，则股东不得利用其股东权利损害公司利益和其他股东的利益。此时，结合可持续公司法路径对公司利益一词的限缩性解释和对遵守法律一词的扩大性解释，股东受信义务与企业社会责任的融合成为可能。

一是从遵守法律的角度而言，股东受信义务的主旨在于股东应促进企业承担社会责任，以遵守法律规则和法律原则对于企业社会责任事项的要求，减少企业因违法行为受到的行政处罚和名誉损害，以维护公司的声誉利益和实体利益。其包含两个层次：（1）基于受信义务，股东自身在通过股东会行使股东权利时应遵守法律，即股东行使决策权时既要遵守环境法、人权法、劳动法等外部性法律对于企业社会责任的条文性规定，又要遵守上述外部性法律的立法原则和立法目的，杜绝利用法律漏洞、不同立法域的区别规定等条件以合法之名行违法之实现象的产生；（2）股东基于受信义务，利用股东会权利监督董事会行使经营管理权利时应遵守法律，即当董事会基于违反环境法、人权法、劳动法等外部性法律

① Sjåfjell, Beate. “Achieving Corporate Sustainability: What is the Role of the Shareholder?” University of Oslo Faculty of Law Research Paper No. 2016-10.

作出年度报告、决算方案、利润分配方案等董事会决议时，股东会不得审议批准。此外，股东会还应就董事会可能存在的违反企业社会责任相关法律法规的行为及社会舆论对于董事会违反企业社会责任相关法律法规的公开负面评价进行关注，督促董事会行为合法，并以此作为董事会成员任命与罢免的考量标准之一。

二是从超越法律的角度而言，股东受信义务的主旨在于当公司加入相应企业社会责任自治性契约且公司的合同交易方在签订合同时将对该契约的履行纳入合同条款时，股东应保证公司企业社会责任行为的合道德性，以减少公司因违约导致的名誉利益和经济利益损失。其包含两个层次：（1）基于受信义务股东自身在通过股东会进行决策时，应遵守公司声明加入的自治性企业社会责任契约；（2）股东基于受信义务利用股东会权利监督董事会行使经营管理权利时应遵守企业社会责任自治性契约，即当董事会基于违反公司声明加入的自治性企业社会责任契约作出年度报告、决算方案、利润分配方案等董事会决议时，股东会不得审议批准。

由此，受信义务下企业社会责任的解释路径概括如下：一是通过公司法明确股东受信义务；二是通过公司法明确股东受信义务的对象应包括公司利益；三是通过法律解释或公司治理准则等法律解释文件明确公司利益是指公司的长期利益；四是通过经济学的解释方法论证企业社会责任有利于企业的可持续发展，即企业的长期利益；五是认为由此股东的受信义务应包括对企业社会责任的维护。（具体如图 15 所示）

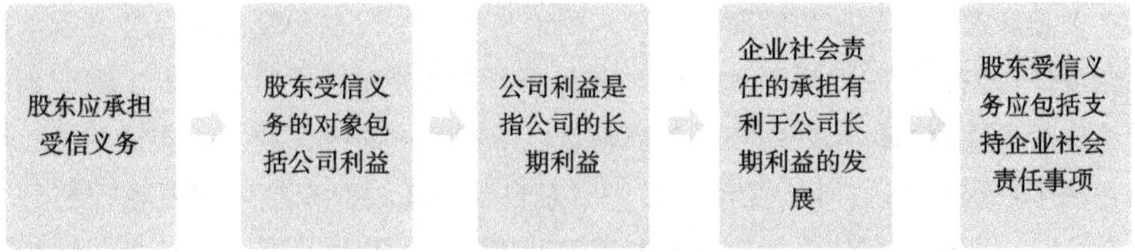

图 15　股东受信义务的实现机制

（三）通过股东积极主义实现可持续公司法路径

与大陆法系立法者默认“股东至上”是阻碍可持续公司法路径实现的最大障碍并由此构建股东受信义务不同，以美国为代表的普通法国家兴起了旨在发展股东权利的“参与性战略（strategy of engagement）”运动。该运动“以企业公民和股东民主决策力为基础，构建了‘负责任的’所有权这一新模型”①，认为“股东积极主义（shareholder activism）”在改变公司与股东对于企业社会责任问题的主流态度方面具有巨大潜力。可持续公司法路径的倡导者认为，股东积极主义或成为促进企业社会责任与公司治理融合的另一实验性路径。

1. 股东积极主义的内涵

传统公司法认为，股东是公司的所有者，董事及管理层是公司的管理者。因此，股东既没有义务积极地介入公司管理，也没有义务对公司管理保持谦抑，其对于公司的态度完全取决于投资策略的选择。然而，实践中由于“大公司股份的持有非常分散，大多数股东认为花费时间、精力和财力试图改变无效率的经营方针是不值得的，因为作出这样的改变所付出的成本要高于投资本身所得到的回报，股东采取联合的行为是非常困难的”②，故股东通常对于公司事务保持着“理性的冷漠”，这就是传统公司法理念中股东的消极主义。

然而近年来，随着战略性投资理念的深入，“以对冲基金和养老基金为代表的机构投资者强势崛起，大型金融中介机构持有公众公司的股份比例日益提高”③。具有目标公司股东和资产受托人双重性质的机构投资者等投资机构“为了维系与客户之间的良好关系，对其所投资公司的发展愈加关注，并进而通过积极行为参与、介入到公司的管理中，以实现自己的投资预期”④。这种“股东定期地以特定的公司经营政策为目标而实施的干预和影响行为”⑤便可称为股东积极主义。

股东积极主义并非公司法理论更迭下创设出的新的股东权利，而是于原有公司法理论中充分挖掘股东的积极权能。股东积极主义的实施主体包括教堂及宗教团体、社会责任投资基金（Social Responsible Investment，SRI）、主流机构投资者、非政府机构组织及部分个人投资者等旨在长期持有公司股份的主体，其内涵应包括以下几个方面：“（1）公司参与对话（与管理层就特定问题进行沟通）；（2）股东决议（就社会或环境问题提交股东提案）；（3）代理投票（制定向社会

---

① O'Rourke, Anastasia. “A new politics of engagement: Shareholder activism for corporate social responsibility.” Business Strategy and the Environment 12.4 (2003).

② 钱玉林：“论股东的质询权”，《比较法研究》2005 年第 1 期。

③ 王心怡：“我国机构投资者信义义务体系的反思与重构——以尽责管理义务的引入为视角”，《法商研究》2017 年第 6 期。

④⑤ 王彦明：“股东积极主义：股东积极行为的公司法界定”，《行政与法》2009 年第 8 期。

和环境事项投票的政策)；(4) 退出机制（出售股份)。”①

2. 股东积极主义发展的历史阶段

股东积极主义最早出现于20世纪30年代。美国的两位个人投资者——吉尔伯特（Gilbert）兄弟成立了股东积极主义组织，旨在“促进管理层更有责任心，提高对于金融信息的公示水平，维护股东选举董事或经理的权力，提高股东利益并遏制过高的高管报酬水平”②。此后他们试图将年度会议从“敷衍的法律程序”③变为股东和管理层的对话机制。此后的70余年时间中，股东积极主义的理论不断发酵，并随着机构投资者队伍的壮大而在15年至20年内成为美国公司法讨论的主流之一。一般认为，股东积极主义的发展可分为三个阶段：

一是20世纪80年代中期之前的萌芽阶段，个人投资者开始介入公司治理。在一系列法律禁止积极投资者介入公司管理后，美国证券交易委员会于1943年首次规定“管理层必须接受来自证券持有者的、主体适格的行动提案”④，并于1946颁布了第14-a条款规定“公司支出应覆盖将股东决议包含于代理材料中的成本，且该决议应当在公司年度大会上讨论”。1943年至80年代，股东提交了大量的股东提案，旨在提高公司治理和企业业绩。该时期股东提案的主要内容包括“弥补或减轻公司的自戕式防御措施；消除董事会分期分级式的董事会任期，从而使所有成员可能在某一次选举后同时被替换；保护股东投票的隐私；将公司公开出售；将董事会主席和CEO的位置相独立；创立一个提名或薪酬委员会等”⑤。

二是20世纪80年代中期至21世纪的兴起阶段，机构投资者开始介入公司治理。20世纪80年代之前，美国绝大多数的股东提案均来自个人投资者，据统计，“1982年提交给358家公司的972份股东提案中，有30%来自Levis，Gilbert和Evelyn Davis三位个人投资者。”而1985年后，股东积极主义者开始以团体的形式出现，众多股东积极主义团体在这一时期兴起。其中较为具有代表性的是旨在促进“股东觉醒”的联合股东协会（United Shareholders Association）和美国投

①②③ O'Rourke, Anastasia. “A new politics of engagement: Shareholder activism for corporate social responsibility.” Business Strategy and the Environment 12.4 (2003).

④ Gillan, Stuart L., and Laura T. Starks. “Institutional investor activism: hedge funds and private equity, economics and regulation.” Oxford University Press, 2015, p. 41.

⑤ 冯果、李安安：“投资者革命、股东积极主义与公司法的结构性变革”，《法律科学》2012年第2期。

资者权利协会（the Investor's Rights Association of America）。该时期“机构投资者作为社会资本入市中介的作用日益显现”①，其对于企业社会责任问题的关注也日益增多。

三是21世纪以后股东积极主义进入了与企业社会责任全面结合的全面发展新时代。安然丑闻暴露了大型企业在审计、信息披露和少数股东权利方面的重大问题。社会对金融与非金融风险的自愿披露程序产生了严重的不满情绪，以机构投资者为代表的股东要求企业提高社会责任承担水平。“社会责任投资从边缘走向了主流”②。根据联合国负责任投资原则（UN Principles for Responsible Investing）2015年的报告，管理市值59万亿美元的机构引入了该原则，并据此宣示企业社会责任是其尽职调查和投资决策中的实质构成部分。自此，部分以长期持有为目的的股东积极主义逐步向环境、社会积极主义（E&S activism）过渡。

3. 股东积极主义下可持续公司法路径的实现

股东积极主义视角下，可持续公司法路径的实现主要包括两个方面：一是基于投资者身份，机构投资者通过筛选（screening）策略，对企业社会责任评分良好的企业进行投资；二是基于股东身份，机构投资者通过股东提案（shareholder advocacy）对公司行为进行干预，通过股东提案权的行使促进公司企业社会责任水平的提高。

（1）长期机构投资者的社会筛选策略

20世纪90年代起，美国兴起了“社会抗议运动”并指责公司未对其经营影响下的环境和社会尽到足够的责任。为应对社会抗议运动带来的商业危机，维护自身的市场声誉，以机构投资者为代表的大股东开始指责其所投资的大型公司不负责的商业行为，并致力于“支持环境和社会运动，甚至股东自身成为积极的游说者”③。

首先，从投资利益的角度看，大多机构投资者均认同公司承担企业社会责任

---

① 冯果、李安安：“投资者革命、股东积极主义与公司法的结构性变革”，《法律科学》2012年第2期。

② Barko, Tamas, Cremers, Martijn, Renneboog, Luc. “Shareholder Engagement on Environmental, Social, and Governance Performance.” European Corporate Governance Institute (ECGI) - Finance Working Paper No. 509/2017.

③ O'Rourke, Anastasia. “A new politics of engagement: Shareholder activism for corporate social responsibility.” Business Strategy and the Environment 12.4 (2003).

"将有利于，至少不会损害投资者的经济利益"①，甚至赞成企业社会责任的承担有利于公司的长期利益。基于此，不同类型的机构投资者及机构投资者组织大多出台了相关准则规范要求机构投资者在"筛选、持有、实现投资时将社会、环境或道德因素纳入考量"②，并将其作为企业风险管理的一部分。例如英国保险业协会（Association of British Insurers）要求公司确保其年度报告中就社会、道德和环境风险进行了评估并对其进行有效管理以维护或提升商业价值③。瑞士社会投资基金 Etho 发展了一条积极的路径以提升目标公司对于其商业经营中环境和社会问题的重视并将"负责任的投资者""在投资政策中关注气候变化""排除对产品与基本原则理念不符的公司投资""排除对行为与基本原则理念不符的公司投资"等八项企业社会责任原则作为其投资原则④。美国教会基金 Benedictine Sisters 也要求其所投资的公司评估环境和人权风险及其对公司名誉造成的损害。⑤

其次，从投资哲学的角度看，部分机构投资者本身就涉及社会责任职能，因此在投资选择时加强对企业社会责任的重视，有利于统一投资手段与投资目的，维护良好的客户关系。以养老基金为例，其"受益人是普通职工阶层，若养老金不仅能照顾职工退休后的生活，而且在投资时就创造出对职工更有利的工作条件和生活环境，可以最大程度发挥养老金的经济和社会价值"⑥。

（2）长期机构投资者的股东提案策略

在安然丑闻发生后，一些大型公司名誉扫地，开始受到社会的指责。《金融时报》曾这样报道这种现象："上周对于一些大型企业而言是灾难的一周，问题不仅仅在于其结果，更在于其公众形象……大公司还发现，批评者不仅来自遥远的外部反对者，还来自大股东。上述案例展示了这样一种趋势：商业对于企

---

① Dyck, I. J. Alexander and Lins, Karl V. and Roth, Lukas and Wagner, Hannes F. "Do Institutional Investors Drive Corporate Social Responsibility? International Evidence." Rotman School of Management Working Paper No. 2708589.

②⑤ O'Rourke, Anastasia. "A new politics of engagement: Shareholder activism for corporate social responsibility." Business Strategy and the Environment 12.4 (2003).

③ ABI. Association of British Insures-Guidelines on Responsible Investment Disclosure. https://www.ivis.co.uk/media/5893/ABI_ RID_ guidelines.pdf.

④ Etho Fund. Ethos' eight Socially Responsible Investment principles. https://www.ethosfund.ch/sites/default/files/2017-03/2017_ Principes_ Ethos_ pour_ ISR_ EN_ web.pdf.

⑥ 宋论升："社会责任投资策略研究"，http://www.ssf.gov.cn/yjypz/201702/P020170227561094073273.pdf。

业社会责任的需求日益响亮，日益壮大，日益广泛。其不容忽视。”①

作为目标公司的股东，机构投资者“既可以通过正式地行使其公司法上的股东权利（比如在股东大会上行使法定表决权）以干预和影响公司的经营政策和发展方向，也可以通过其他非正式的积极行为影响公司的决策”②。同时，相比传统投资者，机构投资者更关心公司“长期及稳定的收益”③。故机构投资者被认为是能够发挥监督作用，降低管理层的机会主义行为，提高企业社会责任的披露质量，并通过股东提案的方式促进公司将企业社会责任融入公司的日常经营管理和经营决策的新兴投资群体。

从历史发展上看，自 20 世纪 60 年代起，一些机构投资者作为大股东就开始以积极主义的方式通过股东提案要求公司加强人权、环境等企业社会问题的承担。60 年代至 70 年代，股东提案的内容主要集中于：黑人人权保护和机会平等、反对为越南战争提供武器支持等。至 1970 年，美国一家地区法院反对美国证券交易委员会关于禁止股东进行反对汽油弹生产的提案，由此打开了社会责任事项股东提案的大门。④ 同年，在拉尔夫·纳德设立的“GM 运动”与通用公司的案件中确立了通用公司应在产品安全、污染排放和职工歧视等方面承担更多的社会责任。此后，股东提案的方式被更多地应用于社会活动中，并作为商业追求社会和平和公正的手段之一。80 年代至 90 年代早期，非金融事项成为公司绩效考核的项目之一。90 年代末期至 21 世纪以来，股东积极主义迎来了新的转折，其将环境、社会因素与公司的金融表现相联系，认为“公司应当让投资者了解其从可持续及企业社会责任方面获得的收益，告诉我们成本的节省，吸引优秀员工能力的提高，开发新产品的知识资本的发展以及声誉的提高和风险的防范”⑤。

从实践效果看，以长期利益为目的的机构投资者也确实在实质上推动了公司企业社会责任的发展水平。在一份以来自 41 个非美国国家的 3277 家公司 2004-

---

① O'Rourke, Anastasia. “A new politics of engagement: Shareholder activism for corporate social responsibility.” Business Strategy and the Environment 12.4 (2003).

② 王彦明：“股东积极主义：股东积极行为的公司法界限”，《行政与法》2009 年第 8 期。

③ 冯果、李安安：“投资者革命、股东积极主义与公司法的结构性变革”，《法律科学》2012 年第 2 期。

④ Carolyn Kay Brancato. “Institutional investors and corporate governance: best practices for increasing corporate value.” Irwin Professional Pub., 1997, p. 93.

⑤ O'Rourke, Anastasia. “A new politics of engagement: Shareholder activism for corporate social responsibility.” Business Strategy and the Environment 12.4 (2003).

2013年的数据为样本的调查中，经济学家发现机构投资者在前一年所持有的股份越多，则目标企业在下一年中获得的环境和社会评分越高。从机构投资者持股比例最低的企业到机构投资者持股比例占样本前四分之一的企业，环境评分增加了5.3%，社会评分增加了2.7%，且该评分的提高主要源于股东提案对公司政策和程序的改进,[①]并由此得出了长期机构投资者的积极参与确实提高了公司可持续性的结论。

由此，不同于受信义务视角下股东对于企业社会责任的追求源于法律的规定，股东积极主义视角下，以机构投资者为代表的股东基于对公司长期利益和良好客户关系的追求不再与企业社会责任处于对立面，而是主动地成为企业社会责任的追求者，并通过投资决策和股东提案的方式促进企业将企业社会责任融入其经营决策和经营管理行为之中。股东积极主义视角下可持续公司法路径的实现路径见图16：

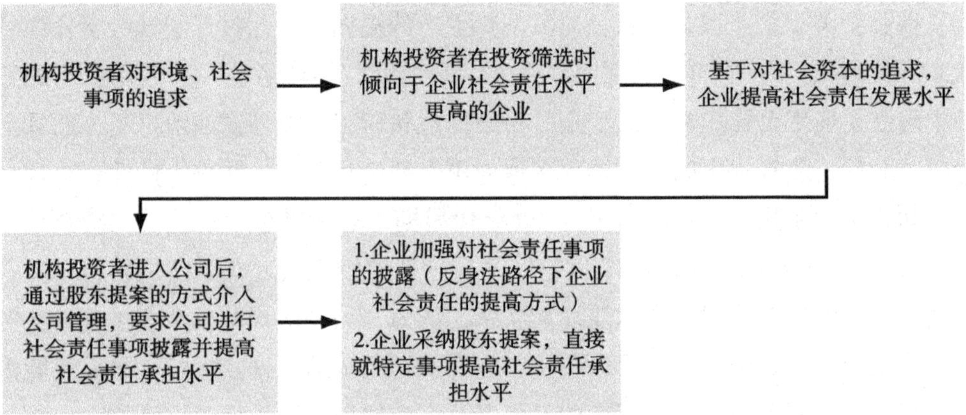

图16　股东积极主义的实现机制

① Dyck, I. J. Alexander and Lins, Karl V. and Roth, Lukas and Wagner, Hannes F. "Do Institutional Investors Drive Corporate Social Responsibility? International Evidence." Rotman School of Management Working Paper No. 2708589.

第六章
我国企业社会责任的法律化路径

全球化时代的到来，使企业面临着前所未有的机遇和挑战，民族企业登上国际舞台既获得了巨大的市场机会，也面临着国际舆论关于人权、环境问题的重重挑战；互联网时代的兴起，让企业站在舆论的风口浪尖，良好的企业行为通过互联网的传播能培养忠实的消费者群体，吸引优质的劳动力资源，而不良的企业行为，则会导致企业口碑的“一落千丈”，遭受消费者和劳动者的抵制。基于此，企业社会责任开始逐步走入商业视野，成为法律领域的一项重大议题。

一方面，我国仍处于企业社会责任的法治低水平国家：在理论上，我国学者对于企业社会责任的研究多集中于政策性或经济性研究，但在法学领域，尤其是民商法领域，除 2007 年商法学年会前后学界对于企业社会责任的概念、性质、可裁判性等问题进行了一次集中讨论外，2007 年以后民商法对于企业社会责任这一问题的讨论似乎有些后劲不足；在立法上，除了《民法典》和《公司法》对于企业社会责任的宣示性规定与散落于环境法、劳动法等部门法中的零星规范，我国总体上既无关于企业社会责任的专门立法，也缺乏企业社会责任立法的体系化和路径化设计，甚至几乎难以找到关于企业社会责任的司法解释和司法案例。

另一方面，我国对于企业社会责任的政策支持却又始终充满活力：党的十八届四中全会提出“加强企业社会责任立法”的制度目标后，企业社会责任披露报告数量的逐年上升、企业慈善规模的逐年增加以及百度等大型企业作为可持续企业的优秀代表引领全球企业的可持续发展都是我国政府近年来在引领企业社会责任发展方面所取得的重大突破。因此，尽管“从总体上看，中国是一个企业社会责任低水平国家，但中国在推行企业社会责任方面的力度和手段却得到了西方国家的关注和效仿，甚至开始向西方世界出口其绿色金融模式”。①

但“政策先行”的企业社会责任始终无法成为法治社会环境下提升企业社会责任的主流方式。部分企业甚至存在“上有政策下有对策”的逆反心理。而法律化路径，尤其是商事立法视野下的法律化路径以企业行为的本质和目的为出发点，将企业社会责任的承担与商业社会的持续性发展相结合，并以制度化的形式予以立法固定，故应受到商法学者们的关注。本章通过对现有企业社会责任的梳理，挖掘目前我国企业社会责任立法的不足，并在此基础上通过对我国商业现实的分析和比较法模式的借鉴为我国企业社会责任法律化路径和体系构建提出有利建议。

第一节　我国企业社会责任的规范现状与评析

我国学者倾向于将企业社会责任认定成一种集法律责任和自愿责任于一体的综合性责任。在法律层面上，对企业社会责任的监管应做到“有法可依，有法必依，执法必严，违法必究”②，故在立法上以强制性的“硬法”规范为主；在自愿层面上，对企业社会责任的监管主要通过“社会回应机制”鼓励、引导企业将企业社会责任融入自身经营管理的核心战略，故在立法上以引导性的“软法”规范为主。

① Daniel Gutman. “China Seeks to Export Its Green Finance Model to the World.” IPS. http://www.ipsnews.net/2017/07/china-seeks-export-green-finance-model-world/.

② 赵旭东：“企业社会责任可分法律的和道德的两类”，中国经济网，http://www.ce.cn/cysc/newmain/yc/jsxw/201211/27/t20121127_ 21291938.shtml。

一、强制性企业社会责任规范梳理及评析

我国现有强制性企业社会责任规范包括两个层次：一是民法总则、公司法以及各部门法对于企业社会责任及企业社会责任各领域内容的强制性规定；二是国务院各部门其他组织对企业社会责任及企业社会责任各领域内容的总体性或标准性规定。

（一）强制性企业社会责任法律规范梳理

我国在立法层面对于企业社会责任的规定包括两个层次：一是以《民法典》总则编、公司法为总纲，在其中对营利性法人、公司的企业社会责任进行概括性规定；二是以环境法、劳动法、消费者权益保护法等部门法领域为分支，在其中针对企业社会责任所涉及的环境、劳动者权益保护、产品质量等问题进行具体性规范。以下对我国现有企业社会责任法律规范进行梳理：

所属领域	编号	法律名称	内容概述
总体	1	《民法典》	第八十六条："营利法人从事经营活动，应当……承担社会责任。"
	2	《公司法》	第五条："公司从事经营活动，必须……承担社会责任。"
劳动者权益保护	3	《宪法》	第四十二条、第四十三条规定了公民有劳动的权利和义务，有休息的权利。
	4	《劳动法》	第二章规定了促进就业，第四章至第九章规定了劳动者的工作时间和休息休假、工资、劳动安全卫生、女职工和未成年工特殊保护、职业培训、社会保险和福利。
	5	《就业促进法》	第三章至第六章规定了公平就业、就业服务和管理、职业教育和培训、就业援助。
	6	《妇女权益保障法》	第四章规定了妇女享有与男子平等的劳动权利和社会保障权利。
	7	《未成年人保护法》	第六十一条规定了禁止招用童工及对未成年劳动者应执行国家在工种、劳动时间、劳动强度和保护措施等方面的规定。
	8	《社会保险法》	第五十八条规定了企业应当依法为其职工向社会保险经办机构申请办理社会保险登记。

续表

所属领域	编号	法律名称	内容概述
劳动者权益保护	9	其他	《劳动合同法》《公司法》《个人独资企业法》《残疾人保障法》《外资企业法》《中外合作经营企业法》《中外合资经营企业法》中关于职工录用、待遇、休息休假、报酬、劳动安全、社会保险等方面的相关规定。
环境保护	10	《民法典》	第九条将节约资源、保护生态环境列为原则。
	11	《环境保护法》	第三章至第五章规定了保护和改善环境、防止污染和其他公害、信息公开和公众参与。
	12	《环境影响评估法》	全法规定了应对规划和建设项目实施后可能造成的环境影响进行分析、预测和评估，并提出预防措施和应对政策。
	13	其他	《海洋环境保护法》《环境污染噪声防治法》《水污染防治法》《大气污染防治法》《固体废弃物污染环境防治法》《矿产资源法》《海洋环境保护法》《野生动物保护法》《森林法》《节约能源法》《水土保持法》《可再生能源法》等8部环境保护法律和14部资源保护法律对不同种类污染物的防治、生物多样性的维护及资源的保护及利用进行了规范。
产品质量与食品安全	14	《产品质量法》	第三章规定了生产者、销售者的产品质量责任和义务，同时该法在第一章中明确了产品在加工、制作及销售环节中应提高质量水平、明确质量责任、保护消费者合法权益。
	15	《消费者权益保护法》	第三章规定了经营者的义务。尤其是第十六条规定了“经营者向消费者提供商品或者服务，应当恪守社会公德，诚信经营，保障消费者的合法权益”，第十八条规定了“经营者应当保证其提供的商品或者服务符合保障人身、财产安全的要求”。
	16	《食品安全法》	第三章规定了食品安全标准，第四章规定了食品生产经营应当符合安全标准。
	17	其他	《农产品质量安全法》《乡镇企业法》《广告法》《价格法》均对产品的生产、宣传、定价、销售等方面进行了规定。

表6　我国企业社会责任的法律规范

由此，我国形成了以《民法典》《公司法》为核心，以劳动法、环境法、产品质量法为支撑的企业社会责任立法体系。其中，2005年《公司法》首次以强制性规范的表述形式，将社会责任纳入公司法的内容，“是我国社会主义公司法的一大特色，也是我国立法者对世界公司法的一大贡献”①。

（二）强制性企业社会责任规范性文件及标准性规范梳理

除却企业社会责任法律层面相对体系化的规定，其他关于企业社会责任强制性问题的规范显得较为杂乱，其或以概括性的方式出现于国务院、国务院各部门或地方性政府颁布的规范性文件中，或以强制性标准的形式由国务院各部门、地方性政府或其他社会团体单独规定。上述规范体量庞大、体系混乱，本书试图通过类型化的方式对其进行相对清晰的梳理。

1. 政府规范性文件对于企业社会责任的概括性规定

若以“企业社会责任”为关键词在北大法宝内进行搜索，共得国务院规范性文件 13 项，部门规范性文件 65 项。相对法律体系内仅有《民法典》《公司法》两部法律中的两个条文对企业社会责任进行总体性、概括性规范，政府规范性文件针对企业社会责任的规定在数量上显得非常充实。以国务院各部门出台的规范性文件来看，中国人民银行、国家发展和改革委员会、商务部、国家能源局等多个单位均就企业社会责任问题进行了规范。

然而，若对上述规范性文件进行更为细致的梳理，便可发现上述规范性文件存在如下特点：一是绝大多数文件规范的都是政府对企业社会责任的强化、引导、促进责任，而非直接对企业行为的规制。根据对搜索结果的研读，关于企业社会责任规范的最高词频为“强化企业社会责任”②，而其主语或是各下级政府部门或相关行业协会或社会团体。仅有一例规定了“银行卡清算机构要切实履行企业社会责任”③。二是从措辞上看，相较《民法典》《公司法》使用的“必须”“应当”等强制性指向较为明确的词，规范性文件在强制性措辞上显得较为暧昧。规范性文件中，对于企业社会责任的强制性主要以“强化”“增强”“落实”“要”等相对温和的措辞予以体现。尽管上述三种表达方式的前提在于企业应“有”社会责任，但如此暧昧的表达方式似乎可将监管思路理解为企业社会责任

---

① 刘俊海著：《新公司法的制度与创新：立法争点与解释难点》，法律出版社 2006 年版，第 553 页。

② 例如《全国农产品加工业与农村一二三产业融合发展规划（2016-2020 年）》（农加发〔2016〕5 号）第三条、《国家新闻出版广电总局办公厅关于实施“中国原创游戏精品出版工程”的通知》（新广出办发〔2016〕98 号）第二条等。

③ 参见《中国人民银行、发展改革委、教育部、公安部、财政部、商务部、税务总局、工商总局、质检总局、银监会、证监会、保监会、外汇局、最高人民法院关于促进银行卡清算市场健康发展的意见》（银发〔2016〕324 号）第八条。

尽管存在强制性，但这种强制性的存在需要一个过程。而其对于过程的期限又缺乏规定，故在缺乏其他强制性手段的前提下，措辞上如此“温柔”几乎无法加强企业提高社会责任水平的动力。

由此，上述规范性文件处于一个十分尴尬的位置：其既未对现有的法律、法规进行深入、细化的规定或强化的肯定，也未对其规范对象进行体系化的指导，而更像是“政策先行”体制下对于国际舆论和国内理念加强企业社会责任呼声下进行的讨好式的靠拢，并未在企业社会责任规范体系中发挥实际作用。

2. 强制性标准对于企业社会责任的具体化规定

企业社会责任的强制性标准是我国企业社会责任规范体系中的重要组成部分。相较于企业社会责任整体的概括性规定，各地方、各部门对于企业社会责任各领域的具体化标准显然要清晰、明确、丰富得多。由于上述标准背后均有国家强制执行力作为支撑，涉及企业的存续、经营、管理中的各项权利，因此，对于企业具有较强的约束力。企业社会责任的强制性标准主要集中于环境保护、食品及产品安全、安全生产等领域，每个领域均包括国家标准和地方性标准两个方面。

（1）环境保护领域

强制性标准运用最为广泛的应属环境保护领域，其在内容上涉及水环境保护、大气环境保护、环境噪声与震动、土壤环境保护、固体废物与化学品环境污染控制、核辐射与电磁辐射、生态环境保护、环境影响评价和其他环境标准九个方面。在国家标准层面上，部分标准在发布时明确注明了其具有强制执行的效力：例如 2014 年 5 月颁布的《非道路移动机械用柴油机排气污染物排放限值及测量方法（中国第三、四阶段）》、2017 年 10 月颁布的《固体废物鉴别标准通则》以及 2018 年 1 月颁布的《船舶水污染物排放控制标准》。以《船舶水污染物排放控制标准》为例，其以数据化、公式化的方法对污染排放的限值、测算标准等方面进行了硬性规定，有利于对企业行为进行更明确的指引，督促企业达到相关领域企业社会责任的最低标准。在地方标准层面上，部分地区也在国家标准的基础之上，根据自身经济发展需求和企业实际情况进一步形成了地方标准。同样，部分地方标准在发布时明确注明其强制性标准的性质。以辽宁省环境保护厅和辽宁省质量技术监督局发布的饮食业油烟排放标准为例，相比 2001 年国家颁布的《饮食业油烟排放标准》，其在限值、测定方法上均进行了一定程度的重构。以限值为例，国家标准采用的是规模划分制，即依据灶头数量将食品业单位区分为不同的规模，并对不同规模单位进行不同的限值[①]；辽宁省标准采用的是区域划分值，即根据饮食业单位所处的区域不同对其进行不同的限值。其中，对于处于生态脆弱地区的饮食业单位实施更为严格的特别排放标准。[②]

（2）食品及产品安全领域

另一项强制性标准运用较为广泛的企业社会责任领域为食品及产品质量安全。在食品安全领域，国家标准和地方标准均对居民生活中常见的食品进行了标准化规定。以国家标准为例，仅在公布的第一批4930项强制性标准[③]中，国家粮食局针对粮食、油类食品进行了18项强制性标准。此外，国家林业局、国家粮油标准化技术委员会、中华全国供销合作总社、全国酿酒标准化技术委员会、全国食品工业标准委员会也针对盐类、蜂王浆、啤酒等各类食品的配方、添加剂等标准制定了细致化规定。而在地方标准中，有的省份对于基础性食品的标准化规定就更为重视，以黑龙江省人民政府为例，在其制定的412项地方性标准中，有388项与食品安全相关。根据国家标准委的公示内容，我国关于食品安全标准的规定主要集中于基础性食品、调料，而关于其他类食品的标准则融合于诸如添加剂标准等一般性食品标准中，未进行单项标准规定。

在产品安全领域，国家标准和地方标准对家用电器、实验器具、工业设备等多种工业产品和民用产品的质量指标进行了标准化规定。其中，国家标准主要由工业和信息化部及其下属的各专业技术委员会颁布，截至2016年，其共颁布了1481项国家标准和453项国标计划国家标准。除此之外，国家质量监督检验检疫局、国家标准化管理委员会也颁布了部分涉及产品质量的国家标准。地方政府颁布的产品质量安全标准相对较少，其主要由地方人民政府、地方工业与信息化单位或质量监督单位予以颁布，例如内蒙古自治区、上海市、江苏省均颁布了涉及产品质量的相关标准。

（3）劳动者权益领域

我国对于劳动者权益的标准性规定较少。关于劳动时间、报酬等总体问题，企业行为主要由劳动法的强制性规定进行调整。而强制性标准对于劳动者权益的保护主要通过对安全生产流程的规范以实现对劳动者工作环境和工作条件的保

① 参见GB 18483-2001，《饮食业油烟排放标准》。

② 参见2014139，《辽宁省饮食业油烟排放标准》。

③ 参见《国家标准委关于征求第1批4930项强制性标准整合精简结论意见的通知》（国标委综合函〔2016〕12号）。

障。在国家层面，以国家工业和信息化部颁布的标准为例，其共颁布了572项行为标准，其中既有《白酒工业劳动安全技术规程》等直接对劳动者安全使用生产设备进行规范的强制性标准，也有《船舶电缆耐火贯穿装置技术条件》等通过对技术设备安全性的规范以提高劳动者工作安全的强制性标准。地方标准的规定与国家标准类似，其同样是通过对安全操作流程和技术设备安全性的强制性标准设定来保障劳动者安全生产的条件。

（三）强制性企业社会责任规范评析

1.《民法典》《公司法》企业社会责任规范无法覆盖全部企业类型

《民法典》第八十六条规定了营利法人的社会责任，《公司法》规定了公司的社会责任，两者是包含与被包含的关系。然而，对于营利性法人之外的合伙企业的社会责任，无论是《民法典》还是《公司法》均未进行规定。不仅如此，在规制合伙企业组织和行为的《合伙企业法》中，也尚无关于社会责任承担的相关规定。基于此，我国合伙企业的社会责任规范尚处于真空状态。对于企业社会责任的概念整体而言，我国现有立法规制还存在部分主体的缺失。

2.《民法典》《公司法》企业社会责任规范的可操作性有待提升

近年来，我国私法领域尊重意思自治，由严格的事前监管主义转为更为谦抑的事中、事后监管的趋势令人称道；公司法由“管制型公司法向自治型公司法的战略转型”[①] 也获得了本轮公司法改革的支持。但对法律规制而言，尊重意思自治的前提在于行为主体意思自治的结果与法律设立的目的相一致或行为主体之间的利益冲突能够通过自我协商的方式解决，唯此，法律上的引导性规范及监管放松对于立法目的的良好实现才是有意义的；反之，则法律上的强制性规范及监管严格仍具有存在的必要性。

（1）企业社会责任与公司的自我追求不一致

从行为主体意思自治的结果和法律设立的目的是否一致的角度来看，“股东至上”的社会规范下，公司、股东以及董事会之间达成的意思一致在绝大多数情况下均为追求可见的、短期的公司经济利益最大化抑或是股东经济利益最大化；而立法关于企业社会责任的规制追求的是企业长期利益的最大化，甚至是企业的社会奉献，故实然情况下企业社会责任难以与公司追求相一致。在多数情况下，

① 赵万一、赵吟：“中国自治型公司法的理论证成及制度实现”，《中国社会科学》2015年第12期。

"在微观主体福利最大化的驱动下，符合社会公共理性的最优行为并不同时意味着个体最优"，甚至"短期化"视角下，企业社会责任对于企业的经济利益追求属于"负外部性"要素。以企业排污为例，若企业完全遵循国家或地方的排污标准和"谁污染，谁治理"的原则改进生产技术、更新排污装备并对员工进行必要的培训，则其需要付出一定的生产成本。但倘若企业可以通过寻找法律漏洞的方式规避法律监管，则其可以在不付出治理费用的情形下追求经济利益①，这不失为"理性经济人"自利的最佳选择。在立法尊重意思自治的导向下，"负外部性"问题几乎难以依靠企业的自治得以解决，故"负外部性是法律强行介入当事人合意自治的基石性经济学依据"②。由此，企业社会责任问题中以法律强行介入干涉企业自治具有一定的必要性。

（2）企业社会责任难以通过公司与利益相关者间的协商实现

从行为主体间的利益冲突能否通过自我协商的方式解决的角度看，除股东外的利益相关者③在公司几乎难以享有话语权，故通过利益主体间的相互协商实现企业社会责任的路径难以实现。公司法的显著特点之一在于寻求各利益主体之间的利益平衡。相较其他部门法，公司法中的利益主体更为复杂，其既包括公司股东与管理层、管理层与雇员等内部利益关系，也包括公司与消费者、公司与债权人、公司与社区等外部利益关系。其中，内部利益关系往往通过意思自治能够达成一致。以股东和管理层之间的利益冲突为例，股东会中心主义下由于股东享有对公司重要经营决策事项的最终话语权，且掌握着董事会成员的任免、薪酬等问题。"股东会与董事会之间是上下关系"④，基于此，股东会通过董事激励等手段便能形成股东利益和管理层利益的一致。而外部关系往往需要法律的强制性介入予以调整，"通过事先规范不同主体涉及他方重要利益的行为以及事后矫正主体盲目自利的行为平衡各方利益，促使个体在追求个人利益的同时不妨碍他人利益和社会公共利益的实现"⑤。在企业社会责任问题上，由于主张企业承担社会责

① 在该情形下，企业排污所需的治理费用或造成的损害将由区域内的公众承担。

② 甘培忠、吴元元："转型中国语境下的企业社会责任内涵分层"，载楼建波、甘培忠编：《企业社会责任专论》，北京大学出版社2009年版。

③ 尽管德国、中国的公司法均认可职工代表参与董事会的制度，然而在实践中，一方面，职工代表所占权属并不足以撼动"股东至上"的地位，另一方面，职工代表的提案更集中于劳动者权益保护等方面，而对于企业社会责任的其他内容，诸如环境保护、产品质量、企业捐助等问题的影响有限。

④ 赵旭东著：《公司法学》，法律出版社2011年版，第381页。

⑤ 赵万一、赵吟："中国自治型公司法的理论证成及制度实现"，《中国社会科学》2015年第12期。

任的利益相关者难以进入企业内部的决策体系，现行立法对公司与利益相关者对话机制的规范不足，由此，通过利益相关者和公司之间的自我协商促进企业社会责任的提高实难实现，唯有法律的强行介入方得将企业社会责任中的部分内容转变为公司行为合法性的一部分。

（3）《民法典》与《公司法》的规范难以发挥指引作用

在公司自治无法促进企业社会责任实现的情况下，法律就应以强制性的手段介入公司自治，并发挥其指引性作用引导公司行为。对于企业社会责任而言，尽管以欧洲为代表的经济学家和法学家认为其有利于公司的长期利益，但在我国，这一论证只存在理论的美好愿景中。企业的利益追求仍旧以可见的经济利益为主导。尽管我国《民法典》第八十六条规定了“营利法人应当承担社会责任”，《公司法》第五条也明确规定了公司必须“承担社会责任”，这两条看似具有强制力的条款以期规范企业行为。然而，由于后续条文中，既没有描述企业社会责任的内涵，也未在股东会、董事会等公司治理具体制度中体现企业社会责任理念，甚至没有相关的指导性案例或司法解释对其进行进一步的讨论。故企业社会责任条款的实质更像是《民法典》《公司法》的概括性、宣誓性条款。其在实践中既未对企业产生任何约束力，也并未发挥对企业行为的指引作用。“良好的公司承担社会责任图景只能成为水中月、镜中花”①。

3.《公司法》目的条款对于利益相关者缺乏保护

如果说《民法典》中关于营利法人的企业社会责任条款仍需遵从《民法典》第九条“节约资源、保护生态环境”这一绿色原则，由此通过法律解释的方法能够使企业社会责任在环境保护领域实现的话，那么作为企业行为法和组织法的《公司法》既然将企业社会责任提升到了总则的部分，就应当在立法中体现对于利益相关者的保护。遗憾的是，现行《公司法》从目的上就未将利益相关者利益以及社会、环境利益作为《公司法》的保护对象。

我国《公司法》第一条将公司法的立法目的规定为“保护公司、股东和债权人的合法利益，维护社会经济秩序，促进社会主义市场经济的发展”，在学术研究上，也少有学者对我国《公司法》的立法目的进行质疑。② 细读我国公司法

① 瞿毅、施卫艳：“论中国公司法中企业社会责任的立法及其完善”，《经济研究导刊》2010年第9期。

② 湖南工业大学的刘康复副教授曾就《公司法》的立法目的提出质疑，但这种质疑体现在对公司权益、股东权益和债权人权益的逻辑关系上，并未就是否需要对利益相关人进行保护进行进一步探讨。参见刘康复：“《公司法》立法目的之反思与理论重构”，《西南政法大学学报》2009年第2期。

的立法演进，自1993年公司法至2005年公司法再至2013年公司法，[①] 在我国市场经济环境、政策、理念均发生重大变化的20年间，《公司法》目的条款的核心内容几乎一字未变，这一点让人略感意外。

从《公司法》的保护对象来看，《公司法》仅保护公司、股东、债权人三者的合法利益。由此，便导致了如下缺陷：一是对于利益相关者的保护不足。除股东和债权人之外，利益相关者起码包括雇员、消费者、供货商和社区几个方面。有学者认为，2005年《公司法》"以一般条款方式引入了公司社会责任的概念，还设计完善了若干旨在保护利益相关者的法律规则"[②]。但从奠定《公司法》整体基调的公司目的条款来看，其对于利益相关者的保护毫无体现，这也间接导致了公司法在具体制度设计时对于利益相关者利益保护的缺位。二是对于社会利益、环境利益的支撑不够。1993年，我国正处于计划经济向市场经济的过渡时期，彼时立法对于市场竞争环境下现代化企业制度和"以经济建设为中心"的追求，公司法致力于"维护社会经济秩序，促进社会主义市场经济的发展"具有一定的时代合理性。但时至今日，我国对于发展的理念认知已由"以经济建设为中心"发展转为了"创新、协调、绿色、开放、共享"新发展理念，那么作为国家经济重要支柱及市场重要主体的公司理应遵循新发展理念的指引，维护经济、社会、环境三重利益。作为规制公司行为的公司法，自然也应在立法目的中加强对于社会利益和环境利益的关注。

4.《公司法》公司治理机制缺乏对企业社会责任实现机制的支持

（1）公司治理与企业社会责任的背离

在"股东至上"主义思路的影响下，我国《公司法》也难以避免地存在可持续公司法倡导者所说的公司治理与企业社会责任的背离：一方面，我国公司治理结构建立在股东权利本位的基础上，侧重公司内部对于股东权利的保护。在具体制度设计上，《公司法》通过对股东知情权的保护[③]、对股东（大）会职责的

---

① 参见1993年《公司法》第一条："为了适应建立现代企业制度的需要，规范公司的组织和行为，保护公司、股东和债权人的合法权益，维护社会经济秩序，促进社会主义市场经济的发展，根据宪法，制定本法。"2005年《公司法》第一条："为了规范公司的组织和行为，保护公司、股东和债权人的合法权益，维护社会经济秩序，促进社会主义市场经济的发展，制定本法。"2013年《公司法》第一条："为了规范公司的组织和行为，保护公司、股东和债权人的合法权益，维护社会经济秩序，促进社会主义市场经济的发展，制定本法。"

② 叶林："公司利益相关者的法学分析"，《河北学刊》2006年第4期。

③ 参见《公司法》第三十三条。

规定[①]以及对管理层职权的限制等方面维护了股东的整体权利，并通过股东滥用股东权利[②]的禁止实现了对中小股东合法利益的保护。由此，“公司运转与治理的重要决策集中于效率和投资回报上”[③]，其虽符合国际社会对于自由主义的主张，但却为“建立规范、实现公司法下的公众利益设置了障碍”[④]。另一方面，除却《公司法》第五条关于企业社会责任的一般性规定，关于企业社会责任的具体规定均被视为《公司法》的外部事项，而由劳动法、环境法等专门性立法予以单独规定。而这类外部性规定，都旨在以法律的强制性手段要求公司承担部分社会公共治理的费用，反对自由主义模式下公司对于股东利益最大化和经济利益最大化的盲目追求。由此，公司治理与企业社会责任之间出现了难以调和的目的性背离。

（2）企业社会责任诉讼机制的缺位

耶林曾说：“法律乃是国家通过外部强制手段而加以保护的社会生活条件的总和。”[⑤] 由此，法律不仅是一项行为规范，还应是一项裁判规范，并受到国家强制力的保护。从该逻辑上说，纯粹的宣誓性条款不应作为法律的组成部分。然而，从《公司法》第五条本身的规定而言，其对“公司社会责任的含义模糊不清，司法认定举步维艰”[⑥]。甚至在司法审判人员的认知中，对于《公司法》第五条能否进入裁判程序以及法院是否应当受理该类案件的态度也十分模糊。[⑦] 与此同时，受到工作压力、专业素养及成文法国家传统等条件的限制，我国法院在司法审判过程中对于模糊词汇的司法解释热情又极其有限，由此，导致了企业社会责任条款在司法裁判中少有提及。此外，基于《公司法》侧重于对公司内部关系的保护，其诉讼机制的设计也更多地关注股东之间、股东与管理层之间的利益冲突，而少对公司与外部人之间的诉讼机制进行设计，对企业社会责任诉讼更是毫无提及。由此，导致了实践中企业社会责任诉讼机制的缺位，也降低了公司

---

① 参见《公司法》第三十七条与第一百条。

② 参见《公司法》第二十条。

③④ 彭德：“公司治理结构与企业社会责任的协调与平衡”，《清华法学》2011 年第 1 期。

⑤ 【美】E. 博登海默著，邓正来译：《法理学：法律哲学与法律方法》，中国政法大学出版社 1999 年版，第 109 页。

⑥ 罗培新：“试析我国公司社会责任的司法裁判困境及若干解释思路”，载楼建波、甘培忠编：《企业社会责任专论》，北京大学出版社 2009 年版，第 293 页。

⑦ 参见蒋大兴：“虚构的裁判幻想？——检验公司社会责任的可裁判性”，载楼建波、甘培忠编：《企业社会责任专论》，北京大学出版社 2009 年版，第 300 页。

法对于企业社会责任履行的保障力度。

5. 部门法企业社会责任规范缺乏体系化设计

企业社会责任的主要涉及领域包括人权保障、环境保护、劳动者保护、产品质量、社会慈善等多个方面。我国的法律体系中，“自然资源法、环境保护法、劳动法、社会保障法中的相关强行性规范便是其体现”。[①] 然而，从时间上看，上述部门法所涉企业社会责任领域的规制甚至早于企业社会责任概念在中国出现。以人权保护为例，1982 年宪法中就涉及了人权保护，而直到 2008 年我国才要求国有企业公布年度企业社会责任报告。从内容上看，上述部门法针对的是本领域内的所有自然人、法人和非法人组织，强调所有主体对于环境、社会、经济的责任。而企业社会责任针对的是企业行为和企业经营理念，强调企业对利益相关者的责任。从目的上看，这些部门法的存在本身是为了满足社会稳定、市场有序等需要，其着眼于社会而非企业。而企业社会责任，尽管其概念表达始终未有定论，但核心始终在于将环境和社会因素融入企业经营管理以及处理企业和利益相关者的关系，[②] 其着眼于企业本身。由此，尽管部门法规范涉及了企业社会责任的部分内容，但无论根据其产生时间、规范内容还是规范目的，都只能认为企业社会责任是上述部门法的“折射利益”，其缺乏对于企业社会责任的整体性、系统性设计，在适用过程中也时常出现立法的重复、交叉等困惑。

6. 强制性标准体系庞大，陷入“认知限制”

强制性标准的产生规范了企业的生产经营行为，使得企业行为“有法可依”。然而，强制性标准体系的庞大和内容的复杂超出了任何一个企业或个体的认识，由此便陷入了托伊布纳所说的实质法“规范限制”的困境。根据国家标准委于 2016 年发布的《国家标准委关于征求第 1 批 4930 项强制性标准整合精简结论意见的通知》《国家标准委关于征求第 2 批 3217 项强制性标准整合精简结论意见的通知》以及《国家标准委关于征求第 3 批 3487 项强制性标准整合精简结论意见的通知》，2016 年整改前我国涉及企业社会责任的强制性标准共有上万项。面对种类繁多、体系庞大的强制性标准，企业不得不花费大量成本用于对标准的研读。而即便如此，面对不同部门标准间的交叉性规定和同一部门上下级之

---

① 蒋建湘：“企业社会责任的法律化”，《中国法学》2010 年第 5 期。

② Prieto-Carrón, Marina, et al. “Critical perspectives on CSR and development: what we know, what we don't know, and what we need to know.” International Affairs 82.5 (2006).

间的区别性规定，企业依旧感到无所适从。同样地，对于监管部门而言制定纷繁复杂的各项标准也给其工作增加了巨大的难度。国家标准委业已注意到这个问题，并在2016年连续出台三项通知对现有强制性标准进行整合，由此，减轻企业和监管部门的认知负担，初步形成企业社会责任标准的体系化构建。

二、自愿性企业社会责任规范梳理及评析

不同于强制性规范旨在设立企业社会责任的最低标准，自愿性规范的目的在于引导企业通过自律的方式促进社会责任的提高。我国自愿性企业社会责任的监管可以分为两种类型：一是基于反身法路径对“企业社会责任报告”的引导性或部分强制性要求；二是企业自主加入的自律性规范。

（一）企业社会责任报告的引导性规范

我国对于自愿性企业社会责任的最主要规范为对于企业社会责任报告的引导性规范：例如国资委《关于中央企业履行社会责任的指导意见》第十八条规定有条件的企业“要定期发布社会责任报告或可持续发展报告，公布企业履行社会责任的现状、规划和措施”；又如深交所《深圳证券交易所上市公司社会责任指引》第五条规定公司应“自愿披露公司社会责任报告。”由此，对于国有企业和上市公司，我国采用的是发达国家“社会回应机制”的规范方式，认为“企业应当知晓社会对其的期待，并以满足社会期待的方式规范自身的行为”,① 并通过建议、引导企业公布企业社会责任报告，加强利益相关方对企业的企业社会责任实施情况的关注。企业若想获得更好的市场声誉和更多的利益相关方支持，就必须加强企业社会责任承担。上述规范生效后，我国企业的企业社会责任报告数量呈“井喷式”增长，从2006年的32份到2016年的1710份，增长了53倍。可见，企业社会责任报告已逐渐为我国大中型企业所接受。

（二）企业自主加入的自律性规范

自愿性企业社会责任规制的另一方面是企业自主加入的国际或国内企业社会

① Hess, David. “Social reporting: A reflexive law approach to corporate social responsiveness.” J. CoRP. l. 25 (1999).

责任的自律性规范。通过加入企业社会责任自律性规范，企业不仅能够获得企业行为改善的具体指导，也能借助自律性规范制定者的认证获得市场声誉，为此获得跨国公司及一些大型企业的青睐。以全球范围内应用最为广泛的联合国全球性契约为例，根据其官方网站的统计，我国自 2000 年 7 月 26 日至 2022 年 7 月 31 日共有 580 家企业和社会组织加入联合国全球性契约，其涉及的领域主要包括：服务支持、通用工业、工业金属和矿产、电子和电子设备及化学等。目前我国加入联合国全球性契约的企业包括中国石油、中国联通、中国移动等大型国有企业，也包括一些初创型企业，还包括不少中小型企业。[①] 2011 年，我国还建立了全球性契约中国网络，对全球性契约的相关要求进行汉化处理，并构建了中国企业加入全球性契约的中文页面。自全球性契约中国网落地以来，我国企业和其他社会组织加入联合国全球性契约的数量更是呈稳步上升的趋势：

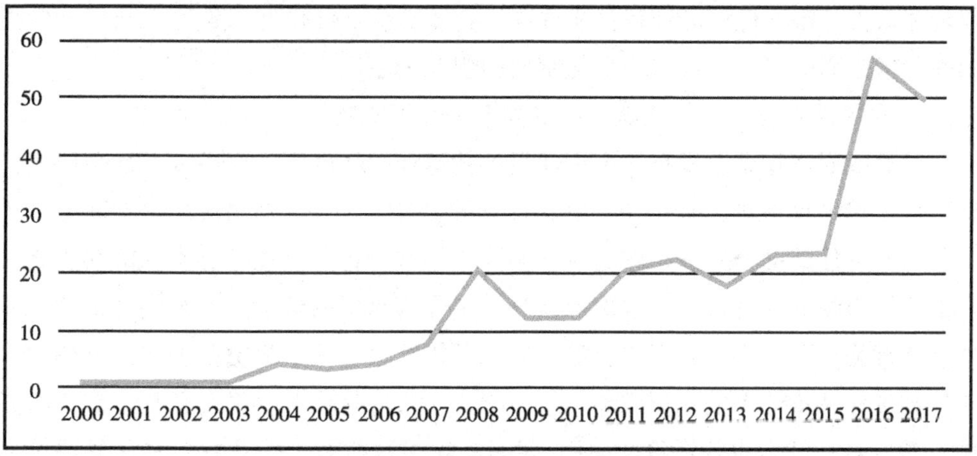

图 17　中国历年加入联合国全球性契约企业数量

由于企业在加入诸如联合国全球性契约等自律规范时，均应认同相应自律性规范对于企业社会责任承担的要求，并将其融入“企业文化、战略与日常经营中”[②]。由此，自律性规范以非政府监管的方式实现了企业社会责任自我监管的目的。

① See UN Global Compact. https: //www. unglobalcompact. org/what-is-gc/participants/search? search%5Bcountries%5D%5B%5D=38.

② See Ofo's Letter of Confirmation. https: //www. unglobalcompact. org/system/commitment_letters/124711/original/%E6%89%AB%E6%8F%8F0002. pdf? 1509091408.

（三）自愿性企业社会责任规范评析

1. 自愿性企业社会责任规范的供给不足

不同于强制性企业社会责任充斥着大量实体性规范，我国对于自愿性企业社会责任的规范供给无论在数量上、位阶上、内容上还是强制力上都较为单薄：数量上，若以“企业社会责任报告”为关键词在北大法宝数据库中进行搜索，得到的有效结果仅有21项，而针对企业社会责任自律性规范的结果更是寥寥无几；位阶上，除《民法典》《公司法》的概括性规定为自愿性企业社会责任预留了空间外，针对自愿性企业社会责任具体实现机制进行规范的文件中，位阶最高的仅为国务院规范性文件；内容上，目前关于企业社会责任规范仍集中于对于企业社会责任报告这一单一形式的促进，对于其他形式的规范少有关注；强制力上，即便是在效力有限的低位阶规范性文件中，企业社会责任也并未作为一项完全的强制性要求，而是以引导性或部分强制性的规范为主。

2. 自愿性企业社会责任缺乏评价体系和奖惩机制

尽管政府呼吁企业发布社会责任报告并遵守国际准则，以通过“社会回应机制”或自律性软法规范促进企业社会责任的提高，但在具体措施上，却缺乏对于企业社会责任的助力：一是缺乏科学的评价体系。企业承担社会责任的动力之一在于获得市场的良好评价。政府评价是其中最为重要的环节。科学的评价体系能够发挥行为指引的作用，促进企业更好地承担社会责任。根据是否有必要建立企业社会责任评价体系的调查问卷结果，66.8%的企业认为“很有必要”或“有必要”建立企业社会责任评价体系[①]。然而，我国目前对于企业社会责任的评价多依靠第三方商业评价机构，而缺乏政府层面的衡量。二是缺乏奖惩机制。在企业社会责任原生性土壤不足的新兴市场国家，政府对于企业社会责任的激励或惩戒措施能够培育企业承担社会责任的社会环境，促进企业在进行经营决策时对于公共利益审慎考量。例如，税收优惠、表彰奖励等激励措施能够增加企业社会责任承担的动力；而负面曝光、政府采购限制等惩戒措施则能够增加企业忽略企业社会责任的成本。我国目前对于企业社会责任的奖惩机制还停留于强制性企业社会责任层面，对于自愿性企业社会责任的软性制约缺乏规制。

---

① 谷亚晴、汪永福、郑和园著：《企业社会责任他律——法律的介入与治理》，中国政法大学出版社2017年版，第228页。

3. 自愿性企业社会责任规范缺乏主体区分

强制性规范是企业社会责任的最低标准，因此，采用“一刀切”的标准对其进行统一规范有利于节省规则制定成本，并增强企业对于标准的认知效果。然而，自愿性企业社会责任受企业的经济水平、市场份额、规模等因素制约，若对所有企业的自愿性社会责任进行统一规范，则有可能如印度强制性企业社会责任立法路径般导致大型企业社会责任承担水平的下降和中小企业社会责任承担水平的超载。英国顶级商业游说机构 CBI 曾表示“我们不认为应当通过标准化的方式提升企业社会责任标准，这会使企业社会责任丧失竞争力，并对中小股东科以超出其承受范围的负担”[①]。对于企业而言，其存续的根本动力是其经济因素，若忽略对企业客观因素而一味追求企业社会责任的比例，则很有可能影响企业的盈利能力，最终导致民族企业失去国际竞争力。在欧洲学者的研究中，中小企业的社会责任通常被作为一项独立议题进行特殊讨论。我国标准化研究院起草的 GB/T 36000 社会责任系列国家标准中就已对大型企业和中小型企业进行了区分。[②]此外，诸如国有企业和民营企业，第一、第二产业企业和第三产业企业，其在企业社会责任承担的侧重点均有所不同。监管部门在对其进行自愿性社会责任规制时应综合考虑企业的社会责任承担水平和社会的公共需求，予以必要的主体区分。

第二节　我国企业社会责任的法律化路径选择

企业社会责任的类型化区分是合理选择企业社会责任法律化路径的基础。我国理论界关于企业社会责任类型化划分的多元化和不同类型之间的交错性间接导致了企业社会责任路径选择的不确定性。可以肯定的是，我国实践中的企业社会责任远超出了《民法典》《公司法》中“大一统”的概念，其包含多个维度和多

① Becky Toal, Veronica Broomes. “Legislation and regulations relevant to CSR.” https://www.alchemyassistant.com/topics/iLd3HjQDVDMwjZT3.html.

② 参见 GB/T 36000《企业社会责任指南》，第 4.3.6 条。

个层次。基于此，国外自治性规范路径、强制性企业社会责任路径、反身法路径和可持续公司法路径尽管对于我国具有借鉴意义，但任何一条单一路径的适用均在实践中产生了问题。由此，应在对企业社会责任进行科学的类型化划分的基础上，厘清不同类型企业社会责任的规制目的，并在此基础上形成多元性、针对性的法律化路径。

一、企业社会责任的类型化

我国理论上和实践中对于企业社会责任存在多种类型的划分，例如，根据监管的强度划分为法律责任、经济责任、狭义社会责任；根据是否遵守法律的强制性规范划分为遵守法律的社会责任和超越法律的社会责任；根据规制主体的不同划分为大型企业的社会责任和中小型企业的社会责任等。

（一）遵守法律的社会责任和超越法律的社会责任

我国学者对于企业社会责任类型化的主流观点在于根据是否存在法律的明文规定将企业社会责任划分为遵守法律的社会责任和超越法律的社会责任（道德责任）。例如，周林彬教授认为遵守法律的社会责任是“最起码的要求和底线”[①]，而超越法律的社会责任“是企业对社会的价值和期望作出的更高程度的伦理、道德层次的回应”[②]；史际春教授也认为企业社会责任应分为守法责任和道德上的责任[③]；朱慈蕴教授同样将企业社会责任分为法律责任和道德责任，并认为“法律责任是企业社会责任的底线”“道德责任是企业社会责任的理想”[④]；蒋大兴教授同样提出了强制性法律责任和倡导性道德责任的区分，并认为前者包括公共性、个别性、劳动性、资本性社会责任四类，后者主要是指对公共关系和公共利益的责任以及信息披露。[⑤] 在此类型化基础上，法律责任由强制性立法予以调

①② 周林彬、何朝丹：“试论‘超越法律’的企业社会责任”，载楼建波、甘培忠编：《企业社会责任专论》，北京大学出版社 2009 年版，第 106 页。

③ 史际春、肖竹、冯辉：“论公司社会责任：法律义务、道德责任及其他”，载楼建波、甘培忠编：《企业社会责任专论》，北京大学出版社 2009 年版，第 127 页。

④ 朱慈蕴：“公司的社会责任：游走于法律责任与道德规范之间”，载楼建波、甘培忠编：《企业社会责任专论》，北京大学出版社 2009 年版，第 145-147 页。

⑤ 蒋大兴：“虚构的裁判幻想？——检验公司社会责任的可裁判性”，载楼建波、甘培忠编：《企业社会责任专论》，北京大学出版社 2009 年版，第 318 页。

整，道德责任由引导性、促进性规范进行调整。该类型化方法对企业社会责任进行了较为简单明确的区分，具有极强的合理性和可操作性。但随着“软法”等模糊性概念的提出，法律与道德之间的界限不再明晰，甚至很多情况下，社会道德已通过原则性规定进入了法律的范畴①。由此，遵守法律和超越法律的社会责任的简单划分便具有了局限性。

（二）法律责任、经济责任和狭义社会责任

以谷亚晴副教授为代表的学者“根据规范强度的强弱，初步将企业社会责任划分为法律责任、经济责任和狭义社会责任”②。该类型化的模型基础在于卡罗尔提出的企业社会责任“金字塔模型”。在该类型化中：法律责任是基本社会责任，其是指企业需要遵守政府政策、法律规范以及国际强制性标准；经济责任是必要社会责任，其是指企业在生产经营中既要满足社会对于产品和服务的功能需求和价格需求，又要满足投资者对于企业盈利能力的期待；狭义企业社会责任是更高层次的企业社会责任，其是指企业慈善、国家项目推动、协助弱势群体等超越企业本身职责的纯粹奉献行为。在此类型化基础上，其又将企业社会责任的治理模式区分为强制性法律规范约束、任意性法律规范规制、促进性法律规范引导。然而，对于企业社会责任的类型化和企业社会责任治理模式类型化的对应关系，其并未进行清晰性的说明。

（三）大型企业的社会责任和中小型企业的社会责任

我国企业社会责任监管实践多对企业社会责任进行“一刀切”式的监管。但在《企业社会责任指南》中却开始对中小型企业社会责任进行单独区分。其认为相比大型企业，中小企业“优势主要在于因其规模相对较小而更具灵活性和创新潜力；劣势在于因其条件和资源的相对贫乏难以及时补救全部消极后果”③。由此，该标准采取了对大型企业和中小型企业社会责任分而治之的思路：对大型企业，强调社会责任的“大而全”，并强调其商业领域社会责任水平整体提高的

---

① 例如《公司法》第五条即通过一般性条款的方式将商业道德引入了法律规范；《民法典》第八条同样通过公序良俗将一般社会道德引入了法律规范。

② 谷亚晴、汪永福、郑和园著：《企业社会责任他律——法律的介入与治理》，中国政法大学出版社2017年版，第102页。

③ 参见GB/T 36000《企业社会责任指南》，第4.3.6条。

创新和示范作用；对中小型企业，强调企业社会责任的“小而精”，鼓励其在正视自身客观情况的基础上有重点地履行社会责任，并鼓励其借助国际组织、大型企业的外力作用提高自身的社会责任承担水平。

（四）对于企业社会责任的类型化：三个维度

企业社会责任类型化的意义在于有助于精细化分类下不同路径的适用。卡罗尔提出的“金字塔模型”及其后学者在“金字塔模型”的基础上依内容对企业社会责任的划分固有助于厘清企业社会责任的内涵，却忽略了经济责任、法律责任、道德责任相互交叉的关系。由此，导致了在此基础上进行法律化路径设计的混乱。

以法律化路径设计为目标和导向，以规范的规制程度为依据，本书尝试突破企业社会责任“两分法”和“金字塔模型”的常规划分，以法律化路径为导向，将企业社会责任分为以下三个维度：第一维度是遵守法律规则的企业社会责任，即遵守劳动法、环境法、产品质量法及相关强制性标准明文规定的企业社会责任。第二维度是遵守法律原则的企业社会责任，即法律虽未明文规定，但立法目的对该企业行为期待的社会责任。其通常表现为在领域上与遵守法律的社会责任重合，但在标准上比遵守法律的社会责任提高的企业社会责任。第三维度是超越法律的企业社会责任，即法律条文对其未有明文规定，法律原则对其也无相应期待的企业社会责任。其通常表现为企业为满足社会期待的自发行为。其三者之间的相互关系见图 18：

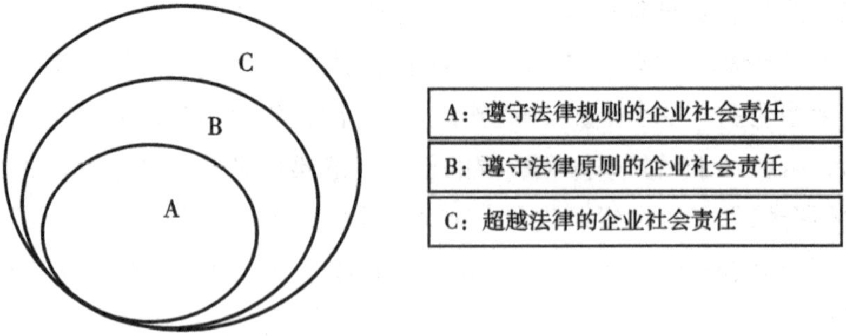

图 18　企业社会责任的类型化

具体而言，第一维度满足的是法律对于企业行为的最低要求；第二维度满足的是法律对于一个“好企业”的期待；第三维度满足的是社会对于一个“好企业”的期待。为了使这一理解更为形象化，不妨以私法视野下一个“好自然人”的标准与一个“好企业”的标准进行类比：

标准	好自然人	好企业
底线	遵纪守法	遵守法律法规及强制性标准
法律上的好自然人/好企业	遵守公共秩序和善良风俗等民法原则	遵守法律原则和一般性条款
社会上的好自然人/好企业	乐于奉献、好善乐施	慈善捐助、扶贫济困

表 7 好企业与好自然人的对比标准

二、遵守法律规则的企业社会责任之内涵、标准及法律化路径

（一）遵守法律规则的企业社会责任之内涵

遵守法律规则的企业社会责任的内涵基本等同于我国现有类型化体系中的“遵守法律的企业社会责任”或“法律责任”。在德国哲学家罗伯特·亚历克西（Robert Alexy）权衡说的观点下，法律规则是一种“确定性命令”①，其包含两个方面：一是遵守部门法律法规的条文性规范，包括但不限于劳动法、环境法、产品质量法及相应的行政法规针对企业社会责任各领域的具体化、条文化规定；二是遵守强制性标准的规范，包括但不限于国家标准委、国务院各部门以及其下属专业委员会针对企业社会责任领域的数据化、流程化要求。遵守法律规则的企业社会责任是企业行为的最低标准，也是一种无差别的企业义务。其以法律法规的形式明确化了企业行为的底线，并依托国家强制力予以保障，是企业行为的“硬约束”②。

（二）遵守法律规则的企业社会责任之标准

由于遵守法律规则的企业社会责任在内涵上等同于企业法律义务，因此，对此类企业社会责任的标准判断也等同于对于企业是否遵守法律的强制性规定的判

① 王琳：“论法律原则的性质及其适用——权衡说之批判及诠释说之辩护”，《法制与社会发展》2017 年第 2 期。

② 朱慈蕴：“公司的社会责任：游走于法律责任与道德规范之间”，载楼建波、甘培忠编：《企业社会责任专论》，北京大学出版社 2009 年版，第 146 页。

断。这一判断仅存在“有”和“无”的是非判断，而不存在“好”和“更好”的程度性判断，是三种类型中最为简单的一种标准判断。该维度下，负责任的企业行为的判断标准为：企业行为符合法律法规的强制性规定及强制性标准时，则其达到了遵守法律规则的社会责任之标准；反之，则其未达到遵守法律规则的企业社会责任之标准。

（三）遵守法律规则的企业社会责任之法律化路径

1. 法律化路径选择

遵守法律规则的企业社会责任要么是对法律的遵守，要么是对“对私人产生了实际上的法律约束力和约束效果”、具有实质法效果[①]的强制性规范的遵守。从严格意义来说，由于该维度下的企业社会责任本身就是法律，故其并不存在如何法律化的问题。该维度的法律化是一种广义上的法律化概念，其可理解为法律化的第二个层次，即“如何更好地法律化”，具体而言，应如何通过立法促进该维度下企业行为与社会责任标准的契合。

基于规则的遵守是企业应履行的义务，其并不存在协商与妥协的空间，故遵守法律规则的企业社会责任应选择强制性企业社会责任的法律化路径。一旦企业行为未履行遵守法律规则的企业社会责任，则其应受到强制性的制裁措施。

2. 法律化路径实现

（1）科学立法

党的十八大报告中将“科学立法”作为全面推进依法治国战略的重要内容之一。法律的科学性和明确性是法律规制对象“有法必依”、监管部门“严格执法”、司法部门“公正司法”的前提和基础。在企业社会责任领域，立法（及标准）的科学化主要包括三个方面：

一是规则制定的合理化。合理的规则能够使其对企业行为的指引作用最大化。遵守法律规则的企业社会责任是企业行为的最低标准，故该标准应是所有企业“应为”且“可为”的。若标准过高，则或损害部分企业的经济利益或导致部分企业漠视法律；若标准过低，则不利于企业社会责任水平的整体提高，导致我国企业社会责任水平与国际标准差距拉大，损害我国企业的国际形象和国际竞

① 宋华琳：“论技术标准的法律性质——从行政法规范体系角度的定位”，《行政法学研究》2008 年第 3 期。

争力。由此，立法部门或标准制定主体应及时、深入地追踪我国企业规模、经济实力等影响社会责任承担情况的客观因素，了解各项国际标准的具体要求，促进规则制定的合理化。

二是规则表述的明确化。明确化的规则有利于企业对于规则的理解，加强规则行为规范作用的发挥。在部门法条文中，应加强“法律词项的明晰性”[①]，对企业行为的作为义务和不作为义务进行清晰的界定，尽量避免模糊性概念的使用；在强制性标准中，应以指标或流程的方式对企业的产品标准和行为标准进行明确的规范。由此，应注重对现有规则中特定概念的内涵和外延解释，以加强规则的明确化。

三是规则设计的体系化。体系化的规则设计有利于企业减少规则间的规范冲突，简化企业规范寻找的程序，深化企业对于规则的理解。法律体系“至少应当是个准逻辑体系，也就是在某种程度上满足一致性、完备性和可裁判性”[②]。在企业社会责任领域：①要避免规则的冗余，防止庞大立法体系下企业和监管部门陷入“认知限制”的困境。由此，应着重对现有强制性标准的精简。②要避免规则的冲突，防止上位法与下位法之间以及不同部门对同一事项的规范之间产生规范的不一致。由此，应对现有立法（及标准）进行梳理和整合，以加强规则的体系化设计。

（2）严格执法

相对欧盟等发达国家明确将企业社会责任定义为一项自愿责任的做法，我国在《民法典》和《公司法》均明确规定了企业社会责任为企业行为之“必须”。然而，我国仍被认为是“新兴市场低水平的企业社会责任国家”[③]。其问题更多地暴露在执法层面。由于执法人员在数量、专业性上的不足，以及模糊立法下执法人员拥有较大的执法解释权等原因，我国在企业社会责任的执法中存在执法不严或选择性执法的问题，间接导致了部分企业因侥幸心理而逃避承担遵守法律规则的企业社会责任的强制性义务。由此，在科学立法的基础上，应规范执法行为，在执法队伍中明确遵守规则的企业社会责任的执法手段和执法标准，推进企业社会责任执法的严格性和统一性。

---

①② 熊明辉、杜文静：“科学立法的逻辑”，《法学论坛》2017 年第 1 期。

③ Hung, Mingyi and Shi, Jing and Wang, Yongxiang. “The Effect of Mandatory CSR Disclosure on Information Asymmetry: Evidence from a Quasi-Natural Experiment in China.” Asian Finance Association (AsFA) 2013 Conference.

（3）完善企业社会责任的司法制度

严格来说，尽管我国并无完整的企业社会责任的诉讼机制，但若细分到遵守法律规则的企业社会责任下属各议题，则我国在环境保护的企业社会责任下已建立了相对完善的企业社会责任制度。例如 2017 年最高院发布了十个环境诉讼的典型案例，通过类指导案例的形式，对环境公益诉讼的主体进行了明确，程序进行了明晰，并通过强制性标准引入等方式对环境法领域中的某些标准进行了细化。同样，自 2017 年以来，欧洲企业社会责任也提出了“通过诉讼实现（doing by suing）”① 的环境法治理模式，并认为污染者、污染行为的审批者以及污染行为的受益者都可成为环境污染的诉讼主体。由此，司法被越来越多的学者认为是解决遵守规则的企业社会责任的有效路径：一方面，通过司法裁判对于规则的具体、细化解释，有利于通过裁判规范的构建促进企业社会责任规则行为规范作用的发挥；另一方面，通过司法裁判后的强制执行保障，有利于未遵守规则的企业履行自身的法律义务，弥补其造成的社会、环境方面的损害。

三、遵守法律原则的企业社会责任之内涵、标准及法律化路径

（一）遵守法律原则的企业社会责任之内涵

遵守法律原则的企业社会责任是一种介于遵守法律规则的企业社会责任和超越法律的企业社会责任的中间项。一方面，从文义解释上看，法律原则并未对此类社会责任的履行方式或评价体系进行具体的规范；但另一方面，从目的解释上看，此类社会责任确符合对企业社会责任领域部门性立法的立法宗旨和立法原则。在权衡说的观点下，法律原则是一种“最佳性命令”②，其要求“某事在事实上和法律上可能的范围内尽最大可能被实现”③。以下试举两例对遵守法律原则的企业社会责任之内涵：

［案例一］

以企业社会责任中的环境保护责任为例，我国《环境保护法》规定了企业

① Beate Sjåfjell. “Doing by Suing: The International Trend of Climate Lawsuits.” CICERO. https://www.cicero.uio.no/en/posts/climate-news/doing-by-suing.

②③ 王琳：“论法律原则的性质及其适用——权衡说之批判及诠释说之辩护”，《法制与社会发展》2017 年第 2 期。

具有“防止、减少环境污染和生态破坏”[①] 的一般性条款。倘若甲企业有条件使用先进的 A 设备使其排污量减少到标准值的 50%，但由于缺乏意识或缺乏动力，甲企业选择不对设备进行更新，继续使用原有的 B 设备，于是甲企业的排污量刚好等于标准值。从法律条文的角度看，甲企业的行为完全符合法律法规的强制性规定；但从法律原则的角度看，甲企业的行为却并不符合《环境保护法》的一般性规定。该情形下，甲企业的行为承担了遵守法律规则的企业社会责任却未承担遵守法律原则的企业社会责任。

[案例二]

以企业社会责任中的劳动者权益保护为例，依据丹麦相关法律的规定，女性拥有 18 周的全薪产假时间[②]；而依据所罗门群岛的相关法律规定，女性拥有带薪产假的时长为 12 周，且其产假时间的薪酬达到不低于正常工作的 25%即可[③]。乙公司的注册地为丹麦，而其有部分生产在所罗门群岛完成。依据其注册地法，则其所有女性雇员均应享有 18 周的全薪产假，但依据其生产地法律，则其在所罗门群岛的女性雇员仅享有 12 周的部分薪酬产假。倘若乙公司借助生产地和经营地立法的不同，将其职工分为丹麦员工和所罗门群岛员工两个部分，并对两地的女性雇员实施区别化的产假政策，则在遵守法律规则的企业社会责任维度下，由于丹麦的法律无法覆盖其所罗门群岛的行为，因此，其行为完全符合丹麦和所罗门群岛的劳动法要求。然而，丹麦劳动法产假规定的立法原则在于充分保护丹麦公司女性劳动者之权益，乙公司在所罗门群岛的员工也应属于丹麦公司的员工，故乙公司区别管理、区别对待的做法在实质上又属于以法律规避的方式违反丹麦劳动法对于劳动者保护的一般性要求。该情形下，乙企业的行为承担了遵守法律规则的企业社会责任却未承担遵守法律原则的企业社会责任。

综上，遵守法律原则的企业社会责任可理解为对法律一般性条款的遵守。任何通过利用法律漏洞或寻找低标准立法域规避法律的行为都应视为对遵守法律原则的企业社会责任的违反。

---

① 参见《环境保护法》第六条第三款：“企业事业单位和其他生产经营者应当防止、减少环境污染和生态破坏，对所造成的损害依法承担责任。”

② See “Working in Denmark: Taking parental leave.” The Local. https://www.thelocal.dk/20150506/working-in-denmark-maternity-and-parental-leave. 此处的产假仅包括狭义上的产假，不包括婴儿出生后夫妻共享的育儿假。

③ See Laws of Solomon Islands Labour Act, Chapter 73, Article 42.

（二）遵守法律原则的企业社会责任之标准

不同于遵守法律规则的企业社会责任为企业行为的底线，遵守法律原则的企业社会责任是对于企业社会责任的更高一层要求。由于仅有法律条款的一般性规定而缺乏具体性规范，故其判断标准也应分为两个层次：首先是非判断，即企业行为是否符合法律原则；其次是在此基础上程度判断，即企业行为在多大程度上符合企业原则。在该维度下，负责任的企业行为的标准为：若企业行为在不危及企业长期良好存续的前提下最大化地满足了企业社会责任下属各议题部门法的法律原则，则其完全达到了遵守法律原则的企业社会责任之标准；若企业行为满足了企业社会责任下属各议题部门法的法律原则，但并未最大化满足法律原则，则其部分达到了遵守法律原则的企业社会责任之标准；若企业行为不满足企业社会责任下属各议题部门法的法律原则，则其未达到遵守法律原则的企业社会责任之标准。

（三）遵守法律原则的企业社会责任之法律化路径

1. 法律化路径选择

对法律原则的遵守并非对企业行为的硬性要求，而是满足法律对于一个“好企业”的期待。如若以法律规则的形式对其进行约束，则面对企业社会责任的广泛内涵和企业情况的千差万别，法律规则将无所适从；但如若将其纳入道德责任的范畴，放任企业对其行为自我监管，则基于“囚徒困境”下对于公共产品的理论，在股东利益最大化理念的驱使下，企业无法最大化地履行遵守原则的企业社会责任。故对该维度下的企业社会责任不应以“硬约束”为主，而应以促进性、指导性规范为主。遵守法律原则的企业社会责任之法律化路径选择应达到如下目标：一是在企业外部层面，应将社会责任下属各议题部门法的法律原则具体化，为企业满足法律期待提供具体性指导，并构建相应的评价体系；二是在企业内部层面，应排除公司治理中“股东至上”理念对该维度下企业社会责任形成的障碍。

由此，该维度下的企业社会责任应采用一种自律性或私法规制性“半法律框架”的法律化路径：一是软法规制路径，通过标准化的形式将法律原则下的企业社会责任具体化，并通过企业对不同标准的选择促进企业在客观条件允许的范围内最大化其对企业社会责任下属各议题部门法法律原则的满足；二是可持续公司法路径，通过公司内部治理结构的调整，将遵守法律原则的企业社会责任作为公司利益的组成部分，并在此基础上通过董事和股东的信义义务对其予以维护。

2. 法律化路径的实现

（1）基础性路径：软法规制路径

软法规制路径是一种“处于低干预强度的信息规制和高干预强度的事前批准之间”① 的法律化路径，也是发展中国家发展企业社会责任法律化的较优选择。其根据企业社会责任核心主题和议题设立推荐性标准，通过标准化指标“组织更有效地开展社会责任实践”②。软法规制路径的优越性在于：相比部门法下法律规则规定的分散，企业社会责任标准/准则着眼于社会责任的核心议题，能够更好地指导企业对法律原则的遵守；相比修法程序的冗长，企业社会责任标准每几年就会更新版本，以适应国际和国内环境的需要；相比法律一般性条款的宽泛，标准化能够通过对不同指标的细化明确法律原则下企业社会责任的具体内容，并通过权重的调整指引企业的企业社会责任活动的开展方向。

遵守法律原则的企业社会责任软法包括指导性标准/准则和自治性契约两类。其通过抽象的法律原则具体化的方法，增强企业对于遵守法律原则的企业社会责任的认知和理解：

一是指导性标准/准则。指导性标准/准则是一种自律性规范，其将企业社会责任分为不同的主题，并就各主题项下法律上的好企业“做什么”“怎么做”“做到什么程度”等问题进行建议。其既不要求企业完全执行标准的所有主题，也不要求企业完全达到标准所列的各项议题的要求。其更多的是发挥一项“标杆”的作用，企业依据自身客观情况尽可能地靠近标准的相关规定即可。我国指导性标准中较为具有参考意义的是中国标准化研究院牵头起草并于2016年1月1日正式生效的GB/T 36000社会责任系列国家标准，其就组织治理、人权、劳工实践、环境、公平运行实践、消费者问题、社区支持与发展企业社会责任七大主题进行了议题式的标准化规定，并通过议题描述和相关行动与期望的形式使得遵守原则的企业社会责任具有指导性和可操作性。此外，各地方、各行业也可依据自身的发展水平设立不同的企业社会责任地方标准、行业标准、团体标准，例如中国工业经济联合会为代表的行业协会发布的行业指南、宁波市质量监督局发布

① 于连超：“标准支撑法律实施：比较分析与政策建议”，《求是学刊》2017年第4期。

② 《企业社会责任指南（征求意见稿）》第IV页。

的《宁波市企业社会责任评价准则》均对推进我国企业社会责任具有重要意义。企业可选择适用不同的社会责任标准。由此，标准化路径下企业对于标准的选择将推动标准发布机构不断完善其标准化体系，使之更契合于我国企业发展水平。相应地，科学合理的标准体系也将更好地指导企业实践，从而促进遵守原则的企业社会责任在我国形成“向顶竞争”的良好态势。指导性标准实际是一种公司最佳行为准则，其本身不具有强制性，而需借助反身法路径下“遵守或解释”的披露规则使遵守原则的企业社会责任获得一定的强制效力。[①]

二是自治性契约。自治性契约是一种团体性自治行为，也是一种私法规制（private sector regulation）手段。在内容上，其不仅规定了法律上的好企业应该“做什么”“怎么做”“做到什么程度”，还告知了“负责任企业的优势”“不负责任企业的劣势”。在实施方式上，自治性契约允许企业自由选择是否加入该契约。若企业选择不加入，则该契约对企业行为毫无约束力；若企业选择加入，则契约所有条款对企业行为均具有约束力，除非契约规定了保留条款，否则企业应以遵守法律规则的标准执行契约条款。若企业行为违反了契约项下的规范或标准，则契约制定组织有权将企业从契约中排除出去。相较于指导性标准纯粹的指导意义，自治性契约实现了行为标准、评价体系和奖惩措施的结合，具有软约束的效果。以联合国全球契约为例，其以允许成员使用全球契约的名称和标徽为激励手段，通过该方式为企业行为背书和认证，以增强企业的市场声誉，获得更多利益相关者的支持。其以除名行为等“声誉罚”作为惩戒措施，通过该行为降低企业的市场声誉，减少利益相关者的支持。自治性契约的作用在于以更为灵活的方式补充“公共监管的不足”[②]，其较指导性标准的强制性更强，更新周期更短，国际化程度更高。企业可依自身情况加入不同的契约，并通过对契约的遵守提高自身遵守法律原则的企业社会责任水平。

（2）进阶性路径：个体化（personalizing）路径

个体化立法是“大数据”背景下美国学者提出的一项试验性立法路径，其认为“随着关于行为主体的可利用信息增加”，立法应对不同的行为主体设立不同的规范标准。[③] 个体化立法依托强大的数据采集和数据处理技术，以科学技术和

---

① 张辉：“公司社会责任——法律的位置”，《中国商法年刊》2009 年第 1 期。

② Hamed Alavi, Patrycja Habek, Helena Cierna. “Corporate Social Responsibility and Self-regulation.” http://www.mmscience.eu/content/file/archives/MM_Science_201681.pdf.

③ Ben-Shahar, Omri, Ariel Porat. “Personalizing Negligence Law.” NYUL Rev. 91 (2016).

实践经验为基础，实质是信息技术水平发展到一定阶段后针对不同主体标准的"私人订制"。对企业社会责任规制而言，个体化路径能够通过对企业以往企业社会责任支出水平、支出项目与企业盈利、利益相关人满意度等因素的数据化分析，在股东利益、企业利益和社会利益之间寻求最佳平衡。个体化路径在标准化路径的基础上对企业主体进行了更细致的划分，杜绝了一般监管逻辑中"少数服从多数"的弊端，有利于促进监管科学性、合理性、实效性的提高。

个体化路径对于现有的立法技术无疑是超前的，但其却对高度数据化社会的立法趋势具有一定的启示。实践中，首先，遵守原则的企业社会责任标准已根据主体、领域的不同而逐渐走向"精细化"。例如在 GB/T 36000 标准中，即对大型企业和中小型企业进行了区别性规范；印度强制性企业社会责任的经验也表明"代理成本更高、政策关联性更强的企业更可能受益于企业社会责任"①；全球契约同样鼓励企业遵守更高标准的准则，并由此实现了一般成员和高级成员的划分。实践中的种种尝试为个体化路径提供了丰富的经验借鉴。其次，我国企业信用信息公示系统的完善显著提高了监管部门对于企业的数据采集水平。而随着企业社会责任实践经验的累积，系统关于企业社会责任数据的采集将会更加丰富，数据处理能力也将日趋成熟，这将为企业社会责任个体化立法路径的实现奠定夯实的平台基础。最后，随着人工智能大背景下数据处理能力的倍数增长，以技术手段辅助遵守原则的企业社会责任的个体落实成为可能。近来，日本一家名为深度认知（Deep Knowledge）公司已确认了机器人瓦特（Vital）作为其董事会成员的地位，根据模型与算法提供人类难以察觉的市场趋势信息，以辅助公司进行投资判断②。如若人工智能的技术已能对市场趋势和投资判断进行决策，那么，在软法规制路径将遵守原则的企业社会责任予以明晰化的前提下，通过人工智能和算法对企业应承担的企业社会责任各下属议题之程度进行判断似乎也并非遥不可及。由此，算法的进步为个体化路径的实现提供了技术可能。

（3）内部性路径：可持续公司法路径

标准化路径和个体化路径之根本仍在于以外部规则实施对企业行为的"软约

---

① Dharmapala, Dhammika and Khanna, Vikramaditya S. "The Impact of Mandated Corporate Social Responsibility: Evidence from India's Companies Act of 2013." University of Chicago, Public Law Working Paper No. 601.

② Ellie Zolfagharifard. "Would you take orders from a ROBOT? An artificial intelligence becomes the world's first company director." http://www.dailymail.co.uk/sciencetech/article-2632920/Would-orders-ROBOT-Artificial-intelligence-world-s-company-director-Japan.html#ixzz56zcWVhoj.

束”。然而，企业以营利为根本目的。企业行为的作出有赖于股东会、董事会等公司内部治理机构和程序的保障。如若无法从公司法的角度诠释“企业为什么要承担遵守原则的企业社会责任”这一根本性问题，则在“股东至上”原则下，以自愿为基础的标准化路径和个体化路径将难以得到商业社会的支持。由此，公司法应将环境、社会等遵守原则的企业社会责任融入公司目的，并依靠公司治理结构的保障促进公司行为满足法律对公司的最优期待。由此，公司法在立法设计上应做到以下几点：

一是论证董事受信义务的对象为公司的长期利益。首先，董事作为公司的管理人员，其受雇于公司，故应服务于公司利益。而公司作为一个拥有独立财产、设有独立组织机构、承担独立财产责任的组织，已被法律拟制为“法人”，并与股东相互独立。基于此，董事受信义务的对象首先应为公司，并通过实现公司利益的最大化来实现股东利益的最大化，而并非跨越公司这一法律实体，直接实现股东利益的最大化。实践中，各国立法也均认可董事会对公司利益负有义务。例如，我国2009年发布的《上海证券交易所上市公司董事选任与行为指引》在第四章中规定了董事履行职务应从“公司最佳利益出发”[①]。其次，公司以长期存续为目的，董事作为公司的管理人员应服务于公司的长期利益。公司，起码是公司法立法目的下的公司，应当是以长期存续为目的的，“否则，公司法关于股权转让等制度的设计就会显得缺乏意义”[②]。公司存续是公司的根本目的，董事会或股东会所作出的一切决策均应首先有利于公司的存续。实践中，在可持续公司法路径指引下，短期利益向长期利益的视角转变也成为欧洲公司法或公司治理准则改革的新方向。

二是明确遵守原则的企业社会责任有利于企业长期利益的增长。通过对保护劳动者权益、创新发展产品服务质量、维持良好生态，公司能够更好地吸引优质的劳动者、广泛的消费者并获得良好的市场声誉，从而促进公司的可持续发展。经济学家费雷尔·艾伦（Ferrell Allen）等人通过工具变量（instrumental variable）的研究方法证明了“拥有良好公司治理的企业更少地面对代理问题、更多地参与企业社会责任……企业社会责任与企业价值之间存在着正相关关系且企业社会责任削

---

① 梁爽：“董事信义义务结构重组及对中国模式的反思”，《中外法学》2016年第1期。

② Majumdar, Arjya. “The Fiduciary Responsibility of Directors to Preserve Intergenerational Equity.” Journal of Business Ethics, Forthcoming. SSRN. https：//ssrn. com/abstract=3070905.

弱了管理层与企业价值之间的负相关关系”[①]。而在埃克尔斯（Eccles）等人关于企业可持续性文化对于企业行为和企业表现影响的分析模型同样得出了“高可持续性水平企业在18年中表现优于低可持续性水平企业”[②] 的结论，并认为“以可持续的方式运营的企业能够获得更高的盈利和股价回报，这意味着可持续的企业文化可能是企业长期竞争优势的要素之一”[③]。

三是通过“外部责任内部化”的方式将遵守原则的企业社会责任融入公司治理，在“股东至上”原则下寻求履行遵守原则的企业社会责任的合法基础。首先，对公司法的立法目的进行调整。公司法的目的应由股东导向转变为股东利益与利益相关者利益相结合的综合导向，由对单一经济利益的追逐转变为对经济、环境、社会可持续发展的追求，将利益相关者的权益保护纳入公司法目的条款。其次，对《公司法》第五条的一般性条款进行解释。明确公司应承担社会责任的内涵不仅包括遵守法律规则的企业社会责任，还应遵守法律原则的企业社会责任。至于企业具体应当“做什么”“怎么做”“做到什么程度”则应鼓励企业依据自身情况，在指导性标准、自治性契约及个体化路径的指引下自主完成。再次，重塑公司治理结构中董事会与股东会的职责，实现公司内部利益与外部利益的平衡。对“公司利益”的诠释架设了公司治理与遵守原则的企业社会责任的桥梁，确立了股东会或董事会促进企业行为在最大程度上符合遵守原则的企业社会责任的法理基础。在此基础上，应增加《公司法》条文中关于董事会和股东会职责的一般性规范，并通过法律解释或司法判例的方式明确董事会应“与利益相关者密切合作，将社会、环境、道德、人权和消费者保护纳入企业的生产经营和核心战略的同时创造股东利益、利益相关者利益、社会利益的最大化；界定、防治、消除对上述主体可能的不利影响”[④]。股东会应“在其所有决定中促进企业总体目标的提升，并支持董事会确保创造以生态循环为基础的可持续价值

① Ferrell, Allen and Liang, Hao and Renneboog, Luc. “Socially Responsible Firms.” European Corporate Governance Institute (ECGI) - Finance Working Paper, 2016.

② Eccles, Robert G., Ioannis Ioannou, George Serafeim 在“The impact of a corporate culture of sustainability on corporate behavior and performance”一文中将90个在20世纪90年代采用了环境和社会政策的企业标示为“高可持续性水平企业”，将90个未采用环境和社会政策的企业标示为“低可持续性水平企业”。两组企业在生产领域、企业规模、资本结构、企业业绩和发展机会上相匹配。该研究最终依靠股票市场结果和审计手段得出结论。

③ Eccles, Robert G., Ioannis Ioannou, and George Serafeim. “The impact of a corporate culture of sustainability on corporate behavior and performance.” Havard Business Working Paper 12-035, 2012.

④ COM (2011) 681 final, 3.1.

的义务”，同时在“年度预算决算中特别提及可持续营商计划，并如同对待金融报告一样认真对待非金融报告”①。

四、超越法律的企业社会责任之内涵、标准及法律化路径

（一）超越法律的企业社会责任之内涵

超越法律的社会责任是企业社会责任体系中的最高层次，其反映的是法律之外社会对于一个好企业的期待。由于其超出了法律对于一个好企业的期待，因此，被卡罗尔置于企业社会责任金字塔的顶层。超越法律的企业社会责任具有广泛的内涵：小到一个几十元或几百元的捐款，大到一些国家项目的承担。随着企业社会责任理论的积累，绝大多数学者均认同企业应在法律之外承担社会责任，绝大多数有关企业社会责任的课本或学术论文也会在开头加上关于“商业道德理论（或企业社会责任理论，或企业公民理论，或可持续发展理论等）尤其应当关注对超越法律的义务的判断”② 的论述。实践中，部分监管部门和企业也认同超越法律的企业社会责任的观点，并认为该维度下的企业社会责任应为一种自愿的企业行为。例如，英国电信社会与环境项目部经理提出社会责任的“关键在于企业在超越法律的范畴内做了什么”③。欧盟委员会也将企业社会责任定义为一种自愿的企业行为，为超越法律的企业社会责任之承担方式奠定了基调。

超越法律的企业社会责任承担不足将引起利益相关者负面评价，并导致市场表现的下降，以 2008 年万科的捐款危机为例：

2008 年汶川大地震，社会各界开展了以抗震救灾为主题的捐款活动。万科集团在当日捐出人民币 200 万元，相比其他同水平企业动辄上千万元捐款的水平，相形见绌，遭到了舆论的指责。对此，万科集团董事长王石表示，对捐款超过 1000 万元的企业表示钦佩，但万科捐款 200 万元也是合适的。并表示万科内

---

① Sjåfjell, Beate, Johnston, Andrew, Anker-Sørensen, Linn, Millon, David. “Shareholder Primacy: The Main Barrier to Sustainable Companies.” Company Law and Sustainability: Legal Barriers and Opportunities, Beate Sjåfjell and Benjamin J. Richardson (eds), Cambridge University Press, 2015.

② Norman, Wayne. “Business ethics as self-regulation: Why principles that ground regulations should be used to ground beyond-compliance norms as well.” Journal of Business Ethics, 2011, (1).

③ McBarnet, Doreen. “Corporate Social Responsibility Beyond Law, Through Law, for Law.” U. of Edinburgh School of Law Working Paper No. 2009/03. 5.

部在捐款时有提示，普通员工捐款以 10 元为限，不应让慈善成为负担。[①] 无论从法律规则还是从法律原则的角度看，慈善捐赠从来都不应属于企业的义务之一。但从舆论角度看，万科集团的行为却违背了社会对于一个好企业的期待，缺乏道德承担，是故造成了舆论的不满和股价的下跌，其并不符合超越法律的企业社会责任。

基于此，所谓超越法律的企业社会责任，是指既无法律规则予以强制性规制，也无法律原则进行一般性调整，但满足社会对于企业期待的一种自愿企业社会责任。由此，对于超越法律的企业社会责任之引导和监督，也应交由市场和社会予以完成。

（二）超越法律的企业社会责任之标准

尽管承担超越法律的社会责任是社会对于企业的永恒期待，但问题在于，社会从来都只能通过舆论表达“需要什么”，但对于“如何需要”“需要多少”，几乎从未给出过答案。就像我们能直观地将一个自然人界定为好人或坏人，但我们始终无法就“一个人一生做多少件好事或发挥自己多大的能力去做好事”给出标准。白芳礼老人在 74 岁后攒下 35 万元捐给贫困学生，感动了中国；但有些演员向四川震区捐款 100 万元后，却在网友间引发争议。可见，对于一个好人的判断标准应了一句经典的台词“能力越大，责任越大”。对一个社会意义上的好企业之判断就更难：一方面，在内部，企业需要获得股东、管理层及员工的支持，若企业承担过重的超出法律的社会责任，损害了股东或企业本身的利益，则会导致内部情绪不满，影响企业的长期发展。而即便如此，面对一个年年亏损、自身难保却热衷于公益慈善事业的企业，社会也不会给出一个“好企业”评价。另一方面，在外部，企业需要获得消费者、社区以及国家的支持，若企业承担过轻的超出法律的社会责任，影响了外部利益相关者对于企业的评价，则会导致企业声誉的下降，影响企业的市场表现。企业应当在内部利益相关者和外部利益相关者之间寻求平衡，实现企业的可持续发展。

基于此，超越法律的企业社会责任之标准应为：在维护公司长期存续和发展的前提下，根据自身情况，适当地回应外部利益相关者的期待。

---

① 参见万科王石“十元门”危机，腾讯财经网，http：//finance. qq. com/zt/2008/wankewangshi/。

（三）超越法律的企业社会责任之法律化路径

1. 法律化路径的选择

超越法律的企业社会责任既无法律规则的明确规定，无法以强制性的路径对其进行约束；又涉及社会需求、企业发展等诸多因素的影响，还涵盖了从简单捐助到体系化帮扶的巨大范围，无法以标准化路径予以具体化指导。其是一种自愿责任，核心在于满足外部相关者无具体标准的期待。由此，对其法律化的路径最终也只能依靠外部利益相关者以资本流动的方式对企业形成的压力与企业对于市场和社会的“回应机制”予以完成。市场对企业行为进行正确判断的前提在于信息的对称，正如20世纪著名的政治评论家沃尔特·李普曼（Walter Lippman）所言：“如果人们无法对世界正确认知，就无法保证他们的行为智慧理性[①]。”由此，应“通过披露公司履行社会责任的基本情况，使股东、其他利益相关者以及其他评级机构等对公司进行综合评价，并借助资本市场的压力、社会压力等促使公司积极履行社会责任”[②]。

反身法路径下结果导向向过程导向的路径转变及企业社会责任向企业社会回应机制的范式转变恰好契合了超越法律的企业社会责任的规制思路。基于此，应以反身法路径作为超越法律的企业社会责任的法律化路径。

2. 法律化路径的实现

（1）企业社会责任报告制度的完善

企业社会责任报告制度是我国目前对于遵守法律原则的企业社会责任与超越法律的企业社会责任进行监管的主要手段，也是反身法路径实现的主要手段之一。例如：2008年底上交所和深交所均要求一部分上市公司就经济、环境、社会和政府表现事项进行公示；《关于中央企业履行社会责任的指导意见》中也要求央企建立社会责任报告制度；一些大型公司或国际化公司也在官网中专门设置了企业社会责任的公示栏目。实证研究的结果也证明“强制性的企业社会责任报

① Hess, David. “Social reporting: A reflexive law approach to corporate social responsiveness.” J. CoRP. l. 25 (1999).

② 张辉：“公司社会责任——法律的位置”，《中国商法年刊》2009年第1期。

告能够提供信息，减少中国投资者面临的信息不对称问题”[①]。然而，实践中，企业社会责任报告过于简单、信息披露不规范、报喜不报忧的问题仍大量存在。[②] 由此，对于企业社会责任报告制度的完善建议有以下三点：

一是根据主体的类型化区分设置不同的企业社会责任报告制度。针对大型公司实施强制性企业社会责任报告制度。大型企业的社会责任承担能力更高，涉及的外部利益相关者更多，市场声誉评价对其绩效影响更大，相对于中小型企业，可以也应该承担更多超越法律的社会责任。大型企业的社会责任的实施状况对投资者或消费者决策具有更大的影响，故应实施强制性全面企业社会责任披露制度。针对中小企业实施自愿性为主的企业社会责任报告制度。社会对中小企业超越法律的企业社会责任承担期许较低，其在承担能力上较大型企业也更弱。企业社会责任报告的强制全面披露将会给中小型企业带来过重的负担，不利于中小企业的可持续发展，故应实施自愿性为主的企业社会责任披露制度。

二是构建企业社会责任报告的统一公示平台。统一的公示平台是外部利益相关者了解企业内部情况的基本渠道。目前，企业社会责任的公示多是通过上交所、深交所或企业官方网站自行公示，缺乏统一规范，为投资者收集企业社会责任相关信息并进行同类企业社会责任承担情况的横向比较设置了障碍。由此，应以企业信用信息公示系统为依托，要求企业就强制性或自愿性企业社会责任报告进行统一公示，以解决市场信息不对称问题，促进外部利益相关者对于企业社会责任状况的公正评价。

三是规范企业社会责任报告的披露内容。对于大型企业实施全面披露制度，要求其对三个维度下的企业社会责任实施状况进行全面披露，防止大型企业通过对企业社会责任报告的粉饰以掩饰其在遵守规则或遵守原则企业社会责任方面的不足，或通过夸大某一方面企业社会责任的承担掩饰其他方面企业社会责任的不足；对于中小型企业实施部分披露制度，强制要求其披露遵守规则的企业社会责任的承担情况，促进其披露遵守原则的企业社会责任的承担情况，鼓励其披露超越法律的企业社会责任的承担情况。

---

① Hung, Mingyi and Shi, Jing and Wang, Yongxiang. “The Effect of Mandatory CSR Disclosure on Information Asymmetry: Evidence from a Quasi-Natural Experiment in China.” Asian Finance Association (AsFA) 2013 Conference.

② 张蒽、翟利峰、王志敏、王梦娟等著：《中国企业社会责任报告 2016》，经济管理出版社 2017 年版，第 2 页。

（2）激励性措施的完善

然而，乐善好施的行为并非人人愿为，这一点对于企业更是如此。企业为营利主体而非慈善机构，其慈善捐助的最终目的还是通过市场声誉的上升或优惠性措施的取得，换取企业长期利益的提升。由此，除通过普通外部利益相关人给予企业的外部评价以及相应的资本流动压力外，政府层面也应对超越法律的企业社会责任进行适当的鼓励，包括但不限于：税费的减免、荣誉的授予、政府采购的优先、部分审批政策的放宽等。例如，我国《慈善法》第八十条明确了企业从事慈善活动依法享有税收减免①；第八十三条规定了行政事业性费用的免征收等②。通过政府层面的激励性措施，有利于企业将社会奉献转为更为实际的经济动力，促进大型企业对超越法律的企业社会责任的追求。

由此，我们可将企业社会责任的标准和路径概括见图 19：

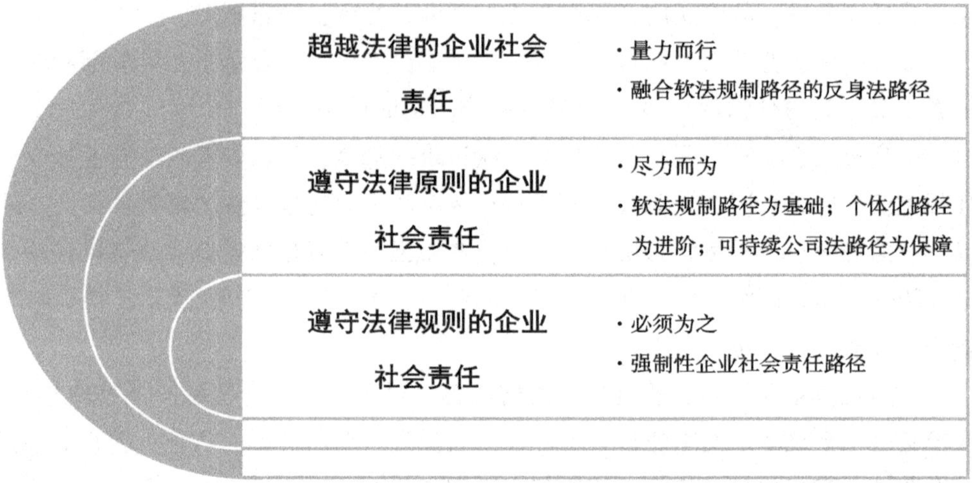

图 19　企业社会责任法律化路径及标准

① 《慈善法》第八十条第一款："自然人、法人和其他组织捐赠财产用于慈善活动的，依法享受税收优惠。企业慈善捐赠支出超过法律规定的准予在计算企业所得税应纳税所得额时当年扣除的部分，允许结转以后三年内在计算应纳税所得额时扣除。"

② 《慈善法》第八十三条："捐赠人向慈善组织捐赠实物、有价证券、股权和知识产权的，依法免征权利转让的相关行政事业性费用。"

第三节　我国企业社会责任立法的体系化设计

基于企业社会责任的类型化及在此基础上形成的不同标准和法律化路径，可知企业社会责任是一项综合、复杂的责任类型。在任何一个立法例下，企业社会责任的规制绝非单一法律工具或单一法律部门予以解决的。在我国企业社会责任的立法中，应明确企业社会责任是一种综合性责任，是“一座打通硬法、软法和道德义务的桥梁”:① 一是对于法律的恪守。对于环境法、人权法、劳动法等部门法领域对于企业社会责任具体内容的强制性规定，应“有法可依，有法必依，执法必严，违法必究”②。二是对于超越法律的责任承担。这一部分由企业根据自身经营决策作出，监管部门应当“提倡、鼓励和引导”③并应通过“社会反应机制”形成“向顶竞争（race to the top）”的良性循环。

由此，在我国企业社会责任立法的体系化设计上，应采取“胡萝卜+大棒（carrot and stick）”的模式，多方互动、凝聚合力，对企业社会责任进行全方位、多维度的“法治、自治、德治”。

一、通过民商事一般性立法确立企业社会责任原则

基于企业社会责任的复杂性、综合性，应在民商事一般性立法规则中对企业社会责任进行原则性立法，以确认企业社会责任的合法性基础。在现有的立法体系下：一是要在《民法典》中确立组织的社会责任。我国现有《民法典》中已在第八十六条中规范了营利法人的社会责任，但对于其他社会组织的社会责任却缺乏规范。事实上，社会责任不仅仅是营利法人的责任，也应是非营利法人甚至非法人组织的责任。由此，作为以平等民商事主体为调整对象的纲领性立法，

① Sjåfjell, Beate. “Why law matters: corporate social irresponsibility and the futility of voluntary climate change mitigation.” University of Oslo Faculty of Law Research Paper No. 2011-04.

②③ 赵旭东：“企业社会责任可分法律的和道德的两类”，中国经济网，http://www.ce.cn/cysc/newmain/yc/jsxw/201211/27/t20121127_21291938.shtml。

《民法典》应在立法层面上扩大社会责任的主体范围，将社会责任作为包括法人、非法人组织在内的全部社会组织的行为原则。二是要在商事一般性立法中将企业社会责任作为商事行为的一般性原则。相比非营利性法人，企业等营利性法人及非法人组织在发展过程中从社会环境中攫取了更多资源、赚取了更多利润，根据权责匹配理论，营利性法人及非法人组织应将社会责任作为其行为的一般性规则，并相比非营利性法人及非法人组织承担更高的企业社会责任。三是要在公司法、合伙企业法、国有企业国有资产法、证券法等商事单行法中确立各类型企业社会责任的一般性规范。各类型企业社会责任的承担应具有不同的特点，例如国有企业本身就具有一定的公共职能，因此相对民营企业其应该承担更多的社会责任，又如上市公司在规模和资金水平上通常大于非上市公司且其涉及了更多公众股东利益，因此相对非上市公司应承担更多的社会责任。

二、通过《公司法》形成企业社会责任的内部治理环境

我国《公司法》第五条规定了公司应承担企业社会责任。然而，尽管从法律编排体系上看，《公司法》第五条属于原则性条款，应贯穿《公司法》始终，但实际上其既没有在公司治理制度中得到全面贯彻，也未曾在实践中得到适用，几乎已经沦为“僵尸条款”。由此，应当促进企业社会责任“外部责任内部化”的转变，明确《公司法》第五条中的企业社会责任既包括规则性的企业社会责任也包括原则性的企业社会责任，重新界定公司治理中股东会、董事会的角色定位，使投资者、经营者聚焦公司的长远利益，统一股东利益、公司利益和社会利益。

（一）重塑股东在企业社会责任中的角色定位

在部分企业社会责任倡导者的眼中，“股东至上”几乎是阻碍企业社会责任发展的原罪。由此，应重新界定股东角色，将企业社会责任作为股东受信义务的内容之一。发起人股东有义务将企业社会责任作为企业目标之一写入企业章程之中，股东大会有义务在决策形成过程中考虑利益相关者的权利并监督董事会制定并实施企业社会责任计划，股东有权利就社会责任事项在股东大会进行提案。《公司法》应当通过立法改变目前“股东价值”一元论的立法导向，而采用“股东利益、公司利益与利益相关者利益”并重的多元化立法导向。

（二）重塑董事在企业社会责任中的角色定位

事实上，英国2006年公司法为董事角色的重塑提供了一个立法可能。该法第172（1）条规定，“董事应善意而为，尽可能为了公司成员的整体利益而推动公司的成功。履行这一义务要求董事考虑雇员的利益、与消费者和供应商的关系以及对环境的影响等”①。这一条文将公司利益与股东利益独立开，将利益相关者利益放置在公司利益的框架内，明确要求董事会在进行经营决策时应考虑利益相关者的利益，不失为一种可行的方式。然而，由于我国《公司法》对于董事的义务采用的是列举的形式，尽管在条文中添加关于董事会应承担社会责任非常容易，但实践中，由于股东权利受法律明确保护，且股东会掌握着董事会成员的薪酬和认定，这一路径在实践中可能遇到诸多阻碍。

（三）在促进企业社会责任的前提下维持公司法对于企业行为的谦抑性

需要指出的是，尽管本书倡导通过公司治理结构的调整促进企业社会责任的提升，但这并不意味着将企业社会责任全盘归入公司法上的一项法定义务。即便是在企业社会责任法律化的背景下，也应赋予企业本身足够的自治空间。我国“企业办社会”历史中的失败经验告诉我们“如果公司缺乏明显的商业特性，蜕变成一个承载着各式各样分散目的的政治工具；反过来，各式各样的分散目的将科以公司沉重的社会责任，使其更加远离对商业的关注”②。由此，公司治理与企业社会责任的融合并不意味着在公司治理中应颠覆“股东至上”的传统理念，而转向一种社会责任至上的公共导向，也绝非如同印度般在公司法中落实企业社会责任的具体条款。《公司法》应维持立法对于企业行为的谦抑性，在《公司法》中通过内部治理结构与内容的调整实现企业对社会责任的自主追求。

① 张辉：“公司社会责任——法律的位置”，《中国商法年刊》2009年第1期。

② 吴飞飞：“公司自治与企业社会责任的公司法困境”，《北京理工大学学报（社会科学版）》2013年第2期。

三、通过外部性部门法落实企业社会责任的具体内容

（一）企业社会责任的部门性立法

企业社会责任包含了大量的社会规则，非任何一部单一部门法所能容纳。公司法通过“外部责任内部化”的方式促进了企业社会责任的自我提升，但在强制性规范领域，一方面，企业社会责任的具体内容仍需依靠外部性部门法得以落实：《劳动法》应就涉及企业雇员的薪资待遇、员工福利、职业培训、工作环境等企业社会责任内容进行强制性规定；《环境保护法》和各自然资源法应就环境保护、污染防治、资源利用等企业社会责任内容进行强制性规定；《产品质量法》应就企业产品及服务的安全性和质量标准等企业社会责任内容进行强制性规定；《公司法》《民法典》合同编应就债权人利益保护等企业社会责任内容进行强制性规定。另一方面，企业社会责任的保障程序也需要由部门性立法予以保障：《民事诉讼法》《刑事诉讼法》以及行政诉讼法的相关规定明确企业社会诉讼的主体、内容，保障利益相关人的诉权。

（二）企业社会责任的部门性标准

然而，由于法律的体量限制，即便是在部门法领域，其也仅能规定企业社会责任的概括性标准，而对于企业社会责任中具体的目标性标准和行为性标准，还需要依据部门法授权的各项强制性标准予以确立。我国《标准化法》明确了所谓标准是指“指农业、工业、服务业以及社会事业等领域需要统一的技术要求”①，由此以标准的方式规范社会各领域的社会责任行为就有了合法性的基础。而在效力上，强制性标准由有权部门制定并发布，并根据标准化法具有强制执行力的标准，故具有规范企业社会责任最低标准的意义。相较部门法对于企业社会责任的概括性标准，各部门的强制性标准能够以具体化、数据化的方式对企业社会责任的各项主体进行可操作性规范，一方面为企业行为提供明确的指引，另一方面为执法部门评价、激励或惩戒企业行为提供了明确的裁判标准。

① 参见《标准化法》第二条。

四、通过国家标准及地方标准促进企业社会责任的自我提升

（一）企业社会责任全面性标准

无论是立法还是强制性标准，其均属于“大棒”的规制方法，仅能就企业社会责任的最低标准做出强制性的规定。但随着人类活动日趋逼近“地球界限”的临界值，对于环境、社会、人权等法律原则范畴内的企业社会责任，也应通过“胡萝卜”的软法方式对其进行规制，其中呼声最高的做法包括：《企业社会责任促进法》和企业社会责任国家标准。

从我国企业社会责任立法现状来看：《企业社会责任促进法》的推进较为困难。第十一届、第十二届全国人民代表大会均有代表提出了制定企业社会责任专门性立法的议案①，但在受“股东至上”的传统公司法理念影响，其最终还是以“对企业社会责任专门立法，相关部门有不同意见，鉴于议案所提主要问题在劳动合同法、安全生产法、环境保护法、消费者权益保护法等法律中都有规定，建议通过继续推动相关法律法规的实施，促进企业更好地履行社会责任”② 为理由未得到支持；而企业社会责任国家标准的推进却较为顺利，GB/T 36000 社会责任系列国家标准已于 2016 年 1 月 1 日正式实施，并获得了各监管部门的一致认同。

本书认为，尽管从法律位阶上说，《企业社会责任促进法》的位阶要高于国家标准，但从效力上说，所谓的“促进法”也不过是对企业社会责任法律规则的整合，以及对遵守法律原则的社会责任及超越法律的企业社会责任的引导性规范，因此，相较于企业社会责任国家标准并无太大改善。相反，鉴于立法程序的复杂和立法成本的高昂，即便是出台了《企业社会责任促进法》，其最终也需要

---

① 参见《十一届全国人大二次会议秘书处关于第十一届全国人民代表大会第二次会议代表提出议案处理意见的报告》附件第三条第（三十三）项：“郑杰等 30 名代表：关于进一步规范企业行为，制定企业社会责任法的议案（第 68 号）”；《十二届全国人大一次会议秘书处关于第十二届全国人民代表大会第一次会议代表提出议案处理意见的报告》附件第四条第（十三）项“陈爱莲等 31 名代表：关于制定企业社会责任促进法的议案（第 50 号）”、第四条第（十四）项“郭向东等 30 名代表：关于制定企（事）业社会责任法的议案（第 109 号）”。

② 参见《全国人民代表大会财政经济委员会关于第十二届全国人民代表大会第一次会议主席团交付审议的代表提出的议案审议结果的报告》第三条第（一）款第（二十四）项。

由企业社会责任的系列标准对立法内容进行落实。因此，在《民法典》《公司法》和其他部门性法律已对企业社会责任作出概括性、基础性规范的情况下，可直接采用企业社会系列国家标准而非《企业社会责任促进法》的形式。目前，我国已出台了 GB/T 36000 社会责任指南，对组织的社会责任目标、操作方法进行了具有可操作性的引导，体现了软法规制思路中企业自治和社会共治的思路，有利于系统性、灵活性地设计我国企业社会责任的整体目标及企业社会责任各主题的努力方向。

（二）企业社会责任的专门性标准

在社会责任指南国家标准的基础上，我国还应在《标准化法》的授权下，依据行业、地区的不同，就企业社会责任的各项具体内容设立专门性的推荐性标准，以作为全面性标准的具体支撑，促进各具体内容下企业社会责任水平的提高。目前，以环保部、质监局为代表的监管部门已在国家标准委的建议下，将部分强制性标准整合为了推荐性标准，允许企业在公共监管和企业自治之间寻求平衡。根据企业的实际情况，就社会责任的各项内容作出权重不同、侧重有别的具体性提升。

五、通过企业信息公示平台完善企业行为社会回应机制

除却法律规则和法律原则规定的企业社会责任范围，社会对于良好的企业行为还有一些超出法律范畴的期待，包括企业的慈善捐赠，企业对于国家重点项目的支撑，以及企业对于国家弱势产业的投入等。对于此类的企业社会责任，应依靠反身法路径，通过利益相关者沟通机制和企业社会回应机制予以解决。而在纯粹反身法路径下，成文性的规则已无法满足企业行为的规制要求，唯有通过市场机制促进企业社会责任的自主提升。由此，我国应建立完善的企业社会责任机制。改变现有企业社会责任分散公示的状况，在企业信息公示平台下，对企业信用信息予以统一公示。（具体如图 20 所示）

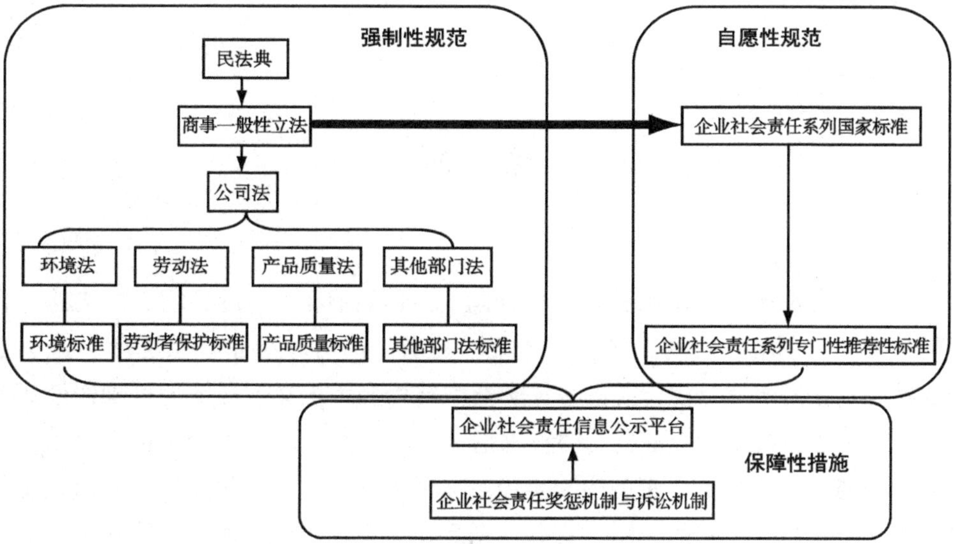

图 20 我国企业社会责任立法的体系化设计

结 论

企业社会责任的法律化是实现联合国 17 项可持续发展目标的必由之路，也是贯彻我国“创新、协调、绿色、开放、共享”的必然要求。当国际理论关于企业社会责任的研究已由传统的教义学研究转为实用主义主导下的可操作性研究时，我国也应正确认识企业社会责任概念动态性、性质层次性的特征，跳出传统教义学研究方法的桎梏，而关注于实用主义视角下如何最大化地发挥法律化工具对于促进企业社会责任的作用。目前，国际社会企业社会责任的法律化主要通过四条路径实现：一是以印度、毛里求斯为代表的强制性企业社会责任路径，即通过设置最低企业社会责任支出标准的方式将企业社会责任由纯粹的道德义务变为纯粹的法律义务。该路径虽有利于新兴市场国家企业社会责任水平的短期提升，却不利于企业的可持续发展。二是以国际组织为代表的软法规制路径，即通过指导性规范和社团及市场的软约束实现企业社会责任的自主提升。该路径虽实现了企业社会责任与企业经济发展的融合，但其缺少评价机制和惩戒机制。故在实践中容易沦为企业自我宣传的工具。三是以欧盟国家为代表的反身法路径，即通过企业社会责任报告的形式实现社会回应机制，通过市场机制促进企业社会责任的自主提升。该路径虽实现了企业社会责任的评价机制和惩戒机制，但却缺乏对于企业社会责任的必要指引，且其完全的自愿属性，使得企业专注于修饰报告内容而非真正承担企业社会责任，企业社会责任沦为“洗绿剂”。四是以北欧国家为代表的可持续公司法路径，该路径是上述三条路径的集大成者，其强调“外部责任内部化”，一方面强调强制性标准与公司法的结合，另一方面注重通过公司治理结构和内容的重塑促进企业利益和社会利益的共赢发展。综观我国现有立法关于企业社会责任的规定，虽几乎涉及了所有国际常见的企业社会责任法律化类型，但仍存在规范表述过于原则、主体规制不明确、具体内容规范体系化欠缺等一系列问题。基于此，本书重新界定了企业社会责任的类型化，将企业社会责任分为：遵守法律规则的企业社会责任、遵守法律原则的企业社会责任与超越法律的企业社会责任三类。遵守法律规则的企业社会责任是必须为之的行为底线，应以强制性企业社会责任路径对其进行法律化规制；遵守法律原则的企业社会责任是尽力而为的法律期待，应以软法规制路径、个体化路径及可持续公司法路径对其进行法律化规制；超越法律的企业社会责任是量力而行的社会期冀，应以反身法路径对其进行法律化规制。在此基础上，我国应完善企业社会责任的立法体系：以《民法典》和《公司法》为总领，以环境法、劳动法等部门法内容为支撑，以企业社会责任系列标准为指导，以统一的企业社会责任公示平台为辅助，促进企业社会责任法律化“法治、自治、德治”的统一与结合。

图书在版编目（CIP）数据

企业社会责任法律化路径研究 / 华忆昕著 . —北京：中国法制出版社，2022. 8

ISBN 978-7-5216-2832-6

Ⅰ. ①企… Ⅱ. ①华… Ⅲ. ①企业责任-社会责任-法律-研究 Ⅳ. ①D912. 290. 4

中国版本图书馆 CIP 数据核字（2022）第 148916 号

责任编辑：王悦　　封面设计：周黎明

企业社会责任法律化路径研究

QIYE SHEHUI ZEREN FALÜHUA LUJING YANJIU

著者/华忆昕

经销/新华书店

印刷/北京虎彩文化传播有限公司

开本/710 毫米×1000 毫米　16 开　　印张/ 14. 75　字数/ 209 千

版次/2022 年 8 月第 1 版　　2022 年 8 月第 1 次印刷

中国法制出版社出版

书号 ISBN 978-7-5216-2832-6　　定价：79. 00 元

北京市西城区西便门西里甲 16 号西便门办公区

邮政编码：100053　　传真：010-63141600

网址：http：//www. zgfzs. com　　**编辑部电话：010-63141830**

市场营销部电话：010-63141612　　**印务部电话：010-63141606**

（如有印装质量问题，请与本社印务部联系。）